国家出版基金项目
NATIONAL PUBLICATION FOUNDATION

全面建设社会主义现代化国家研究丛书（第1辑）

丛书主编　颜晓峰

U0960236

加快推进农业农村现代化

刘志华　著

天津大学出版社
TIANJIN UNIVERSITY PRESS

图书在版编目(CIP)数据

加快推进农业农村现代化 / 刘志华著. -- 天津：天津大学出版社, 2022.4
（全面建设社会主义现代化国家研究丛书 / 颜晓峰主编. 第1辑）
ISBN 978-7-5618-7152-2

Ⅰ. ①加… Ⅱ. ①刘… Ⅲ. ①农业现代化－研究－中国②农村现代化－研究－中国 Ⅳ. ①F320.1

中国版本图书馆CIP数据核字(2022)第063870号

JIAKUAI TUIJIN NONGYE NONGCUN XIANDAIHUA

出版发行　天津大学出版社
地　　址　天津市卫津路92号天津大学内(邮编:300072)
电　　话　发行部:022-27403647
网　　址　www.tjupress.com.cn
印　　刷　北京盛通印刷股份有限公司
经　　销　全国各地新华书店
开　　本　710mm×1010mm　1/16
印　　张　18.25
字　　数　386千
版　　次　2022年4月第1版
印　　次　2022年4月第1次
定　　价　48.00元

总　　序

2020年是全面建成小康社会的决战决胜之年，也是从全面建成小康社会向全面建设社会主义现代化国家迈进的历史转折之年。“继续在人类的伟大时间历史中创造中华民族的伟大历史时间”，这是习近平总书记在2020年春节团拜会上为当代中国共产党人标定的时代坐标、确定的时代使命。全面建设社会主义现代化国家，就是中华民族在这一“伟大历史时间”进行的伟大历史实践。2020年初突如其来的新型冠状病毒肺炎疫情（以下简称新冠肺炎疫情）给中国和世界其他国家的发展带来前所未有的冲击，但中华民族从来都是在磨难中成长、从磨难中奋起的，人类社会从来都是在危机中嬗变、从危机中转型的，现代化的潮流势不可挡、青山难遮。由天津大学社会主义现代化研究中心组织撰写、天津大学马克思主义学院院长颜晓峰担任丛书主编、天津大学出版社出版的“全面建设社会主义现代化国家研究丛书”（第1辑）正是配合开启全面建设社会主义现代化国家新征程，探索新课题、服务新实践，为全面建设社会主义现代化国家提供理论支持的研究成果。

现代化是资本主义产生以后，在科技革命、产业革命、社会革命、思想革命的推动下，一些国家出现的从社会生产到社会生活、从社会结构到社会机制、从社会精神到社会文化的整体性转型，是世界近代以来持续推进、逐步拓展、不断深化的“历史向世界历史转变”的进程，同时又是在矛盾积累、危机孕育、时局动荡中调整变革的进程。马克思、恩格斯深刻揭示了资本驱动的现代化内在的尖锐矛盾，批判了现代化进程中对生产力的破坏和对工人的奴役，同时也肯定了资本主义生产第一次创造出为实现社会全面进步、人的全面发展所必需的财富和生产力。在马克思、恩格斯看来，社会主义是在继承资本主义文明成果的基础上对资本主义的否定和改造，是在各个领域创造出高于和优于资本主义现代化的新型现代化。马克思在《哥达纲领批判》中阐述的共产主义社会高级阶段，包含消灭旧式分工，消灭脑力劳动和体力劳动对立，劳动成为生活的第一需要，个人的全面发展，集体财富的源泉充分涌流等，这些都是社会主义现代化的本质内涵。十月革命后，苏联等社会主义国家在各自的社会主义建设过程中，探索了社会主义的高级阶段或发达阶段（即现代化阶段）的目标、标准和途径，开始了社会主义现代化实践和思想的双重进程，但因种种历史原因，有的遭遇挫折，有的半途而废。

建设社会主义现代化国家，是中华人民共和国成立后我们党的不懈追求。中华人民共和国成立后，我们党把科学社会主义理论同中国现代化实际相结合，多次提出社会主义现代化的建设目标、主要内容和实现步骤，开始了建设社会主义现代化的艰辛探索。改革开放以来，几代中国共产党人开拓创新、接力攀登，持续探索“建设什么样的社会主义现代化国家，怎样建设社会主义现代化国家”的问题，把科学社会主义理论同建设社会主义现代化实际相结合，开创了中国特色社会主义现代化道路。中国特色社会主义现代化道路，从世界历史的坐标看，是在世界现代化几百年的历程中，在主要资本主义国家现代化进程已经完成的基础上开辟的一条新型现代化道路。从当代世界的坐标看，是在广大发展中国家追求现代化的艰难起飞中，从中国国情出发开辟的一条新路，从而给世界上那些既希望加快发展又希望保持自身独立性的国家和民族提供了全新选择，贡献了中国智慧和中国方案。中国的现代化道路不仅是自己的道路，而且具有世界意义；不仅具有中国特色，而且反映世界趋势。更为重要的是，我们要建成的是社会主义现代化国家，是有着独特本质、内涵、优势、特色的社会主义现代化国家。再经过 30 年左右的奋斗，我国全面建成富强民主文明和谐美丽的社会主义现代化强国，其世界历史意义不亚于十月革命，是中国共产党对科学社会主义的最重要贡献。

党的十九大开启了全面建设社会主义现代化国家的新征程，这是马克思主义指引中国共产党近百年历程新的伟大革命，是科学社会主义在中国新的伟大创举，是马克思主义基本原理同新时代具体实际相结合新的伟大实践。面对新的使命任务，必须进行从历史到未来、从理论到实践、从全局到局部、从战略到方法的系统深入研究。习近平新时代中国特色社会主义思想，从理论和实践的结合上系统回答了“新时代坚持和发展什么样的中国特色社会主义、怎样坚持和发展中国特色社会主义”这一重大时代课题。“全面建设什么样的社会主义现代化国家、怎样全面建设社会主义现代化国家”，则是对这一重大时代课题的深入和展开。深入研究这一课题，需要从以下三个方面整体推进。

一是社会主义现代化的历史研究。社会主义现代化是世界现代化进程的客观要求，特别是社会主义历史进程的必然趋势。历史研究是社会主义现代化研究的基础，包括实践史和思想史。党的十九大开启了全面建设社会主义现代化国家新征程，必将把社会主义现代化的实践和思想提到一个前所未有的历史高度。随着习近平新时代中国特色社会主义思想不断发展，社会主义现代化思想在其理论体系中必然具有更加突出的地位。

二是社会主义现代化的领域研究。现代化是全面的现代化。全面建设社会主义现代化国家，本身就要求现代化的总体性，不能单打独斗。同时，社会主义现代化是由各个领域的现代化构成的，需要将总体研究与局部研究相结合，从各个领域的现代化研究入手，深化对全面建设社会主义现代化规律的探讨。我们党在追求现代化的进程中，曾提出“四个现代化”的构想。随着党对建设中国特色社会主义总体布局认识的拓展，“四个现代化”显然已不足以涵盖现代化的基本领域。因此，要深入研究社会主义经济、科技、政治、国家治理、文化、社会、教育、生态、国防、党建、人的全面发展乃至公共卫生治理等领域的现代化建设。

三是社会主义现代化的问题研究。社会主义现代化研究离不开大量的实证研究，运用数据分析，构建科学模型，提供决策支持。同时，理论是研究的纲和魂，实证研究离不开理论研究。要以社会主义现代化为对象，对其中的重大问题作出理论说明和论证，从而逐步加深对社会主义现代化建设规律的认识。理论研究越严谨扎实、深刻彻底，对社会主义现代化建设规律的认识就越全面准确，全面建设社会主义现代化国家的进程就越顺利，目标就越有把握实现。全面建设社会主义现代化国家的新征程，是中华民族伟大复兴的壮丽篇章，是马克思、恩格斯设想的人类社会美好前景在中国大地的生动展现，是马克思主义在新的伟大实践中大发展的极好契机。

天津大学与中国现代化的历史紧密相连。天津大学建校于 1895 年，前身为北洋大学堂，是中国近代高等教育史上建校最早的高等学府。第二次鸦片战争后，学校所在地天津被开辟为通商口岸，近代工业、贸易、金融、交通、教育发展起来，天津成为中国开始现代化的先行地、近代城市的领先者。这为学校吸收世界现代化的文明成果提供了丰厚土壤，同时学校也是天津乃至中国近代教育、科技、思想、文化发展的贡献者。北洋大学堂开办之初即设立工程、矿务、机器和律例四门学科，以兴学强国为使命，以培养现代人才为目标。学校创建早期培养出的人才中，王宠佑成为中国现代炼锑技术的开创者，马寅初成为著名经济学家、教育家、人口学家，刘瑞恒成为中国近代公共卫生事业的创建者，秦汾成为中国著名数学家，齐璧亭成为中国近代知名的教育家、女子师范教育奠基人，等等。中国共产党早期的重要领导人之一、中国共产主义青年团的创始人之一张太雷，1915 年考入北洋大学法科。中华人民共和国成立后，1959 年党中央公布了第一批 16 所全国重点大学，天津大学名列其中。改革开放后，1995 年学校成为“211 工程”首批重点建设大学，2000 年学校被确定为国家“985 工程”重点建设的高水平研究型大学。进入新时代，2017 年学校成为首批“双一流”建设高校。学校围绕建设“综合性、研究型、开放式、国际化”的世界一流大学总体目标，秉持“中国特色、世界一流、天大品格”的核心理念，传承“兴学强国、实事求是、严谨治学、爱国奉献、矢志创新”的天大品格，努力培养一流人才、建设一流队伍、打造一流学科、贡献一流学术、营造一流环境，推进“强工、厚理、振文、兴医”学科布局，聚焦国家重大战略需要，聚焦世界科技发展前沿，面向国民经济主战场，培养全面发展的高素质创新人才，为全面建设社会主义现代化国家作出天大的贡献。这些贡献就包括依托学校的历史传统、学科优势、人才资源，充分利用天津大学社会主义现代化研究中心这个平台和基地，创作出更有质量水准、更符合全面建设社会主义现代化国家理论需要的多学科成果。

“全面建设社会主义现代化国家研究丛书”（以下简称“丛书”），自党的十九大后开始策划、组织撰写，经各位作者和编辑的共同努力，第 1 辑现出版发行。“丛书”（第 1 辑）的选题主要围绕全面建设社会主义现代化国家的系统布局，对全面建设社会主义现代化国家的主要领域进行全面深入、通俗易懂的描述，为高校师生、党员干部、理论工作者及广大读者提供系列理论读物。“丛书”是开放式、渐进式的，将跟踪全面建设社会主义现代化国家新征程的进展，依据主创者、出版方、作者对这一新的伟大社会实践的新认识，拓展范围、深化研究，丰富题材、提高品位，继续推出新的选题，出版新的著作，与实现第二个百年奋斗目标的发展阶段同行，与全面建设社会主义现代化国家实践中的重大问题共生，与国内外相关研究的前沿成果互鉴。我们诚邀校内外的专家学者一起参与这套丛书的撰写，一起推进社会主义现代化的研究，不负时代、不负使命。

李家俊　天津大学党委书记

金东寒　天津大学校长

2020 年 6 月

前　言

19 世纪 60 年代初洋务运动开始后，中国现代化进程艰难启动并在曲折中发展至今。中华人民共和国成立后至中共十一届三中全会前，中国农业农村现代化走过一段弯路。改革开放以来，中国农业生产迅速发展，广大乡村不断从闭塞走向开放，乡村居民的社会地位逐渐提高，农业农村现代化取得显著进步。党的十九届六中全会总结党的百年奋斗重大成就和历史经验时指出："党始终把解决好'三农'问题作为全党工作重中之重，实施乡村振兴战略，加快推进农业农村现代化，坚持藏粮于地、藏粮于技，实行最严格的耕地保护制度，推动种业科技自立自强、种源自主可控，确保把中国人的饭碗牢牢端在自己手中。"①

在当代世界人口过亿的国家中，只有美国和日本实现了农业农村现代化，但是两国的人口、农业人口和农村常住人口还不及中国的一个零头。在中国这样一个人口、农业人口和农村常住人口"超级大国"实现农业农村现代化，既无先例可循，也有极大难度。即使有朝一日中国的城市化水平超过 90%，中国仍将有过亿人口常住农村。由此可见，中华人民共和国的农业农村现代化，具有开创性、艰巨性、长期性和战略性的特点。

中国"三农"学界已从多种角度考察中国农业农村现代化，这些研究方法包括：社会学的个案研究法、抽样研究法、访谈法、问卷法，经济学的统计分析法、数学模型法，传统史学的学理分析和人类学的实地调查，等等。近年来，相关论著逐渐面世，研究领域不断拓宽。但在部分论著中，仍然存在着史料征引相对薄弱、论证过程稍欠严密、观点表述有失公允等问题。学界的既有成果，使笔者得以拓展思路；前人的研究不足，则为笔者的专著写作留出空间。

本书主要包括绪论、第一至十章以及结语。

众所周知，人通常受到各自历史与本国历史的约束，这些历史构成每

---

① 《中共中央关于党的百年奋斗重大成就和历史经验的决议》，《人民日报》2021 年 11 月 17 日，第 6 版。

个人必须认识的社会环境；人人又都生活在现实之中，现实转瞬就会成为历史，也就是说人人都在塑造属于自己的历史。因此，认识并塑造历史环境，是每个人明晰自身定位进而面向未来的前提。读史使人明智。人通过了解历史，能够知晓自己和本国的现状从何而来，能够尽可能深刻认识古对今的影响以及中外互动关系，因而能够尽可能让自己和本国少走弯路。鉴于以上考虑，本书的绪论和第一章归纳现代化理论和世界主要国家乡村农业现代化进程，奠定学理基础和国际视野；第二章回顾从中华人民共和国成立后到中共十一届三中全会前中国农业农村史概况；第三章先后阐述了改革开放初期农村改革的启动、新时代“三农”工作的直接历史基础、习近平总书记关于农业农村战略地位的论述以及“乡村振兴战略”的产生与经纬，为之后几章提供历史基础和理论依托。

中共十九大报告和现行《中国共产党章程》重申党在社会主义初级阶段的基本路线，强调“以经济建设为中心”和“把我国建设成为富强民主文明和谐美丽的社会主义现代化强国”。富强指经济建设和物质文明，民主指政治建设和政治文明，文明指文化建设和精神文明，和谐指社会建设和社会文明，美丽指生态建设和生态文明。农村现代化也是中国现代化的重要组成部分，所以农村现代化主要包括农村经济现代化（这是中心或重点）、政治现代化、社会现代化、文化现代化和生态现代化。鉴于以上考虑，第四至十章成为全书主体，先后论述土地制度、粮食安全、农业供给侧结构性改革与乡村新产业、城乡关系（以上四章对应“产业兴旺”）、改善农村民生并打赢脱贫攻坚战（对应“生活富裕”）、农村生态文明建设（对应“生态宜居”）、乡村治理体系和治理能力现代化（对应“治理有效”和“乡风文明”），详略不一，但均侧重历史回顾和现状分析。农业现代化是农村经济现代化的中心任务，也是本书论述的重点。农业有广义和狭义之分。广义的农业不仅包括种植业，而且涉及林业、畜牧业、渔业等；狭义的农业特指种植业。本书论述的农业主要指种植业。改革开放以来，中国狭义农业产值在广义农业产值中的比重持续下降，但仍占半壁江山，林业产值所占比重基本不变，渔业和畜牧业产值所占比重呈上升趋势，畜牧业产值所占比重上升幅度更大；2017 年，种植业、林业、渔业和畜牧业产值在广义农业产值中的比重分别为 53.1%、4.6%、10.6% 和 26.9%[①]。农业涉

① 国家统计局编《2018 中国统计年鉴》，中国统计出版社，2018，第 13 页。

及农业技术和播种面积、农业劳动力和农业管理、农业产量和价格水平。农业技术和播种面积是农业生产要素中物的因素，农业技术主要包括播种、肥料、水利、除虫、收获、储运等领域的技术变革和农资供给，播种面积主要涉及与农业技术紧密相关的耕地面积和复种指数。农业劳动力和农业管理是农业生产要素中人的因素，其中前者特指种植行业的劳动力数量、劳动力结构（主要涉及性别结构和年龄结构）、劳动生产率和农业工资。物的因素与人的因素紧密结合，不仅使农产品及其使用价值被生产出来，而且使生产关系得以延续、价值出现转移和再造。因此，农业生产兼具自然再生产与经济再生产的双重性质，同时受自然规律和经济规律的支配。农业产量是各类农业生产要素综合作用的结果，能够反映土地生产率、资金生产率与劳动生产率，进而说明耕地、资金与劳动力的产出状况。一般而言，农产品市场化水平越高，农业产量受价格水平的影响就越大；而价格水平不仅与农产品需求相关，也和国家政策须臾不可分离。

结语概述现代化理论与世界农业农村现代化进程，回顾中华人民共和国农业农村现代化进程与乡村振兴战略，剖析新时代中国农业现代化与农村经济现代化特点，总结新时代中国农村其他领域的现代化特点，指出：农业现代化更具脆弱性和差异性，更受制于自然条件因而更需要政府的支持保护，更受制于生物生长规律因而更青睐家庭经营；农业的生产时间和劳动时间差别显著，如何利用远多于劳动时间的剩余时间，在相当大程度上决定农民能否获得以及获得多少非农收入，决定农民能否通过多种经营大幅增收；改革开放以来特别是21世纪初农业税取消后，中国农民的生产自由度、消费自由度、贸易自由度、人身自由度均明显提高，符合世界农业农村现代化的历史潮流。

笔者在收集资料、撰写书稿和出版本书的过程中，从下列师友那里获得了宝贵建议或真诚帮助，受益良多，一并致谢。天津大学马克思主义学院的颜晓峰院长和徐斌书记积极支持出版本书，颜院长还就本书的总体框架和写作重点提出宝贵意见；近现代史教研室的其他老师特别是秦立海教授，曾就本书的资料收集和行文风格提出诸多建议；北京大学马克思主义学院的孙蚌珠教授与白雪秋教授，分别就农村土地制度改革以及乡村振兴战略问题提出真知灼见；南开大学副教授、天津大学工学博士秦岩丁是我的同窗挚友，我们自1995年相识以来，多次探讨城乡关系问题；我的研究生师卫春和胥静，分别就粮食安全问题和人民公社体制提出若干建设性意见，我与他们在频繁沟通中实现教学相长；天津大学出版社的徐阳编辑，为本书的出版发行付出艰辛努力；本书引文主要参考文献提及的所有作者、译者及编者，使本书的论证过程建立在坚实基础之上。

我的父亲刘东明（1950—2020）与母亲徐树琴都是勤勉朴实的贫苦农民，他们自幼经历土地改革、农业合作化、“大跃进”和人民公社化运动，在婚后不久又深受改革开放的积极影响。自 1978 年中共十一届三中全会以来，特别是在 20 世纪 80 年代初家庭联产承包责任制广泛施行后，家父迅速投身乡镇企业的建设大潮，家母长期留守乡间任劳任怨。他们的亲身经历与谆谆教诲，不仅成为我奋发图强的不竭动力，而且对我的书稿选题产生不可估量的潜在影响。

我在创作本书过程中，始终得到妻儿的谅解与支持。我的妻子任芳兰温柔体贴、善良质朴，是一位称职的妻子、慈爱的母亲。在书稿撰写的关键时期，她为了保障我的创作时间，主动承担较多家务，努力抚育两个儿子。长子刘睿勋（大睿睿）帅气强壮、聪明睿智、成绩优异，既能体谅我的工作，又能给我带来无穷快乐；次子刘喆浩（小汤圆）活泼伶俐，生日恰逢五四青年节，其必将成长为有志青年。大睿睿和小汤圆既是我生命的延续，又是我奋斗的动力。我们全家曾经共同应对重重考验，我们还将携手迎来美好的明天。

刘志华
2021 年 12 月 9 日于天津

目　　录

绪论

第一节　现代化

一、现代化理论的发展脉络

现代化理论产生于20世纪50年代，其核心思想是进步观或发展观，随着现代化进程的不断深入而持续发展。早期现代化理论或狭义现代化理论，又称“经典现代化理论”或“传统现代化理论”，盛行于20世纪五六十年代。美国学者塞缪尔·亨廷顿在《导致变化的变化：现代化，发展和政治》一文中指出：20世纪五六十年代的多数现代化理论家认为，现代社会和传统社会的主要区别在于，现代人对自然环境和社会环境拥有较强控制力，而这种控制能力仰赖科技的进步。弗兰克·萨顿、列维、布莱克、拉斯托、亨廷顿、丹尼尔·勒纳、沃德等现代化理论家或直接或间接地提出，现代化具有以下九大特征。

①革命性：传统社会和现代社会根本不同，所以现代化是一种根本性转变。

②复杂性：现代化涉及人类思想与行为的方方面面。

③系统性：现代化诸多要素之间相互联系。

④全球性：现代化缘起西欧，并随着欧洲思想和技术的传播而扩展至其他地区，当前社会要么是传统社会，要么是现代社会，要么是现代化社会。

⑤长期性：现代化因具有革命性而具有长期性。

⑥阶段性：现代化固然从传统社会阶段开始，到现代社会阶段结束，但是在这一长期性的过渡过程中又分为若干阶段；各个社会的现代化进程也许有所不同，但是一般而言都要经历大致相同的几个阶段。

⑦同质化：传统社会各不相同，但是现代社会却大体相似。

⑧不可逆性：现代化在某些时期的某些方面也许会出现挫折和倒退，但是从整体上看其趋势是上升向前的。

⑨进步性：现代化会引发巨大阵痛，但是从长远来看能够带来福祉[①]。

但是，经典现代化理论具有时代局限性，而且本身存在逻辑缺陷，因此许多学者从20世纪60年代后期起开始批判传统现代化理论，修正主义现代化理论随之出现。修正主义现代化理论家包括约瑟夫·古斯菲尔德、米尔顿·辛格、莱因哈德·本迪克斯、劳埃德·鲁道夫、苏珊娜·鲁道夫、S. N. 埃森斯塔特、F. C. 希斯塔尔曼等人。这些学者对传统现代化理论的批评主要集中于以下三个方面。

一是现代性和传统性这两个概念的含义和适用性。首先，就现代性和传统性两者关系而言，它们并非对应概念。现代性的含义相对明确；但是传统性是一个“剩余概念”，含义过于模糊，抹杀了“传统性”内部的诸多差异。实际上，现代性和传统性内部存在诸多差异，而且有时这种差异甚至还大于现代性与传统性之间的差异。其次，传统性并非一成不变，也不是浑然一体的。最后，现代性并不等于西方性。现代性在多大程度上是西方性？西方性在多大程度上是现代性？“非西方”（这是“西方”的剩余概念，含义同样模糊）的现代社会与西方的现代社会之间的差异，与西方传统社会和西方现代社会之间的差异，两者相较哪个更大？

二是现代性与传统性的关系。传统现代化理论认为，现代性和传统性截然对立而且此长彼消。但是修正主义现代化理论指出，现代性和传统性在诸多方面并非截然对立而是并行不悖甚至相互强化的。

三是现代化概念本身的模糊性。首先，传统现代化理论尽管指明现代化具有不可逆性和进步性，但是对现代化的范围、时间、方法和速度关注不够。其次，传统现代化理论尽管提出传统社会、现代化和现代社会三大发展阶段并认为现代化缘起于传统社会并终结于现代社会，但是并未指明它们所划分的三大发展阶段是历史阶段还是理想类型。如果是理想类型，则能被用来分析任何时期的社会，不会出现什么问题。但是如果指历史阶段，则不合逻辑。如果兼具传统性与现代性的现代化是一个历史阶段，那

---

① 西里尔·E. 布莱克主编《比较现代化》，杨豫、陈祖洲译，上海译文出版社，1996，第41-50页。

么传统性与现代性将不复成为一个历史阶段，只能充当历史的起点和终点，而这一结论显然与事实不符，也和逻辑相悖。最后，传统现代化理论所公认的现代化九大特征也一一遭到批判。革命性：传统社会和现代社会并非截然对立，而是在诸多方面并行不悖甚至相互支持的；因此，现代化并不具有革命性或曰根本性，而是具有较强的延续性。复杂性：现代化可能仅在某些方面发生巨变。系统性：现代化某一方面的进步可能与另一方面的进步毫无关联。全球性：现代化只是西方的独特现象。长期性：后出现的现代化国家可以凭借革命手段或借鉴早先现代化社会的经验和技术，从而缩短现代化时间。阶段性：由于后出现的现代化国家可能缩短现代化时间，因此传统现代化理论家设想的现代化阶段可能被跨越。同质化：现代化可能强化每个社会的不同特征。不可逆性：现代化可能是一种历史循环。进步性：现代化具有诸多消极影响，从整体上讲不具有进步性[①]。

依附论也对经典现代化理论提出质疑。依附论属于发展理论即广义现代化理论的一个分支，盛行于20世纪60年代，主要批评经典现代化理论。依附论以欠发达国家作为研究对象，旨在阐释欠发达国家欠发达的原因并试图找到摆脱这种不发达状态的途径；研究方法大体上以马克思关于资本剥削和扩张的理论，以及列宁对帝国主义和殖民地的论述为基础，并借鉴某些经济学家的看法。依附论者普遍认为：资本主义在全球扩张，并将后来的欠发达国家卷入其中，不平等的中心—边缘结构随之形成，发达国家和跨国公司以及某些国际组织蓄意使欠发达国家处于依附状态，欠发达国家即使能够实现发展，也会付出高昂代价，这些代价主要是产业结构单一低效、外国资本控制本国经济、社会阶层分化为依附外国资本的和不依附外国资本的两大类、民族资本主义发育不良、社会消费行为受到外国控制、国家政权受到外国资本和政府的控制等。关于依附种类，依附论者仁者见仁、智者见智。关于如何摆脱依附状态，大多数学者主张改变不合理的国际秩序，并积极改变国内结构特别是减少社会不公，而国家政权在上述两个过程中要充分发挥作用。埃及学者盖拉尔·A. 阿明是依附论代表人物之一，他在《依附性发展》一文中阐述对外国援助的看法，并在此基础上批驳当时盛行于西方并被联合国所采纳的“发展”概念和“现代化”

---

① 西里尔·E. 布莱克主编《比较现代化》，杨豫、陈祖洲译，上海译文出版社，1996，第51-58页。

概念。他认为，一个国家不可能在任何方面都能依靠外国援助来解决问题，比如不可能依靠引进援助国的专家来发展本国，因为援助国的专家自身可能存在不了解受援国国情或者不负责任或者驻受援国时间太短等问题。盖拉尔得出结论：“过分依赖外国援助，即使能使增长速度加快，也往往扭曲受援国的增长模式，使其经济与社会失衡加剧，使该国更加难以调动自己的资源或者寻得自己的发展道路。”盖拉尔在论述跨国公司投资对欠发达国家经济增长的影响时指出，尽管跨国公司的投资有助于提高欠发达国家的经济增长率，但是会排挤该国原有民族工业。盖拉尔还指出，跨国公司的投资也不能使欠发达国家的企业家学会企业管理的精髓即战略决策的制定。盖拉尔在论及跨国公司投资对欠发达国家就业机构和收入分配的影响时指出，不仅就业机构和收入分配结构能够影响产品数量和类型，而且产品数量和类型也会影响就业结构和收入分配。因此，跨国公司总是利用自身强大的政治经济力量，操纵欠发达国家的就业机构和收入分配，借以确保其特定产品（其消费者往往是富人）有足够广大的市场，从而加剧欠发达国家的收入分配不均程度。盖拉尔认为，欠发达国家不可过分依赖外国援助、对外贸易和跨国公司的投资，否则将加剧国内经济社会的二元状态，强化自身在经济和价值体系方面对发达国家的依附。在结论中，盖拉尔根据埃及、叙利亚、伊拉克等阿拉伯国家和阿根廷、巴西、墨西哥、智利等拉美国家的经济史，一针见血地指出，欠发达国家在发达国家经济受挫时期或者在自身遭到发达国家孤立封锁之际，依然有可能取得经济增长和发展。这说明，欠发达国家没有必要过分依赖也绝不应该依赖被发达国家主导的国际贸易、外来投资和外国援助，这样在经济增长的同时才能实现较为协调的发展[①]。

自20世纪80年代起，以罗荣渠为代表的部分中国史学家，在批判和借鉴“革命范式”与国外现代化理论特别是“经典现代化理论”的基础上，实际上业已提出“以一元多线论为基础的现代化范式”。董正华则在《从历史发展多线性到史学范式多样化——围绕“以一元多线论为基础的现代化范式”的讨论》一文中概括了“以一元多线论为基础的现代化范式”对“现代化”的认识。董正华指出，建立在“五种生产方式序列”基

① 塞缪尔·亨廷顿等：《现代化：理论与历史经验的再探讨》，上海译文出版社，1993，第76-106页。

础上的“革命范式”和产生于20世纪五六十年代的美国现代化理论尽管尖锐对立，但在史学方法论上都带有绝对主义和排他性色彩；“以一元多线论为基础的现代化范式”则认为，现代化是全球历史大变革进程，但并不具备终极目标价值，而且道路模式选择多样①。

二、“现代化”的内涵

迄今为止，中外诸多学者认为，现代化缘起于西欧与北美，继而扩展至其他地区，是一个历史过程和一种进步趋势，体现在诸多领域。现代化是从传统社会向现代社会的过渡，具有全球性、阶段性和全面性。各个国家和地区在现代化浪潮中概莫能外，因而现代化具有全球性。现代化是一个长期性的转变过程，故不可避免地带有阶段性。由于传统社会与现代社会在诸多方面尖锐对立，所以现代化又呈现出全面性。在经济层面，从农本社会向工业社会过渡，即工业化，从自给自足到互通有无，即市场化，是其主要内涵。社会现代化则主要指城乡联系加强、闭塞状态消失、城市化进程以及职业流动。在政治层面上，现代化通常表现为民族国家的建立、官僚体制的形成、政治参与的扩大与依法治国的原则。此外，现代化还表现在意识形态、生态环境等层面。但是，少数学者，特别是发展中国家的学者，对“现代化”的内涵与意义持有不同看法。

国外学者的现代化研究起步较早。以色列学者艾森斯塔德认为，现代化缘起于西欧与北美，继而扩展至其他地区，显然是一个历史进程；现代化体现在社会、经济、政治三个层面②。詹姆斯•奥康内尔在《现代化的概念》一文中指出，现代化的含义包括思想、技术和社会等相互作用的三个层面，即分析因果关系和创造发明的观念、工具和技术的大量增加、社会结构的灵活性与连续性的认同③。美国学者西里尔•E. 布莱克认为，人类历史上曾经出现三次巨大变革：人类的产生；文明的产生，即从原始社会到文明社会的转变；现代化，即从传统社会到现代社会的转变。布莱克强调

---

① 董正华：《从历史发展多线性到史学范式多样化——围绕“以一元多线论为基础的现代化范式”的讨论》，《史学月刊》，2004年第5期，第5-18页。

② 艾森斯塔德：《现代化：抗拒与变迁》，张旅平等译，中国人民大学出版社，1988，第1页。

③ 西里尔•E. 布莱克主编《比较现代化》，杨豫、陈祖洲译，上海译文出版社，1996，第19-36页。

现代化的前提是科学革命以及随之而来的知识增长，现代化具有历时性和全面性。他强调，现代和传统仅仅是相对应的概念，对不同国家和地区而言代表不同时期和迥异内容。布莱克认为，由于现代化毕竟是人的活动，而人的活动包括理智、政治、经济、社会和心理五个方面，因此现代化也应表现在这五个方面①。

一是关于理智现代化。布莱克指出，知识的积累以及对知识进行合理解释的方法，处于现代化过程的核心地位②。

二是关于政治现代化。布莱克认为，政治现代化包括政治权力强化对整个社会的控制，中央政府强化对基层的控制，科层化即官僚机构的完善，法治化即法治取代人治，民主化即民主取代专制，国家间政治交往的频繁化，等等③。

三是关于经济现代化。布莱克认为，传统社会分工不明，因此劳动生产率低，多为简单小生产（即积累几乎等于消费，即便出现积累也往往被新增人口所消费，因而无法追加投资，从而难以实现增长），商品交换规模小且不重要，人均收入停滞不前；现代社会分工较细，因此劳动生产率高，普遍实现扩大再生产（即积累大于消费，从而能够追加投资实现增长），商品交换规模大且很重要，人均收入不断增长。经济现代化是从第一种状态向第二种状态转变的过程，它依赖科学技术的进步和政治现代化④。

四是关于社会现代化。布莱克认为，社会现代化主要表现在：人口流动加快；农业与整个物质资料生产部门的从业人口比重下降，而服务业从业人口比重上升；农村人口比重下降即城市化比重提高；平均受教育水平提高；整个社会强调机会均等而不是结果均等；由于社会生产的机械化以及受教育水平的提高，体力较弱的女性地位得以提升；通信技术的发展促进了人们对外界的了解，社会成员对国家的认同感得到增强，收入分配朝着均衡化方向发展⑤。

---

① 西里尔·E：布莱克《现代化的动力》，段小光译，四川人民出版社，1988，第3-36页。

② 西里尔·E：布莱克《现代化的动力》，段小光译，四川人民出版社，1988，第16-17页。

③ 西里尔·E：布莱克主编《比较现代化》，杨豫、陈祖洲译，上海译文出版社，1996，第19-25页。

④ 西里尔·E：布莱克《现代化的动力》，段小光译，四川人民出版社，1988，第25-29页。

⑤ 西里尔·E：布莱克《现代化的动力》，段小光译，四川人民出版社，1988，第29-34页。

五是关于心理现代化。布莱克认为，人的心理因不同时空、不同族群或阶层而存在差别，而且传统社会中人类的心理并非一成不变。但是，成就动机、求变心理以及打破简单循环的生活方式，却是现代化进程中人类社会的重要特征①。

罗荣渠是改革开放以来中国现代化研究的奠基人。他指出，现代化有广义和狭义之分。广义现代化是世界性的历史过程，“指人类社会从工业革命以来所经历的一场急剧变革，这一变革以工业化为推动力，导致传统的农业社会向现代工业社会的全球性的大转变过程，它使工业主义渗透到经济、政治、文化、思想各个领域，引起深刻的相应变化”；狭义现代化是落后国家的发展过程，指这些国家“采取高效率的途径（其中包括可利用的传统因素），通过有计划地进行经济技术改造和学习世界先进，带动广泛的社会变革，以迅速赶上先进工业国和适应现代世界环境的发展过程”②。关于中央政权在外源性现代化启动阶段对经济增长和社会变革的重大意义，罗荣渠认为：“外源性现代化，特别是延误了的晚近现代化，在其启动阶段非经济因素的作用大于经济因素的作用，其中最突出的是国家即中央政权在推动经济增长与社会变革中的重大作用。”③罗荣渠的现代化理论既强调工业化在现代化中的关键作用，又注意现代化的全面性，对国内其他学者影响很大。

钱乘旦、杨豫和陈晓律指出，现代化是整体的社会变动，但是现代化的基础在于工业生产力对农业生产力的取代④。

林被甸、董正华认为，“现代化”是一个反映真实历史进程的现实性概念，表现在经济、社会和政治等多个领域，表现在转型和发展两个层面，他们更强调科技革命与工业文明的地位⑤。

孙立平认为，现代化主要包括经济上的经济增长与收入平等，政治上的政治稳定与民主化，社会方面的社会分化、社会整合与城市化，共计三大领域和七大要素。关于现代化诸要素的关系，孙立平认为学界存在“和谐论”与“冲突论”的争执。和谐论仰赖人们的善良愿望，也基于此前诸

---

① 西里尔·E. 布莱克《现代化的动力》，段小光译，四川人民出版社，1988，第34-36页。

② 罗荣渠：《现代化新论》（修订版），商务印书馆，2004，第9-17页。

③ 罗荣渠：《现代化新论》（修订版），商务印书馆，2004，第197-202页。

④ 钱乘旦、杨豫、陈晓律：《世界现代化进程》，南京大学出版社，1997，第2-3页。

⑤ 林被甸、董正华：《现代化研究在中国的兴起与发展》，《历史研究》，1998年第5期，第171页。

多国家现代化的正反面例子。冲突论则认为，经济增长与平等分配、政治民主与政治稳定、社会分化与社会整合、城市化与经济现代化之间存在诸多矛盾之处。孙立平认为，在现代化的诸多要素或者诸多层面之中，由不同要素构成的组合，其内部关系存在差异。一类组合的内部关系比较容易确定，要么是比较确定的正相关，比如社会整合对政治稳定的影响，要么是比较稳定的负相关，比如社会分化对社会整合的影响，但是无论是正相关还是负相关，均指的是单向关系而不是相互关系。另一类组合内部的要素关系不太容易确定。而由同样要素构成的组合，在不同历史时期和不同地域，内部关系也会不同。孙立平指出，现代化的时序模式指现代化的不同方面不同因素之间在时间上形成的序列关系。孙立平认为，时序模式的主要差异表现在政治先决条件、经济起飞与政治整合的时间、经济现代化的延滞、社会与文化变革、城市化五个方面。影响时序模式差异的主要因素是起点条件、危机和挑战出现的顺序、示范效应和现代化的策略四个方面①。

彭树智认为，现代化具有世界性，体现在经济、社会、政治与思想层面；但他强调从文明交往和思想层面审视现代化的本质②。

哈全安认为，人类社会在走向解放的过程中历经两次深刻转变：第一次解放是文明化，发生于自野蛮向文明过渡的历史阶段；第二次解放即现代化，发生在从传统文明向现代文明过渡的历史阶段。哈全安同样认为，现代化是一个历史过程，体现在多个层面③。

少数外国学者对“现代化”的内涵与意义持有不同看法。布莱克指出，现代化这一概念主要受到两个方面的批判：一是有人认为这个概念比较模糊和混乱；二是有人认为这个概念具有偏见，倾向于少数富有者的稳定和秩序，而不顾大多数公民的自由和福利④。美国学者迪恩·C.蒂普斯在

---

① 孙立平：《现代化与社会转型》，北京大学出版社，2005，第3-46页。

② 彭树智认为：“全球现代化是经济变革、社会转型、国家重塑和人文创造的世界历史性潮流。”“现代化的本质是人的文明自觉化过程，是人的理智、理想、道德和健康成长过程。”彭树智主编，王铁铮、黄民兴、邵丽英、韩志斌著《中东史》，人民出版社，2010，第4-8页。

③ 哈全安认为：“现代化主要表现为从个体生产向社会化生产的转变、从自然经济向商品经济的转变、从农本社会向工业社会的转变、从封闭向开放的转变、从奴役向自由的转变、从专制向民主的转变。”哈全安：《中东史：610—2000》，天津人民出版社，2010，第933页。

④ 西里尔·E.布莱克主编《比较现代化》，杨豫、陈祖洲译，上海译文出版社，1996，第12-18页。

《现代化理论与社会比较研究的批判》一文中指出，现代化一词仅能区分“进步”和“不进步”两种社会变化过程，并非一个科学概念[①]。印度学者A. R. 德赛在《现代化概念有重新评价的必要》一文中指出，诸多学者将“现代化”这一概念不加区别地广泛使用，认为西方的价值观和制度具有普适性，发达社会已经成功实现转变而其他社会可能具备也可能不具备实现这一转变的能力。德赛认为，尽管现代化的核心过程也许具有普适性，但是后发现代化国家的现代化道路与内源性现代化国家不同，而且社会主义现代化与资本主义现代化道路也有差异[②]。

土耳其当代思想家法图拉·葛兰在其《迎向失落的天堂》一书中指出，现代化并不等于文明化。文明化是指一个社会共同体在创新社会制度、发展科学技术和提高生活水平的同时，还要提高精神境界，即坚定信仰、保持爱心、拥有热情和敢于担当。他认为，西方国家现代化过程中，并未消除由精神失落导致的唯利主义和野蛮屠杀等恶劣现象，所以并未实现文明化；同样，长期效法西方现代化模式的土耳其共和国，更不可能实现文明化。法图拉·葛兰所强调的“文明化”，实际上指融合传统、兼顾精神的一条现代化道路。埃及学者盖拉尔·A. 阿明在《依附性发展》一文中批驳了当时盛行于西方并被联合国所采纳的“发展”概念和“现代化”概念。关于发展，盖拉尔指出：如果将发展作为追求目标，那么它绝不应该仅仅指经济增长，而应体现为整个社会而非少数富人的福利增长，这种福利不仅表现在物质层面，也体现于精神层面，例如不被强制、拥有自尊、保存传统、心理平衡等。关于现代化，他认为西方人所创造的这一词汇仅能表明西方社会的一种独特历程，绝不具有普适性，不应成为欠发达国家的追求目标。关于当时欠发达国家所处的历史时期，他非常悲观地认为当时欠发达国家既没有出现发展，也没有出现现代化，仅仅是遭遇异质文明的入侵并在损失惨重之后向这种拥有优越感的文明屈膝投降而已，因此他甚至质疑官僚机构的完善、知识的迅速增长、城市化水平的提高等是否有价

① 西里尔·E. 布莱克主编《比较现代化》，杨豫、陈祖洲译，上海译文出版社，1996，第126-127页。

② 西里尔·E. 布莱克主编《比较现代化》，杨豫、陈祖洲译，上海译文出版社，1996，第131-152页。关于其他印度学者对“现代化”和“现代化理论”的质疑，详见王红生：《社会科学理论范式与当代印度问题研究》，《世界历史》，2007年第3期，第111-119页。

值[①]。

第二节　农业农村现代化

一、农业现代化与工业化

农业与工业、农业现代化与工业化，向来不曾相互孤立地线性发展，而是有紧密的内在关联和特定的发展路径。

关于农业现代化与工业化在人口稠密的发达国家与欠发达国家中的关系，迪特尔・森哈斯在《欧洲的发展与第三世界——对发展问题的过去与前景的考察》一文中强调：自给自足农业往往与工业化相互排斥；高效率的商品性农业与快速工业化并行不悖；早期迅猛的农业现代化往往与早期迅猛的工业化同时发生，而缓慢平稳的农业现代化往往与缓慢平稳的工业化同时发生；以自由的家庭农场为起点的农业现代化则往往伴随缓慢平稳的工业化；在整个国家处于低水平农业阶段时，其部分地区可能已经有较高程度的农业现代化，内部不平衡性比较显著；在人口增长过快、人口过于稠密的国家，有时农业产量的增长并不能说明农业劳动生产率提高，有时甚至说明农业劳动生产率下降，这是因为农业产量增长是由于农民迫于生存压力而被迫追加劳动力而非追加农业生产资料，在这种情况下，农业现代化反而出现倒退[②]。

关于欠发达国家的工农业关系，克里斯特・冈纳森在《发展理论与第三世界的工业化——19 世纪的欧洲与第三世界工业化模式的比较》一文中指出，卡尔・马克思等部分学者认为，农业与工业化紧密相关，因为农业为工业化提供其所需的国内市场、劳动力供应以及劳动力所需的粮食。为此，农业劳动生产率必须提高，以便使农村出现剩余劳动力；农业产量必须提高，以便为工业劳动力提供粮食；农业的现代化水平必须提高，以便为工业品提供市场。克里斯特・冈纳森认为，上述理论仅仅是一种理想模

---

① 塞缪尔・亨廷顿等:《现代化：理论与历史经验的再探讨》，上海译文出版社，1993，第 99-102 页。

② 塞缪尔・亨廷顿等:《现代化：理论与历史经验的再探讨》，上海译文出版社，1993，第 242-244 页。

式，与实际不太相符；在不同的欠发达国家中，工农业关系差别甚大，不可一概而论。工业化和农业革命的启动时序、农民数量多寡、土地占有程度、农业经营方式，这些因素都会影响工农业关系，尤其影响工业品的主要市场是在国内还是国外①。

王立新在分析弗里德里希・李斯特、卡尔・马克思、卡尔・考茨基、W. W. 罗斯托、苏布拉塔・加塔克、肯・英格森特、古斯塔夫・拉尼斯、约翰・费、保罗・斯特里顿、富兰克林・F. 门德尔斯等诸国学者关于工业化问题的主要观点和研究方法之后，重新反思"传统工业化研究范式"的理论缺陷，着重指出工业化与农业具有紧密联系而且工业化道路并非单向单一的发展过程，进而构建关于工业化问题的新研究范式——新重农主义②。

二、现代化视域中的城乡关系

塞缪尔・亨廷顿曾深刻分析现代化与城乡关系之间的关联。他认为，在传统社会中，乡村主导城市，地主控制乡村秩序，城乡具有同质性，政治参与范围狭小③。在现代化进程中，城市主导乡村，城乡尖锐对抗。换言之，城乡差距和由此导致的城乡对抗，是现代化的重要后果，并成为政治动乱的主要根源。政府如果能够利用民族主义或者进行和平土地改革，就可以动员农民支持自己，从而遏制城市反对派、实现政治稳定；城市反对派如果能够强化与农民的联系，允诺进行土地改革，就有可能造成政治动荡。塞缪尔・亨廷顿指出，城市和乡村之间在政治态度和政治行为方面就形成了一种差距。城市变成了反对派的中心，不断起来反对现存政治制度，而政府的稳定则依赖于它能动员起农村的支持；如果政府不能赢得农村的支持，那就国无宁日④。然而关于政治民主化对乡村传统集团的影响，亨廷顿认为，刚刚摆脱殖民地处境的国家，特别是其中实行民主制度的国

---

① 塞缪尔・亨廷顿等：《现代化：理论与历史经验的再探讨》，上海译文出版社，1993，第233-236页。

② 王立新：《工业化问题研究范式的反思和重构：从工业主义到重农主义》，《史学月刊》，2006年第1期，第12-19页。

③ 塞缪尔・亨廷顿：《变化社会中的政治秩序》，王冠华、刘为等译，生活・读书・新知三联书店，1989，第267页。

④ 塞缪尔・亨廷顿：《变化社会中的政治秩序》，王冠华、刘为等译，生活・读书・新知三联书店，1989，第401-403页。

家，乡村传统集团势力都会因乡村居民获得选举权而得到强化，且力图赢得村民支持的现代城市集团则会变得较为传统[①]。

三、现代化进程中的小农和小农经济

马克思、恩格斯、列宁等马克思主义经典作家曾阐述了农业生产的特点，小农的生存状态与政治影响，小农土地所有制的性质、地位与前途，以及"改造"小农的心理和习惯所需的技术条件。

①关于农业生产的特点。马克思指出，农业生产不仅是经济再生产而且是自然再生产[②]。马克思在《资本论》中还指出，劳动时间始终是生产时间，但生产时间不一定是劳动时间，农业生产时间"间或有劳动时间插进来"，两种时间的差别在农业上表现得特别显著[③]。

②关于小农的生存状态与政治影响。马克思指出了法国小农的贫困状态并强调其生产方式"不是使他们互相交往，而是使他们互相隔离"。他还指出小农的政治影响"表现为行政权支配社会"[④]。

③关于小农土地所有制的性质、地位与前途。马克思指出，小农经济存在于诸多社会形态之中，并构成重要的经济基础[⑤]。恩格斯在逝世前夕所写的《法德农民问题》一文中指出："小农是指小块土地的所有者或租佃者——尤其是所有者，这块土地既不大于他以自己全家的力量通常所能耕种的限度，也不小于足以养活他全家人口的限度。"另外，"靠自力耕种为生的小农既非牢靠地占有自己的小块土地，也不自由"[⑥]。马克思和恩格斯在其他场合明确指出，小农经济将不可避免地走向灭亡，原有小农最终会

① 塞缪尔·亨廷顿：《变化社会中的政治秩序》，王冠华、刘为等译，生活·读书·新知三联书店，1989，第411-412页。

② 马克思指出："经济的再生产过程，不管它的特殊的社会性质如何，在这个部门（农业）内，总是同一个自然的再生产过程交织在一起。"卡尔·马克思：《资本论》（第2卷），人民出版社，1975，第398-439页。

③ 卡尔·马克思、弗·恩格斯著，中共中央马克思恩格斯列宁斯大林著作编译局编译《马克思恩格斯选集》（第2卷），人民出版社，2012，第363-367页。

④ 卡尔·马克思：《路易·波拿巴的雾月十八日》，载卡尔·马克思、弗·恩格斯著，中共中央马克思恩格斯列宁斯大林著作编译局编译《马克思恩格斯选集》（第1卷），人民出版社，2012，第762-763页。

⑤ 卡尔·马克思：《资本论》（第1卷），人民出版社，1975，第371页。

⑥ 弗·恩格斯：《法德农民问题》，载卡尔·马克思、弗·恩格斯著，中共中央马克思恩格斯列宁斯大林著作编译局编译《马克思恩格斯选集》（第4卷），人民出版社，2012，第358-362页。

分化为极少数资本主义农场主和居于多数的雇佣劳动力，进而为资本主义生产关系的发展提供劳动力和国内市场。列宁认为，“在资产阶级国家里消灭农奴制可能有两条道路”，即普鲁士式道路和美国式道路，两种道路都“要求用暴力来摧毁旧的土地占有制”，但美国式道路“可能有利于农民群众而不是有利于一小撮地主”①。

④关于如何“改造”小农的心理和习惯。列宁特别强调农业技术等物质基础发挥的作用②。秦晖在梳理马克思主义经典作家的农民理论后认为，“马克思主义农民理论”表明“现代化的农民可以是个体的，但绝不是孤立于公共交往的；可以是联合起来的，但绝不是依附性的”③。

20 世纪 80 年代初至 90 年代初，大卫・古德曼、迈克尔・艾德克里夫特与特伦斯・柏利斯等当代西方马克思主义学者，仍然侧重考查农业资本主义问题，但是强调从工业化角度审视农业资本主义。他们认为，以家庭劳动为基础的农业生产，若能为城市工业提供资本积累，则应被视为资本主义的特殊表现形式，从而突出农业资本主义是“为他的存在，而不是一种自为的存在”④。

自 20 世纪 90 年代初以来，董正华、何顺果、侯建新等中国学者继续探讨现代化进程中的小农与小农经济。董正华在研究从 20 世纪 50 年代初到 70 年代末韩国与中国台湾地区的小农制度的基础上指出：小农生产方式由来已久且有过变迁，尽管其从未取得独立发展的地位，却并不具备特定社会制度的属性，因而与社会主义现代化并不排斥，不应被视为资本主义两极分化的温床或工业化的绊脚石⑤。后来，董正华在其所撰《关于现代农业发展的两个理论问题》一文中，既不主张拘泥于马克思主义文献的现

① 列宁：《社会民主党在 1905—1907 年俄国第一次革命中的土地纲领（节选）》，载列宁著，中共中央马克思恩格斯列宁斯大林著作编译局编译《列宁选集》（第 1 卷），人民出版社，2012，第 780-781 页。

② 列宁认为：“只有有了物质基础，只有有了技术，只有在农业中大规模地使用拖拉机和机器，才能……使他们的心理健全起来。只有这样才能根本地和非常迅速地改造小农。”列宁：《关于以实物税代替余粮收集制的报告》，载列宁著，中共中央马克思恩格斯列宁斯大林著作编译局编译《列宁选集》（第 4 卷），人民出版社，2012，第 447 页。

③ 秦晖：《土地改革 = 民主革命？集体化 = 社会主义？——马克思主义农民理论的演变与发展》，《学术界》，2002 年第 6 期，第 39-61 页。

④ 王立新：《农业转型概念的双重化》，《史学理论研究》，2008 年第 2 期，第 54-57 页。

⑤ 董正华：《小农制与东亚现代化模式》，《北京大学学报（哲学社会科学版）》，1994 年第 3 期，第 66-78 页。

成结论，也反对随意引用和诠释相关理论；他梳理了马克思、恰亚诺夫、西奥多·舒尔茨、考茨基、列宁与林毅夫等人对“农民在农业发展中的地位问题”以及“农业发展的不同道路”两个理论问题的论述；探讨了欧亚诸多国家和地区的家庭农场盛行而且平均规模长期难以扩大的种种原因；指出二战[①]后多国实施的土地改革与所谓的“单峰战略”，实际上是自上而下消灭传统地主经济的激进行为，其主要关注农村社会稳定、农民对工业化的贡献以及家庭农业本身的现代化，因此与列宁关于美国式道路的设想既有相同点也有不同点[②]。何顺果依据马克思的重要论述，参照西方国家的小农经济，指出小农经济存在于多种社会形态之中并构成重要经济基础，却无法决定特定社会形态的性质[③]。研究中英两国农业与农民问题的侯建新认为：改造传统小农经济并妥善处理农业改造与工业发展的关系，系发展中国家在现代化中都要遇到的一项重大挑战，“财产权利关系清晰的农民家庭农场与现代产业化、商品化生产可以并行不悖，而且有着独到的优势”[④]。侯建新在对比研究中英两国“农业转型 / 社会转型”和“农业现代化 / 经济社会现代化”之时，强调法律传统对农民“主体权利”的重大影响，突出“主体权利”对农业劳动生产率的促进作用，揭示农业劳动生产率在农民财富积累中的意义，认同“主体权利”和财富积累在农业资本主义产生与经济社会现代化启动中的价值[⑤]。

第三节　改革开放以来中国的农业农村现代化

自 20 世纪 90 年代初以来，杜润生、陈锡文、陈柏峰等中国学者，多次综论农业生产和农业现代化的特点、中国农村家庭经营的优势、改革开放后中国农村土地所有制变迁与乡村治理等重大问题，并取得显著成果。

---

① 第二次世界大战，简称“二战”。

② 董正华：《关于现代农业发展的两个理论问题》，《马克思主义与现实》，2006 年第 1 期，第 145-152 页。

③ 何顺果：《小农制：一种普遍而长命的生产方式——兼论“生产方式≠社会形态”》，《世界历史》，2000 年第 6 期，第 2-10 页。

④ 侯建新：《国外小农经济研究主要流派述评》，《世界历史》，1999 年第 1 期，第 100-108 页。

⑤ 侯建新：《现代化第一基石：农民个人力量增长与中世纪晚期社会变迁》，天津社会科学院出版社，1991。侯建新：《农民、市场与社会变迁：冀中 11 村透视并与英国乡村比较》，社会科学文献出版社，2002。

《杜润生自述：中国农村体制变革重大决策纪实》一书认为：中国幅员辽阔，即便同纬度地区也具有多样地形、土壤和气候；另外，农作物和禽畜等动植物都有生命，需要人精心呵护；因此农业"要求不误农时"，是自然再生产和经济再生产的"结合体"。杜润生强调农业决策"远距离操纵是不行的"，最好是现场决策；家庭经营则"最适宜这种现场决策"[①]。

陈锡文在《把握农村经济结构、农业经营形式和农村社会形态变迁的脉搏》一文中提出：传统国家在土改前盛行租佃制而少有雇工制，新大陆国家的农场主也基本都是依靠家庭成员来经营农场的；传统国家的小规模农业和新大陆国家的大规模农场，其经营者本质上都是农民家庭。农民家庭之所以能成为农业经营主体，"主要是由农业的产业特征所决定的"[②]。陈锡文、罗丹等在其所著《中国农村改革40年》一书中指出：农业，是人们顺应环境和生命活动的规律并实行必要人为干预的经济活动；而农民，则是应当具有在生产现场能够判断情况、作出决策、付诸行动、承担后果的经营者。动植物的生命活动具有连续性和不可逆性的特点，这就决定了农业的每一个生产环节都对生产的最终结果具有不可替代的作用。与工业不同，农业中每个作业环节是否达到了要求，只能根据生产的最终结果（产量和质量）来作出综合性的评判。农民只有在农产品生产的全过程中，不间断地根据环境变化和动植物在不同生长阶段的特定生理需求，及时制定保障动植物健康生长的必要措施，才能获得好收成。只有让农业生产者对生产的全过程，从而也对生产的最终结果负责，他才不需要有任何监督就会尽力地把每个生产环节都做到他能够达到的最高水平[③]。该书综合分析了1978—2018年中国农村土地制度、集体经济组织、乡村治理体系、农业支持和保护体系、城乡融合发展的体制机制、粮食购销体制、农民收入和生活水平、脱贫攻坚、农业农村可持续发展和乡村振兴战略，该书视野宏阔、资料丰富，但注释很少，且系集体成果，多个章节的论述仍然有待深化和拓展。

陈柏峰在《乡村振兴战略背景下的村社集体：现状与未来》一文中指

① 杜润生：《杜润生自述：中国农村体制变革重大决策纪实》，人民出版社，2005，第133-134页。

② 陈锡文：《把握农村经济结构、农业经营形式和农村社会形态变迁的脉搏》，《开放时代》，2012年第3期，第112-115页。

③ 陈锡文、罗丹、张征：《中国农村改革40年》，人民出版社，2018，第34-35页。

出：当前中国的“村社集体”，广义上包括乡镇、村、村民小组三个层级，狭义上仅包括村集体经济组织。村社集体源于土改后的农业合作化，是人民公社体制瓦解后实行家庭联产承包责任制的产物。村社集体的有效运转有其深刻的制度基础，包括正式的土地集体所有和家庭承包制度，也包括非正式的土地调整制度和村社集体建设诸制度。正式规则是成文的、明言的，非正式规则和执行机制往往是不成文、未经阐明的。非正式土地调整制度主要有大、小调整两种形式；非正式的村社集体建设诸制度，在农业税取消前表现为“三提五统”和“两工”制度，在农村税费改革完成后表现为“一事一议”制度。陈柏峰认为，村社集体以农村土地集体所有制为基础，至今在生产方面有重要功能，表现在收取和利用机动地承包费，“确权不确地”，组织农户兴修水利，使用农机和推广农业科技等方面；村社集体还有重要的生活功能，表现在村干部在排解纠纷、主持仪式等方面的作用。陈柏峰预测，将来“城市近郊村社集体”与“农业生产村社集体”固然存在重大区别，但具有地域性、双层经营体制、“政社合一”架构等共性①。

土地是最为基本的农业生产资料，其重要性在耕地资源稀缺而人口数量巨大的中国显而易见。土地制度则构成农业生产关系的核心因素。陈锡文、罗丹等在所著《中国农村改革40年》一书中指出，改革开放以后，中国农民实际上“以保证‘交够国家的、留足集体的’为前提，换取一个将农业的集体统一经营改为家庭承包经营的体制”②。家庭联产承包责任制实施后，中国农户承包的耕地属于集体所有，但作用其上的劳动力、农具、种子和肥料等其他生产要素都属于农户所有，因而这种家庭经营“是公有制经济与非公有制经济的混合经营”③。他们认为，人民公社体制瓦解后农村集体经济组织的土地，“既是分层所有的，又是分别所有的”④。陈柏峰在《乡村振兴战略背景下的村社集体：现状与未来》一文中指出：中国农村土地集体所有权的主体是“村社集体”，具体内涵是“成员权”，用益形式是“承包经营权”；非正式的土地调整制度主要有大、小调整两种形

---

① 陈柏峰：《乡村振兴战略背景下的村社集体：现状与未来》，《武汉大学学报（哲学社会科学版）》，2018年第3期，第154-163页。

② 陈锡文、罗丹、张征：《中国农村改革40年》，人民出版社，2018，第3页。

③ 陈锡文、罗丹、张征：《中国农村改革40年》，人民出版社，2018，第7页。

④ 陈锡文、罗丹、张征：《中国农村改革40年》，人民出版社，2018，第81-89页。

式[①]。关于农户中成员之间围绕土地承包合同的财产关系，渠涛在《农户承包集体土地合同上的财产关系》一文中从民法角度指出：在这种财产关系中，所有权的基本形态为“不可分割的合有（共同共有）”；成员之间关系准用“合伙制度”，合伙人入伙或退伙需要区分自然和人为两种情形；成员若离开合伙体生活，或通过退伙对其他合伙人行使“持份买受请求权”，或不退伙而行使“收益分配请求权”[②]。

“粮食”是“食物”的种概念和“口粮”的属概念，相关定义多样：认为粮食（grain）即谷物；认为粮食是谷物和薯类（不含木薯）的总称；认为粮食是谷物、薯类（不含木薯）和豆类（不含大豆）的总称；认为粮食是谷物、薯类（含木薯）和豆类（含大豆）的总称[③]。关于粮食安全的内涵，李岳云在所撰《工业化、城市化与粮食安全》一文中指出，“粮食安全”意味着粮食要“供得够、送得到、买得起”，因此粮食安全由生产能力、流通能力和消费能力三大因素构成。影响粮食生产能力的是耕地数量和质量，粮食种植面积与单产水平，抗灾能力和粮食产量的波动情况；影响粮食流通能力的有粮食流通体制及效率、粮食运输能力及效率、粮食储备能力及效率；粮食消费能力则由粮食消费人口数量、粮食人均消费水平、居民收入水平构成[④]。关于粮食和粮食安全的重要性，关付新在《华北平原种粮家庭农场土地经营规模探究——以粮食大省河南为例》一文中指出：中国农业问题的核心是粮食，农村问题的重点是粮区，农民问题的难点是粮农，解决中国“三农”问题要聚焦粮食、粮区和粮农（“三粮”）。“‘三粮’是‘三农’问题的核心。”[⑤]关于农民和地方政府在保障粮食安全方面的角色，陈锡文主编的《走中国特色社会主义乡村振兴道路》一书认为：农民是粮食的“微观供给主体”，地方政府是“基层粮食供给管理主体”；如果不能充分调动两者的“生产积极性和管理积极性”，粮食安全将

① 陈柏峰：《乡村振兴战略背景下的村社集体：现状与未来》，《武汉大学学报（哲学社会科学版）》，2018 年第 3 期，第 154-163 页。

② 渠涛：《农户承包集体土地合同上的财产关系》，《北方法学》，2014 年第 2 期，第 29-33 页。

③ 詹琳、元利兴、李娣、蒋和平：《粮食安全新战略下合理调整我国粮食统计口径研究》，《中州学刊》，2018 年第 12 期，第 41-46 页。

④ 李岳云：《工业化、城市化与粮食安全》，《现代经济探讨》，2007 年第 1 期，第 27-30 页。

⑤ 关付新：《华北平原种粮家庭农场土地经营规模探究——以粮食大省河南为例》，《中国农村经济》，2018 年第 10 期，第 22-38 页。

变成空中楼阁[①]。健全粮食安全保障机制，应实施以“保谷物、保口粮”为重点的国家粮食安全战略。杨万江、林斌等人在《中国粮食安全新战略：“保口粮”“稻米安全”与“一带一路”》一文中指出：“保口粮”的关键在于，通过利用“一带一路”，确保“稻米安全”[②]。王帅的《粮食的“地理可获得性”与粮食安全》一文在研究世界粮食贸易时，着力分析内陆和海洋两大运输系统的风险，认为中国应高度关注粮食进口的“地理可获得性”，尤其是大豆进口的可获得性问题。鉴于大豆进口路线存在的高风险，王帅提出六项政策建议，实际上可被归纳为以下几条：提高国产大豆产量，通过扩大肉类进口进而减少大豆消费量，最终减少对国外大豆的依赖；支持美国和巴西改善两国内陆交通，并尽量绕开巴拿马运河与马六甲海峡；进口黑海沿岸国家出产的大豆[③]。

融合发展农村一二三产业，拓宽在村农民增收渠道，需要因时因地制宜发展农村金融和乡村旅游。张洁妍、陈玉梅《乡村振兴战略背景下我国农村金融改革路径研究》一文认为：农村金融在发展过程中面临着农村金融机构与“三农”发展不平衡、农村金融的供给规模和效率发展不充分、农村金融信用生态环境培育不充分、农村金融管理及配套机制构建不充分等问题[④]。王晨光《集体化乡村旅游发展模式对乡村振兴战略的影响与启示》一文以山东淄博市中郝峪村和陕西咸阳市袁家村两地乡村旅游为个案，详细分析农民在乡村旅游业中所能获得的三种收入——经营性收入、工资性收入和财产性收入，并认为“财产性收入的富民效果最为有效和可靠”。该文提出“集体化乡村旅游发展模式”这一概念，强调凭借农村集体所有的土地等财产发展乡村旅游业，以增加农民的财产性收入[⑤]。

改革开放以来，进城打工成为农村剩余劳动力转移的主要途径。周其仁在《城乡中国》一书中，在回顾中外城市的起源、功能和特点的基础

---

① 陈锡文主编《走中国特色社会主义乡村振兴道路》，中国社会科学出版社，2019，第 89-90 页。

② 杨万江、林斌、刘琦，李祺：《中国粮食安全新战略：“保口粮”“稻米安全”与“一带一路”》，《世界农业》，2018 年第 6 期，第 208-214 页。

③ 王帅：《粮食的“地理可获得性”与粮食安全》，《农业经济问题》，2018 年第 6 期，第 38-48 页。

④ 张洁妍、陈玉梅：《乡村振兴战略背景下我国农村金融改革路径研究》，《学习与探索》，2018 年第 12 期，第 156-161 页。

⑤ 王晨光：《集体化乡村旅游发展模式对乡村振兴战略的影响与启示》，《山东社会科学》，2018 年第 5 期，第 34-42 页。

上，重点探讨中国改革开放以来城乡土地制度和城市化的关联[①]。陈锡文、罗丹等人所著《中国农村改革40年》一书侧重论述中华人民共和国成立后特别是改革开放后中国共产党和政府关于农民外出务工政策的阶段性演变，进城农民工的流向、职业、收入等方面的阶段性特征[②]。

改革开放以来，中国行政村和较大自然村逐渐变成“半熟人社会”，小自然村或村民小组仍是“熟人社会”。当前乡村的熟人社会或半熟人社会特征非常显著，其间蕴含的道德规范使乡村德治或乡风文明成为可能。贺雪峰《新乡村中国》与陈柏峰《半熟人社会：转型期乡村社会性质深描》两书均以“半熟人社会”这一概念作为剖析乡村治理百态的切入点[③]。

彻底摆脱贫困、积极改善民生、实现生活富裕，不仅是乡村振兴战略的总要求之一，而且是社会主义的题中之义和本质要求。曾福生、蔡保忠在《农村基础设施是实现乡村振兴战略的基础》一文中将“农村基础设施”划分为“经济基础设施”和“社会基础设施”，实际上它们分别对应官方话语体系中的基础设施和公共服务。他们认为，农村基础设施建设是产业兴旺的“先行资本”、生态宜居的“必要条件”、生活富裕的“重要保障”[④]。孔兆政、叶兴艺在《我国农村公共服务的供给偏好与优化策略》一文中指出，中国农村“公共服务”（文中在使用这一概念时，实际上将基础设施视为公共服务的一部分）的“供给偏好”有两个成因：一方面是由于农业税费被取消后“农村集体经济”和“基层政府供给能力”较弱；另一方面归因于当前政府的绩效考核制度和农村公共服务的决策机制。上述原因导致农村“生产性公共服务”受偏好，但“生活和社会事业性公共服务”相对不足，这两个概念基本上分别对应官方话语体系中的基础设施和公共服务[⑤]。汪三贵、曾小溪《从区域扶贫开发到精准扶贫——改革开放40年中国扶贫政策的演进及脱贫攻坚的难点和对策》一文简述改革开放后

① 周其仁：《城乡中国》（修订版），中信出版社，2017，第132-143页。

② 陈锡文、罗丹、张征：《中国农村改革40年》，人民出版社，2018，第246-265页。

③ 贺雪峰：《新乡村中国》，北京大学出版社，2013，第3-17页。陈柏峰：《半熟人社会：转型期乡村社会性质深描》，北京，社会科学文献出版社，2019，第1-6页。

④ 曾福生、蔡保忠《农村基础设施是实现乡村振兴战略的基础》，《农业经济问题》，2018年第7期，第88-94页。

⑤ 孔兆政、叶兴艺：《我国农村公共服务的供给偏好与优化策略》，《中共天津市委党校学报》，2013年第6期，第63-67页。

40年间中国从区域扶贫开发到精准扶贫政策的演变过程[①]。关于近年来国家在实施"五个一批"特别是"发展生产脱贫一批"中遇到的困难，陈丽莎《论新型城镇化战略对实现乡村振兴战略的带动作用》一文认为：当前农村常住人口多为留守老人、儿童及丧失劳动能力的体弱多病者，农村人口结构已经"畸形化"。在这种情况下，许多村民的身体和文化素质无法适应产业扶贫工作的需要，从而限制了产业扶贫的实际效果。她以产业扶贫工作中的家庭禽畜养殖业、蔬菜大棚和农业合作社为例阐明上述观点[②]。

推行绿色发展方式和生活方式，实现生态宜居，是实施乡村振兴战略的重要任务。宋洪远、金书秦等人在《强化农业资源环境保护 推进农村生态文明建设》一文中指出：我国农业资源环境问题突出表现在资源约束增强、污染形势严峻、生态系统退化三个领域[③]。陈卫平在《乡村振兴战略背景下农户生产绿色转型的制度约束与政策建议——基于47位常规生产农户的深度访谈》一文中提到，2016—2017年他对山东、福建、四川3省6村47户从事常规农业生产的家庭进行访谈后发现，样本农户之所以坚持常规生产、未转向绿色生产，主要是受"规制性""规范性"和"文化—认知性"三种制度性压力制约。陈卫平认为，上述访谈和研究结果的"政策启示"，就是从以上三个方面入手，创造与绿色农业契合的"规制性""规范性"和"文化—认知性"的"制度环境"[④]。倪学志、于晓媛在《耕地轮作、农业种植结构与我国持久粮食安全》一文中提出：耕地轮作要求我国必须从以往单一考虑粮食自给率转向兼顾粮食自给率和农业种植结构基本安全两个层面上来，树立农作物多样性的粮食安全结构观[⑤]。

---

① 汪三贵、曾小溪：《从区域扶贫开发到精准扶贫——改革开放40年中国扶贫政策的演进及脱贫攻坚的难点和对策》，《农业经济问题》，2018年第8期，第40-49页。

② 陈丽莎：《论新型城镇化战略对实现乡村振兴战略的带动作用》，《云南社会科学》，2018年第6期，第97-102页。

③ 宋洪远、金书秦、张灿强：《强化农业资源环境保护 推进农村生态文明建设》，《湖南农业大学学报(社会科学版)》，2016年第5期，第33-41页。

④ 陈卫平：《乡村振兴战略背景下农户生产绿色转型的制度约束与政策建议——基于47位常规生产农户的深度访谈》，《探索》，2018年第3期，第136-145页。

⑤ 倪学志、于晓媛：《耕地轮作、农业种植结构与我国持久粮食安全》，《经济问题探索》，2018年第7期，第78-88页。

第一章 世界主要国家农业农村现代化概况

现代化是当代世界的普遍现象和基本趋势，世界主要国家的农业农村现代化历史和现状对中国有着很强的借鉴意义。本章主要考察西方发达国家、发展中的资本主义国家和苏俄—苏联的农业农村现代化历程及经验教训。

第一节 西方发达国家的农业农村现代化

本节将着重考察英语国家英国和美国，欧洲大陆与欧盟国家法国和德国，以及东亚国家日本等发达国家的农业农村现代化特点。

一、英美两国的农业农村现代化

在过去两百多年间，小国寡民的英国和地广人稀的美国先后成为引领世界现代化的头号强国，也是当今世界英语国家与英美法系的代表。但对中国这样面积广大且人口稠密的大陆法系国家而言，英美两国农业农村现代化的启示作用恐怕不宜被过高估计。

（一）英国的农业农村现代化

在世界历史上，英国是最早启动并实现农业农村现代化的国家，而亨利八世宗教改革以来土地制度的演变过程及特点最受史家关注。16世纪前期，亨利八世发起宗教改革，解散修道院，没收、赏赐并出售修道院的宗教地产，大大削弱了教会的经济基础；国王甚至还出售王室地产。上述举措使贵族、乡绅、商人、律师等阶层通过赠予或购买等方式获得地产而成为地主。此后两个世纪间，各类地主将土地视为经济收益的来源、政治地位的基础和社会影响的象征，继续扩大自己的地产。到19世纪晚期和20世纪初期，尤其是在1914年第一次世界大战爆发前夕，英国的大土地所有制达到顶峰，土地高度集中，地主与农业资本家间的租佃制以及农业资本家与农业工人间的雇佣制盛行，直接经营自家地产者寥若晨星，自营的农地面积比重极低（1887 年约 15%，到 1914 年仅有约 10%）。

进入 20 世纪，特别是在第一次世界大战后，由于自由贸易的推进、外来产品的冲击、农业产品的降价与农业收益的下滑，由于议会改革的推进、选民范围的扩大与衰败选区的消失，由于两次世界大战对粮食安全的要求以及英国政府的政策引导，地主越来越不愿持有和扩大地产，转而开始出售大批地产，导致直接经营自家地产者逐渐增多，自营农地面积比重大大提高，在 1950 年占四成左右，到 1983 年达六七成①。因此，二战后的英国逐渐成为一个以家庭农场为主要经营模式的国家，土地经营者往往掌握土地所有权，愿意并能够对土地追加投资，土地经营的自由度和收益率有所提升，农业生产力继续得到解放和发展。

（二）美国的农业农村现代化

农业生态环境，涉及地理位置、地形、气候、水文、耕地和人口等诸多地理要素。美国农业生态环境的优势可谓相当全面。美国目前的领土面积次于俄罗斯、加拿大和中国，位居世界第四。但它既不像俄罗斯和加拿大那样大部位于高纬地带，也不像中国那样山峦起伏、沙漠广布；美国的光热条件较为适宜，总体地势比较低平，耕地面积位居世界首位，农业资源可谓得天独厚。美国的人口总量仅次于中国和印度，位居世界第三。它既不像俄罗斯和加拿大那样人口过疏，也不像中国和印度那样人口过密，劳动力供应即便不算恰到好处，也只是稍微偏紧。美国不仅是冷战结束后唯一的超级大国和科技最先进的国家，而且是一百多年来工商业最发达的国家，农业从科技和工商业的发展中受益良多。美国政府还与时俱进，不断依据变化的形势来调整农业政策，切实保障农民权益并促进农业发展。因此，美国成为一百多年来农业最先进的国家与最大的农产品出口国，控制小麦、玉米、高粱、大豆、牛肉、猪肉等大宗农产品的定价权。习近平总书记也曾指出，“美国是世界第一粮食出口国、农业最强国”②。

---

① David Grigg. English Agriculture: An Historical Perspective（Oxford, New York: Blackwell, 1989），pp.104. 镡娴娴：《19 世纪晚期以来英国土地所有权的变迁》，《中国农史》，2010 年第 2 期，第 93-98 页。文礼朋：《20 世纪英国农业租佃经营的衰落》，《南京政治学院学报》，2016 年第 1 期，第 86-92 页。

② 习近平：《在中央农村工作会议上的讲话（2013 年 12 月 23 日）》，载中共中央文献研究室编《十八大以来重要文献选编》（上），中央文献出版社，2014，第 661 页。

美国农业农村现代化的主要特点有以下几个方面。

第一，美国的土地制度和经营模式，分别是土地私有制与家庭大农场，所有权与经营权通常合二为一，与美国的资本主义制度和地广人稀状况相适应。

第二，美国农业属于私有的家庭大农场模式，耕地资源非常丰富而劳动力供给相对不足，加之处于平坦地理环境，因而长期致力于提高播种、翻耕、施肥、灭虫、除草、灌溉、收割、脱粒、运输、仓储各环节的机械化水平，在二战后还曾依靠信息与生物科技发展所谓的遥感农业和转基因农业，主要着眼于提高劳动生产率；与地狭人稠、精耕细作的日本相比，美国耕地的单位面积产量即土地生产率偏低，而劳动生产率则高得多。对中国来说，提高劳动生产率和提高土地生产率，哪个更重要？显然是后者。因为中国耕地十分稀缺而农业劳动力相对充裕，类似日本而不像美国。

第三，美国私有的家庭大农场，大多面向国内外市场，种植单一作物或养殖单一牲畜，农产品市场化程度很高。市场化农业，要求农场主在其他条件不变的情况下，以育种、施肥、杀虫和除草等方式极力提高单位面积产量和总产量，提高土地生产率。市场化农业，也要求农场主必须慎重考虑水陆运输条件是否具备，以及运输距离和成本。美国能源储量和产量惊人，油气价格低廉；美国本土东临大西洋、南濒墨西哥湾、西接太平洋，优良海港众多且大多终年不冻，造船业发达，远洋运输能力超群；美国内河航运条件同样卓越，除五大湖与多段运河外，密西西比河水系发达，干流纵贯南北，支流横穿东西，干支流大多水量充沛、水流平稳；美国铁路修建较早，公路四通八达，高速基本免费，陆运条件令人惊叹。优越的水陆运输条件，降低了农产品的运输成本和终端售价，提高了农产品的竞争力和农场主的收益。

第四，美国农场主利用自身的选举权和多种农业合作社，影响国会和白宫的涉农立法与行政活动，促使政府采取多项惠农政策，特别是给予农业补贴和开拓外国市场[①]。

---

① 曹峰、吴进进、邵东珂：《美国农业福利政策的演变（1862—2000）》，《美国研究》，2015 年第 2 期，第 132-149 页。詹琳：《美国农业政策的历史演变及启示》，《世界农业》，2015 年第 6 期，第 86-90 页。韩一军、徐锐钊：《2014 美国农业法改革及启示》，《农业经济问题》，2015 年第 4 期，第 101-109 页。芦千文、姜长云：《乡村振兴的他山之石：美国农业农村政策的演变历程和趋势》，《农村经济》，2018 年第 9 期，第 1-8 页。

二、法德两国的农业农村现代化

法国和德国是大陆法系的代表，是欧共体和欧盟的创始国与双子星，分别是欧洲最重要的农产品生产与出口国以及最重要的工业国。

（一）法国的农业农村现代化

法国是欧洲最重要的农产品生产和出口国，也是较早启动现代化进程的世界强国，到 19 世纪末 20 世纪初已经基本完成农业农村现代化，其主要标志有以下几个方面。

在土地制度方面，封建领主土地所有制与领主特权消失，小农土地所有制得到巩固和发展；在农产品生产和流通方面，机械化、化学化和良种化逐渐发展，单位面积产量有所提高，农业产量特别是谷物和葡萄产量增加，铁路和公路交通状况得到明显改善，粮食问题彻底解决，农产品市场化进程加速；在城市化进程方面，大量村民迁入城市，城市人口与工业服务业人口比重大幅上升，农村人口和农业人口比重极低；在乡村教育方面，乡村教育取得显著进展，农民文化程度大大提高①。在上述因素共同作用下，乡村与外界的各种联系明显加强，农民摆脱农村庇护性社会关系，能够有效利用乡村农业、选举制度和科学知识维护自身利益，在经济、政治和精神层面彻底解放。

（二）德国的农业农村现代化

德国虽是欧洲较晚建立统一民族国家、较晚启动现代化进程的国家，却后来居上，自 19 世纪后期起成为欧洲经济最发达的国家，其农业农村现代化水平很高，在 1990 年两德统一以后主要表现在以下几个方面。

①在土地制度方面，以多部法律保障土地私有制，除原民主德国（东德）境内盛行 100 公顷以上的大型资本主义农场外，其余地区以 30~100 公顷的中型家庭农场和 2~30 公顷的小型家庭农场为主要经营模式，不足 2 公顷的微型农场数量较少。例如，2013 年在德国 38 万个农场中，大型资

---

① 许平：《法国农村庇护性社会关系解体过程分析》，《世界历史》，2007 年第 5 期，第 32-42 页。刘书增：《论法国农民在现代化进程中的进步性与保守性》，《西南大学学报（人文社会科学版）》，2007 年第 2 期，第 175-179 页。许平：《革命、保守、改造——19 世纪法国农民与政治》，《华东师范大学学报（哲学社会科学版）》，1998 年第 6 期，第 50-57 页。许平：《19 世纪下半叶法国农村的变革以及传统农民向现代人的嬗变》，《世界历史》，1994 年第 2 期，第 34-41 页。

本主义农场只有 2.93 万个，中型家庭农场有 10.4 万个，小型农场多达 21.85 万个，其余 2.67 万个是不足 2 公顷的微型农场[①]。

②在农产品生产和流通方面，德国充分利用自身科技和工业优势，耕地平整化，农业标准化、机械化、良种化、信息化为欧洲第一并达到世界领先水平，耕地单位面积产量很高，农业产量特别是饲料与牲畜产量较高，水陆空运路线四通八达，粮食问题彻底解决，农产品市场化水平令人叹为观止[②]。

③在城市化进程方面，大量村民迁入城市，农村人口和农业人口比重较低，城市人口与工业服务业人口比重大幅上升，普通乡村与中小城镇非常发达，农民的生活水平普遍超越市民[③]。

④在公共服务方面，德国政府高度重视农村职业教育，较早建立惠及村民的社会保障体系，村民的农学知识丰富，社会福利很高[④]。

⑤在生态环境方面，德国政府厉行环保法规，对耕作过程进行精细化监督，严格控制各类肥料和农药的施用时间、重量和方式，并以多种农业补贴诱导农民，减少各类肥料和农药对耕地、水源和空气的污染；德国乡村环境美丽宜人，生物多样性得到维持和发展[⑤]。

在上述因素共同作用下，乡村与外界联系紧密，农民能够有效利用各类农业合作组织、选举制度、福利制度、环保法规以及自身的文化素养维

---

① 丁声俊：《实体、实业、实效——德国农业的显著特征》，《世界农业》，2013 年第 8 期，第 8-16 页。蔡伟、杜丹：《德国农业经营体系研究》，《世界农业》，2014 年第 7 期，第 166-168 页。刘英杰、张凯：《德国农业行政管理体系、调控手段及启示》，《世界农业》，2015 年第 2 期，第 11-15 页。

② 赵谦：《德国农村土地整理融资立法及对中国的启示》，《世界农业》，2012 年第 7 期，第 74-76 页。吕云涛、张为娟：《德国土地整治的特点及对中国的启示》，《世界农业》，2015 年第 6 期，第 49-52 页。刘英杰、张凯：《德国农业行政管理体系、调控手段及启示》，《世界农业》，2015 年第 2 期，第 11-15 页。

③ 李晓俐、陈阳：《德国农业、农村发展模式及对我国的启示》，《农业展望》，2010 年第 3 期，第 50-53 页。刘英杰，张凯：《德国农业行政管理体系、调控手段及启示》，《世界农业》，2015 年第 2 期，第 11-15 页。

④ 徐嘉辉、郭翔：《德国农村社会保障制度及其借鉴》，《商业研究》，2009 年第 6 期，第 207-210 页。张翠娥、李容、田北海：《德国农村养老保障制度对我国的启示》，《兰州学刊》，2013 年第 6 期，第 80-85 页。苗晓丹、刘立新、刘杰：《德国农业职业教育体系及其主要特点》，《中国农村经济》，2015 年第 6 期，第 85-95 页。

⑤ 吕云涛、张为娟：《德国土地整治的特点及对中国的启示》，《世界农业》，2015 年第 6 期，第 49-52 页。王有强、董红：《德国农业生态补偿政策及其对中国的启示》，《云南民族大学学报 (哲学社会科学版)》，2016 年第 5 期，第 141-144 页。

护自身利益，在经济、政治、社会、精神和生态层面得到彻底解放。

三、日本的农业农村现代化

1945 年第二次世界大战结束后，日本作为国土狭小、山地众多而耕地极少的战败国，却成为亚洲最早实现乡村农业现代化的国家，单位面积产量与土地生产率很高，多数农产品质优价高，农民获得丰厚的农业收入与非农收入，而且享受全面的社会保障。日本农业农村现代化的基本经验可被概括为以下方面。

（一）二战后日本的土地改革

明治维新期间，日本政府承认土地私有，土地可以自由买卖，但土地兼并比较严重，租佃制度盛行，佃农和地主之间仍然存在浓厚的人身依附关系，农村逐渐出现所谓的“寄生地主制”，进而成为军国主义的温床之一。1945 年秋日本投降后，美国对日本实行单独占领，并着力推行土地改革，以清除乡村农业领域的军国主义土壤。1945 年 12 月 9 日，美国占领当局提出《关于农地改革的备忘录》，又称《解放农民令》，命令日本政府在次年（1946 年）3 月 15 日以前制订农地改革计划，“排除经济民主化的障碍”并“打破几个世纪以来在封建压迫下使日本农民奴隶化的经济桎梏”。1946 年 10 月，日本政府被迫颁布《建立自耕农措施法》与《农地调整法》，在 1947 年 3 月至 1952 年 7 月进行土改，征购并出售耕地 23 次，其主要内容是：国家依据 1945 年 11 月 23 日的地价，征购在外地主的全部土地与在村地主的超额土地（区分北海道与其他地区，区分在村不耕作地主与在村耕作地主）共 193 万町步①（占改革前佃耕地面积的八成），将征购的土地以同样地价出售给占农户总数四分之三的 430 万户佃农或少量“有能力的经营者”，征购与出售地产的期限均为 30 年、年利均为 2.5 分以下。随着恶性通胀和地价上涨，到 1950 年时，征购和出售的地价仅相当于时价的 5%~7%，当初的赎买几乎等同于无偿没收，当初的出售几乎等同于免费赠送②。土地改革后，日本成为自耕农占绝对多数的国家，“寄生地主制”被完全消灭，军国主义的温床之一被彻底清理。土改末期的 1950 年，占地面积不足 1 公顷的农户占全国 617.6 万农户的 72.9%，占地 1~2

① 町步：日本的一种面积单位，1 町步约等于 1 公顷。

② 杨栋梁：《日本近现代经济史》，世界知识出版社，2010，第 213-215 页。

公顷的农户所占比重为 21.7%，占地大于 2 公顷的农户比重仅为 5.4%①。为防止“寄生地主制”死灰复燃，日本政府于 1952 年公布《农地法》，严格保护每年至少干 150 天农活的实际耕作者，捍卫自耕农对土地的所有权或租佃权，即着力保护佃农与自耕土地的所有者②。1960 年，除北海道外，日本占地面积不足 1 公顷的农户占 71.8%，基本保持不变；而占地大于 2 公顷的农户比重为 4.07%。1970 年，除北海道外，日本占地面积不足 1 公顷的农户占 69.61%，比重略微下降；而占地大于 2 公顷的农户比重升至 6.83%③。到 1980 年，日本占地面积不足 1 公顷的农户约占 70%，基本保持不变；而占地大于 2 公顷的农户比重有所上升，为 9.0%④。

此后，鉴于日本农村的机械化、兼业化、少子化、老龄化与城市化，为了提高农业劳动生产率和经济效益，日本政府多次修改或出台涉农法律，尤其是在 1980 年颁布实施《农地利用促进法》（在 1993 年被修改为《农业经营基础强化促进法》），在 2009 年大幅修改《农地法》，不断推动农地买卖和租赁，进而扩大农地经营规模。到 2015 年，日本农户平均经营农地约 2.2 公顷⑤。有研究者指出，二战后土地改革以来，日本业已形成由 1952 年《农地法》（后来历经多次修改）、1961 年《农业基本法》、1969 年《农业振兴地域法》、1972 年《土地改良法》、1980 年《农地利用促进法》和 1993 年《农业经营基础强化促进法》（简称“农促法”）以及 1999 年《食品、农业、农村基本法》等共同组成的农地“制度集”⑥。

（二）二战后日本的粮食安全

二战后初期，日本人大多以大米为主食。1960 年，种植业产值占农业总产值的 80.6%，其中大米占 47.4%。20 世纪 60 年代初之后，日本国民的收入和生活水平迅速提高，食物结构日趋复杂，大米的地位渐趋下降。1980 年，种植业产值占农业总产值的比重降至 67.8%，其中大米所占比重

---

① 徐梅：《日本农业现代化再探讨及启示》，《日本学刊》，2018 年第 5 期，第 103-121 页。

② 平力群：《日本农业政策的转向：从社会政策到产业政策》，《现代日本经济》，2018 年第 2 期，第 1-12 页。

③ 王学君、周沁楠：《日本粮食安全保障策略的演进及启示》，《现代日本经济》，2018 年第 4 期，第 69-84 页。

④ 徐梅：《日本农业现代化再探讨及启示》，《日本学刊》，2018 年第 5 期，第 103-121 页。

⑤ 徐梅：《日本农业现代化再探讨及启示》，《日本学刊》，2018 年第 5 期，第 103-121 页。

⑥ 王敬尧、段雪珊：《“人”“地”关系：日本农地制度变迁与农业现代化》，《清华大学学报（哲学社会科学版）》，2018 年第 4 期，第 180-191 页。

降至30.0%[①]。日本人均大米消费量从1962年的118公斤[②]降至2006年的61公斤[③]。尽管如此，大米仍然是日本人的首要口粮。二战后日本主要采取三种举措来维护粮食安全特别是大米自给。

一是科技支持，推进农业机械化、良种化和化学化。政府和民间持续推动农业机械化，特别是小型轻便农用机械的广泛应用[④]；出台《农作物种苗法》《主要农作物种子法》，形成良种培育、存储和栽种制度[⑤]；重视灭虫和施肥工作，并妥善解决农药化肥超量使用问题[⑥]。

二是资金支持，政府和民间以农田水利建设、贷款等多种形式向农业融资。日本逐步形成以合作性金融为主导、政策性金融为支撑、商业性金融介入[⑦]为主要特征的农村金融体系。

三是价格支持，日本政府一度以保护价收购大米，并对国产大米进行关税保护。1960年后，日本政府开始以较高保护价收购国产大米并以较低市场价销售，价差由政府财政负担。此举提高了稻农的生产积极性，与机械化、良种化和化学化共同导致之后几年大米产量逐渐增长，到1967年实现完全自给自足并出现供大于求的情形。面对新的大米供求形势，日本政府在1969—1970年首次出台所谓的水稻"减反政策"，即限制水稻播种面积与产量，并对限种限产的农户进行补贴的政策[⑧]。1995年日本开始施行《主要粮食供求及价格稳定法》，又称《粮食法》，公布大米现库存量、拟收购量、转作休耕面积，以此调节稻农的播种面积和大米产量；2008年日本政府修改《粮食法》，改由全国农业协同组合中央会出台和修改水稻生产方针，引导各地农协和稻农适时调整水稻播种面积和大米产量[⑨]。

上述政策导致水田面积持续缩小，从1970年的344万公顷降至2014

① 徐梅：《日本农业现代化再探讨及启示》，《日本学刊》，2018年第5期，第103-121页。

② 1公斤=1千克。

③ 平力群：《日本农业政策的转向：从社会政策到产业政策》，《现代日本经济》，2018年第2期，第1-12页。

④ 杨印生、陈旭：《日本农业机械化经验分析》，《现代日本经济》，2018年第2期：第77-86页。

⑤ 徐梅：《日本农业现代化再探讨及启示》，《日本学刊》，2018年第5期，第103-121页。

⑥ 谢元媛、思沁夫、岸本纱也加：《日本农业发展与食品安全的研究综述》，《中国农业大学学报（社会科学版）》，2015年第3期，第85-94页。

⑦ 徐梅：《日本农业现代化再探讨及启示》，《日本学刊》，2018年第5期，第103-121页。

⑧ 平力群：《日本农业政策的转向：从社会政策到产业政策》，《现代日本经济》，2018年第2期，第1-12页。

⑨ 徐梅：《日本农业现代化再探讨及启示》，《日本学刊》，2018年第5期，第103-121页。

年的 247 万公顷[①]。到 2018 年，日本政府废除沿用数十年的大米“减反政策”，使稻农自行确定水稻播种面积和大米产量[②]。日本政府还抬高大米进口关税，设置贸易壁垒，维持国产大米销售价，保护本国稻农权益。例如，仅在 2009 年，日本就对进口大米实际征收 778% 的关税，远高于对黄油征收 360% 的关税、对砂糖征收 328% 的关税、对小麦征收 252% 的关税[③]，保护稻农的意图不言自明。

（三）二战后日本的村民流动

二战结束后，特别是自 20 世纪 60 年代初开始，日本农村长期经受少子化、老龄化、城市化的影响，出现过疏化、空心化与合并化现象，农业收入比重、农业人口比重、农户人数比重和农户数量比重持续下降。1970—2005 年，日本兼业农户中非农收入大于农业收入的农户比重从 51% 升至 74%，农业人口比重从 19% 降至 4.8%，农户人口占全国人口的比重从 25% 降至 8.9%，农村户数占全国户数的比重从 18% 降至 6%[④]。日本农林水产省 2009 年《袖珍农林水产业统计》与 2010 年 2 月 1 日《世界农林业人口普查结果的概要（暂定价值）》提供的数据显示：日本的农村户数在 1995 年为 265.1 万户，在 2000 年为 233.7 万户，到 2009 年降至 169.9 万户（当年农村居民总计 698 万人，其中 65 岁以上者为 238 万人，约占 34%），到 2010 年降至 163.1 万户[⑤]。与此同时，日本的总耕地面积呈现下降趋势，2008 年比 1961 年的耕地面积缩减 146 万公顷[⑥]。尽管如此，农户数量减少幅度还是大于耕地总面积的缩减幅度，仍然导致农村居民的户均耕地面积有所增加，在 1955 年为 0.85 公顷，在 1970 年为 0.95 公顷，到 1980 年升至 1.17 公顷，到 2005 年增至 1.27 公顷[⑦]。然而其中有相当一部分耕地被弃耕，在 2000 年有 34.3 万公顷弃耕地，到 2010 年增加到 40 万

---

① 平力群：《日本农业政策的转向：从社会政策到产业政策》，《现代日本经济》，2018 年第 2 期，第 1-12 页。

② 徐梅：《日本农业现代化再探讨及启示》，《日本学刊》，2018 年第 5 期，第 103-121 页。

③ 徐梅：《日本农业现代化再探讨及启示》，《日本学刊》，2018 年第 5 期，第 103-121 页。

④ 王国华：《日本农村空心化治理特征分析》，《世界农业》，2015 年第 9 期，第 53-57 页。

⑤ 牛山敬二：《日本农业与农村的现状及危机》，《中国农史》，2012 年第 1 期，第 73-87 页。

⑥ 徐梅：《日本农业现代化再探讨及启示》，《日本学刊》，2018 年第 5 期，第 103-121 页。

⑦ 速水佑次郎：《日本农业保护政策探》，中国物价出版社，1993，第 10 页。王国华：《日本农村空心化治理特征分析》，《世界农业》，2015 年第 9 期，第 53-57 页。

公顷[1]。

（四）二战后日本的农民增收

二战后初期，日本城乡居民收入尚存在一定差距。日本农林水产省《农户经济观察》和日本首相管理办公室《家庭观察》提供的数据显示：1955年，农村居民人均收入5.7万日元，城市居民人均收入7.4万日元；1960年，农村居民人均收入7.8万日元，城市居民人均收入11.5万日元。从20世纪60年代初起，日本政府着力提高国民收入特别是村民的农业收入与非农收入，致力于消除城乡收入差距。1970年，农村居民人均收入32.6万日元，城市居民人均收入35.8万日元，差距已经微乎其微。到1975年，日本农村居民的人均收入为86.7万日元，已经超过城市居民的76.0万日元；到1980年，日本农村居民的人均收入为127.3万日元，超过城市居民的111.1万日元；到1985年，日本农村居民的人均收入为159.6万日元，超过城市居民的142.2万日元[2]。1988年，日本农村居民的人均收入为174.3万日元，超过城市居民的154.6万日元。非农收入及其在农户收入中所占比重均迅速提高，在1960年为4万日元和51%，在1970年为22万日元和67%，在1980年为103.9万日元和82%，在1988年为150.9万日元和87%[3]。

第二节　发展中的资本主义国家的农业农村现代化

“三农”问题是发展中国家现代化中的普遍问题，研究发展中国家现代化中的“三农”问题，能够为中国“三农”问题的解决提供可资借鉴的经验。本节将着重考察西亚、北非地区的阿拉伯国家埃及、南亚地区的最大国家印度以及拉丁美洲的最大国家巴西的农业农村现代化特点。

---

① 牛山敬二：《日本农业与农村的现状及危机》，《中国农史》，2012年第1期，第73-87页。

② 王德祥：《明治维新以来日本的农业和农村政策》，《现代日本经济》，2008年第2期，第42-47页。

③ 平力群：《日本农业政策的转向：从社会政策到产业政策》，《现代日本经济》，2018年第2期，第1-12页。

一、埃及的农业农村现代化①

自文艺复兴、宗教改革和新航路开辟以来，特别是在商业革命和工业革命启动之后，人类社会逐渐从相对隔绝走向普遍交往，世界经济也由分散发展转为一体联动。然而在此过程中，人类社会的普遍交往颇具非平等性，世界经济的一体联动也呈现不平衡性。以西欧为代表的西方世界，逐渐建立起现代民族国家体系，经受数个世纪的思想启蒙，科技军事力量不断增强，掀起对外扩张的社会浪潮，开始执世界经济之牛耳，现代化进程逐渐启动并渐次深入。相比之下，中东阿拉伯世界长期墨守传统社会的政治制度、社会准则、经济活动、军事组织和保守思想，在与西欧国家的激烈竞争中不幸落伍，长期蒙受军事失败、领土萎缩、主权沦丧等历史屈辱。尤其严重的是，因邻近西欧这一现代化策源地，包括埃及在内的中东地区较早地被卷入资本主义世界体系之中，逐渐沦为西方世界的商品市场和原料产地，农业剩余和社会财富开始大量外流。然而，这一地区现代化进程的艰难启动与长期延续，亦为不争的事实。

从 1953 年 6 月君主制崩溃到 2011 年 2 月穆巴拉克下台，埃及总统在经济社会领域，从推行国家资本主义到鼓励私有化，从强行遏制贫富差距到纵容放任贫富分化；在思想领域，从严密控制意识形态到放松对政治思想的控制；在对外关系领域，从强调战争与革命，阿拉伯民族利益至上、埃以斗争与亲苏倾向发展到重视和平与建设，埃及国家利益至上、埃以媾和与亲美倾向；在政党制度方面，埃及从一党制发展到一党独大的多党制。同一时期的类似转变，在其他发展中国家屡见不鲜。由此可见，经济的市场化、社会的分层化、对外关系中的国家利益至上化以及政治民主化的缓慢发展，构成阿拉伯埃及共和国现代化进程中的突出现象。

综观 1805—2013 年的埃及特别是阿拉伯埃及共和国的现代化进程，笔者发现农地制度、农产品市场化、粮食问题、村民流动与乡村政治参与之间具有紧密的内在关联。

在埃及现代化进程中，农地制度对农产品市场化具有重大影响。土地

① 刘志华：《阿拉伯埃及共和国的三农问题及其对中国的启示研究》，北京理工大学出版社，2018，第 1-3、213-215 页。刘志华：《埃及现代化进程中的农地制度、农业生产和村民流动研究》，博士学位论文，南开大学，2011，第 440-464 页。

国有制或限制私有化必然意味着由埃及政府主导农产品市场化，而土地非国有化与鼓励私有化则往往表明土地所有者将掌控农产品市场化，特定的土地制度总是与农产品市场化的主导权联系紧密。粮食生产能力不足是粮食问题的表现之一，而土地制度作为农业生产关系的核心要素能够对粮食生产能力造成间接影响。土地制度对村民流动的影响主要表现在，穆罕默德·阿里政权和纳赛尔政权恢复土地国有制或建立土改合作社，由此实现对小农人身自由的有效控制，进而阻碍乡村居民的人口流动；赛义德和伊斯马仪政权大肆征收苛捐杂税并且推动土地非国有化，迫使大量小农背井离乡，这客观上有利于乡村居民的人口流动；而1882—1952年与1970—2013年埃及政府通过废除徭役制度或弱化合作社功能，逐渐放松对乡村居民的人身控制，从而为乡村居民的人口流动创造条件；乡村人均耕地面积的下降趋势与农业用地的占地不均，也往往构成村民流动的重要因素。农地制度也对政治权力产生重大影响。在农业时代，农业既是主要财源，亦为政治地位的主要支撑；大土地所有者由此掌握多数社会财富和巨大政治权力；在工业化亟须全面推进的时刻，自由军官组织利用耕地占有严重不均的现状，采取大刀阔斧的土地改革举措，依靠小农和中等地主压制在外地主和王室贵胄；在工业昌明时代，土地资源日渐稀缺，地租和地价呈现上涨趋势，地主的参政愿望和政治势力也将随之上升。

农产品市场化意味着农产品可被迅速转化为货币财富，进而为农业扩大再生产、工业建设、文化传播和争权夺利提供物质基础。追逐农业剩余的本能冲动，要求地主等经营主体掌握生产自主权，而经营主体若要掌握生产自主权就必须获得足够的土地权利和充分的人身自由。因此，农产品市场化开始对土地制度和村民流动发生重大影响。农产品市场化对土地制度的影响主要表现在，穆罕默德·阿里政权和纳赛尔政权极力限制乡村居民的土地所有权，以便掌控农产品市场化的主导权，进而占有全部或大部农业剩余；或者表现为，穆罕默德·阿里后裔统治时期的地主阶层试图实现土地非国有化，以及共和时代的地主阶层极力打破土地改革所造成的地权现状，从而掌握农产品市场化的主导权，同时推动更多耕地进入流通领域成为特殊商品；正是在农产品市场化的影响下，在外地主才能够寓居城市，而地权斗争也比传统社会激烈得多。满足市场需求的外部压力能够刺激经营主体适时调整播种结构，而粮食问题的产生恰恰与其他作物播种面积的增减关联甚大。农产品市场化对村民流动的影响主要表现在，农产品市场化引发种植结构调整与区域农业分工，进而导致部分村民在一定时节流向其他乡村从事摘棉或垦荒等农业劳动。

1952—2013 年，埃及食品补贴制度逐渐完善，食品补贴数额不断上升，小麦和面粉始终构成食品补贴的重点内容。埃及的食品补贴制度，对农业生产和政治参与具有重大影响。埃及的食品补贴制度，减少了农民所获利润，剥夺他们积累资本进而改进技术的潜力，挫伤其生产积极性，导致小麦长期短缺与品质低劣。食品补贴制度使市民的消费欲望空前膨胀，浪费现象空前严重，并固化城乡之间与城市内部的收入差距和权力格局。埃及的食品补贴制度，还会强化埃及的极权政治。

在埃及现代化进程中，农业劳动力构成农业生产力的重要内容，村民流动则直接决定农业劳动力的供给状况，进而影响粮食和其他农产品的供给、流通和消费。村民流动对土地制度和政治秩序的影响比较复杂，迄今没有定论。

在埃及现代化进程中，政治权力往往决定农地制度。埃及乡村居民的土地所有权，其合法性往往仰赖政府的默许或者恩赐，具有明显的不稳固性。在埃及外患严重且统治者力量强大之时，政治权力需要整合社会资源，也能够排斥政治参与，往往限制农村居民的土地产权，以便独享农产品出口所带来的巨额利润。如果埃及外患减轻或者统治者力量孱弱，地主阶级往往能够扩大政治权力，进而凭借政治权力加速地权私有化和土地兼并，国家则默认甚至支持这一趋势，以便取悦地主阶层。无论中枢权力强弱与否，小农都居于政治生活的边缘地带，无法通过政治权力维护自身利益。在埃及现代化进程中，埃及农产品贸易垄断制度与极权政治具有共时性；简而言之，极权政治构成农产品贸易垄断制度的政治前提，而农产品贸易垄断制度则成为极权政治的重要物质基础。不仅如此，农产品贸易自由化与中央集权衰落也呈现共时性。粮食问题的另一表现在于食品补贴制度刺激城市居民的过量消费，而食品补贴制度深刻说明城乡居民政治参与的高下之别。乡村阶层与埃及市民和埃及政府的政治力量对比，直接影响城乡的经济社会差距，进而影响乡村居民进城打工；乡村居民能否出国务工，受制于埃及政府的对外政策，仰赖埃及村民政治地位的提升。

现代埃及的“三农”问题具有深刻的政治根源。阿拉伯埃及共和国现代化进程中的“三农”问题的主要成因并不在于自然环境恶劣、科技水平低下或人口增长过快，而在于现代化这一特定历史进程中出现的政治权力分配不均，特别是政府与国民、城市与乡村、地主与小农、精英与民众在权力资源方面的巨大差距，具体表现为开罗和其他地区的差距、城市和乡村的差距、工商业和农副业的差距、下埃及和上埃及的差距以及尼罗河流域与非尼罗河流域的差距。从1805年穆罕默德·阿里就任总督到2013年穆尔西总统离职，埃及政府或建立土地国有制进而剥夺小农的土地所有权，或推动地权私有化进而纵容土地兼并，或推广土改合作社进而侵蚀小农对耕地的经营权和用益权，由此达到限制小农产权、控制乡村民众和转移农业剩余的多重目的。至此，即便在土地私有化条件下，小农土地所有制也已沦为马克思笔下“徒有其名”的“所有权”①或曰“纯粹名义上的占有权”②。在阿拉伯埃及共和国时期，政治民主尚未实现，政府、城市、地主和精英在权力格局中占有优势地位，而小农则处于政治生活的边缘地带。政治权力分配不均，而政治权力在资源分配中依旧占据主导作用，由此导致土地资源的占有状况并不平衡，进而构成“三农”问题生发并延续的深层政治背景。埃及民主水平提高和小农政治参与扩大，则是解决“三农”问题的根本出路。

二、印度的农业农村现代化

印度是南亚面积最大、国内生产总值最高的国家，人口总数位居世界第二，是二十国集团成员和金砖国家成员国，是亚洲耕地面积最广的国家，光热充足，降水丰沛，地表径流与地下水资源比较丰富，但水资源的空间分布和时间分配不均，旱涝灾害非常频繁。除山区和沿海平原外，北部的恒河平原与南部的德干高原是印度最为重要的地理单元。印度农业农村现代化始于18世纪中后期英国殖民统治初期，已历经两个多世纪，其主要特点如下。

---

① 卡尔·马克思:《法兰西内战》，载卡尔·马克思、弗·恩格斯著，中共中央马克思恩格斯列宁斯大林著作编译局编译《马克思恩格斯选集》（第3卷），人民出版社，2012，第147页。

② 卡尔·马克思:《论土地国有化》，载卡尔·马克思、弗·恩格斯著，中共中央马克思恩格斯列宁斯大林著作编译局编译《马克思恩格斯选集》（第3卷），人民出版社，2012，第177页。

首先是在土地制度方面。在1947年独立以前，印度长期盛行种姓制度，多神崇拜纷繁复杂，北方频繁遭受异族入侵，村社制度根深蒂固，所以在政治支离破碎、四分五裂的情况下，很难实施整齐划一的土地制度。印度独立后，继续走资本主义道路，重视保护私有地产，土地改革法通常强调和平赎买超额土地并稳定农业租佃关系。另外，独立后的印度没有实行中央集权制和总统制，而是采取联邦制的国家结构形式与议会制政体，中央政府的权力受到较大制约，在实施土地改革的过程中受到城市柴明达尔、农村地主和无地少地农民多方掣肘，多次土改尝试收效不大。1972年春印度计划委员会所设土地关系组全面考察土改结果，继而认定印度独立后的土改基本失败。失败的主要原因是：各地当政者缺乏土改意愿；基层民众对当政者施压不足；中央政府未能恰当地协调各地当政者与基层民众；民法、刑法和司法机构过分强调私有财产不可侵犯；土改实施机构缺乏财力；土地档案提供的相关数据普遍过时而且不够准确①。

其次是在农业现代化领域。印度独立后，长期实施以土地改革（参见前述）和农业合作化为重点的“制度战略”和以“绿色革命”为中心的“技术战略”。

一是农业合作化的“制度战略”。早在20世纪前期，英印殖民当局就在1904年、1912年和1942年制定并修改《农业合作社法》。1947年印度独立后，执政的国大党和尼赫鲁政府积极推进农业合作化。1948年1月，尼赫鲁任主席的国大党经济计划委员会提交报告，建议占地较多的农户可兴办“家庭农场”，占地较少的农户可建立“合作农场”，使非营利性的农业合作社取代横亘在直接耕作者和政府之间的所有土地中间人，具体做法是政府规定占地限额，征收超额土地并将其转交给农业合作社经营。根据上述报告，同年12月，国大党年会表决通过相关决议，国大党土改委员会的J. C. 库马拉帕指出：如果“没有各种合作模式”，“农业的有效性就不可能有实质性地提高”②。1954年1月，国大党年会通过的决议强调，在印

① 孙培钧：《印度农村土地关系和国大党政府的土地政策》，《南亚研究》，1986年第1期，第1-8页。

② 黄正多、李燕：《印度农业合作化及对其农业发展的作用》，《南亚研究季刊》，2009年第3期，第54-59页。

度村社和自愿联合基础上发展农业合作社经济，这是土改的重要目标[①]。1959年，国大党年会通过决议，再次强调推进农业合作化，在土地私有制基础上实行土地联合经营，在分配农业收入时综合考虑土地要素和劳动力要素投入[②]。在英印殖民当局和印度政府的推动下，印度农业合作社已涵盖超过三分之二的农户，主要涉及肥料、奶业、糖业、小麦、仓储等领域。以肥料和奶业合作社为例，2007—2008年，肥料合作社生产化肥584.7万吨，销售化肥932.4万吨；生产生物肥料415.15吨，销售生物肥料432.22吨。奶业合作社联合会分为村级、区级和邦级三种，既共同负责向奶农提供质优价廉的饲料，又分别负责收集牛奶、冷冻和加工牛奶、销售牛奶及奶制品三个环节，推动了奶业产业化，降低了奶农成本，有助于维持销售价格，从而提高了奶农收入[③]。

二是“绿色革命”，这是印度在农业领域推行的“技术战略”。除继续兴修水利外，印度政府重点采取以下三种举措。

①推广种植高产粮食作物。印度独立后，效法苏联实施五年计划，在1961—1966年“三五”计划期间，在约一千万公顷耕地上广泛种植高产作物，主要推广喜肥、耐旱、矮秆（抗倒伏）、产量高、生长期短的粮食作物；在“四五”计划期间，高产粮食作物播种面积继续扩展，到1969年，全部高产粮食作物面积近2 300万公顷，其中高产小麦种植面积达1 184万公顷，高产水稻种植面积达662万公顷，高产高粱种植面积达171万公顷，高产玉米种植面积达96万公顷。高产粮食作物播种面积的增加，有助于提高印度粮食产量。1969—1970年，印度粮食总产量增至1亿吨，比1950—1951年增加1倍，其中从墨西哥引进的高产矮秆小麦产量达2 000万吨。进入20世纪七八十年代，高产小麦在较为干旱且盛行面食的印度西北方成为主要农作物，高产水稻则在较为湿润且喜爱米饭的东南方逐渐推广，小麦和大米产量继续增加。到1999年，印度小麦产量高达7 100万

① 陶季邑：《孙中山和尼赫鲁的社会经济发展模式之比较》，《暨南学报(哲学社会科学版)》，1996年第3期，第59-66页。

② 1959年印度国大党年会决议指出：“未来的农业形式应是合作的联合耕种，土地集中起来实行联合经营，农户仍保留他们的财产权，并根据他们的土地比例从净产量中分得自己的份额。而且实际的田间劳动者不论拥有土地与否，都将根据他们在联合农场投入劳动的比例，分得自己的份额。”弗·R.弗兰克尔：《印度独立后政治经济发展史》，孙培军等译，中国社会科学出版社，1989，第186页。

③ 黄正多、李燕：《印度农业合作化及对其农业发展的作用》，《南亚研究季刊》，2009年第3期，第54-59页。

吨，大米产量增至 1.12 亿吨，全国粮食总产量接近 1.9 亿吨，粮食问题得到有效缓解[①]。

②增加氮磷钾化肥的用量。在“四五”计划末期，印度钾肥用量达 17.6 万吨，比 1961—1962 年度增加 5 倍多[②]；磷肥用量达 40.8 万吨，比 1966—1967 年度增加 1 倍多；氮肥用量达 120 万吨，比 1966—1967 年度提高近 1 倍[③]。肥料合作社发挥巨大作用。2007—2008 年，肥料合作社生产化肥 584.7 万吨，销售化肥 932.4 万吨；生产生物肥料 415.15 吨，销售生物肥料 432.22 吨[④]。

③增加农药用量。在绿色革命期间，印度政府积极推广使用杀虫剂，以提高粮食产量。印度农药喷洒面积从 1956 年的约 600 万公顷增至 1968—1969 年的近 1 亿公顷，扩大近 16 倍[⑤]。然而，化肥和农药的广泛使用，在提高粮食产量的同时，也在加重印度农村的环境污染和生态破坏。

三、巴西的农业农村现代化

巴西是拉丁美洲面积最大、人口最多、国内生产总值最高的国家，是二十国集团成员和金砖国家成员国，在自然地理方面拥有多项第一，农业发展条件可谓得天独厚。巴西幅员辽阔，国土面积约 851 万平方公里[⑥]，仅次于俄罗斯、加拿大、中国和美国，是世界上热带面积最大的国家，光热充足，降水丰沛，地表径流与地下水资源极其丰富。除东南沿海狭小平原以外，北部的亚马孙平原和南部的巴西高原是巴西最为重要的地理单元。亚马孙平原地处赤道附近，是世界上最大的冲积平原与最大的热带雨林分布区，光热、水土、森林、生物资源首屈一指，未开发的可耕地面积可观；亚马孙河是亚马孙平原的塑造者，中下游贯穿巴西北部并注入大西洋，是世界长度最长、流量最大、流域最广的大河，为

① 肖军：《绿色革命对印度农业发展的影响》，《世界农业》，2017 年第 1 期，第 53-57 页。

② 同上。

③ 同上。

④ 黄正多、李燕：《印度农业合作化及对其农业发展的作用》，《南亚研究季刊》，2009 年第 3 期，第 54-59 页。

⑤ 肖军：《绿色革命对印度农业发展的影响》，《世界农业》，2017 年第 1 期，第 53-57 页。

⑥ 1 公里 =1 千米。

亚马孙平原提供了便利的内河航运条件与淡水资源。巴西高原位于亚马孙平原和亚马孙河流域南侧，地势平坦，是世界上面积最大的高原，热带草原气候塑造了稀树高草的典型植被，已开发和未开发的草场面积广袤，畜牧业发达且潜力巨大。巴西极其优越的自然禀赋，使其成为类似美国、加拿大、澳大利亚和阿根廷的农业强国，出口的蔗糖、玉米、大豆、咖啡、可可、香蕉、柑橘及浓缩橘汁等农产品在国际市场享有盛誉，被赞为世界粮仓之一。

巴西农业农村现代化始于 19 世纪初期的独立运动，已历经近两个世纪，其主要特点表现在以下几个方面。

①在土地制度方面。巴西乡村盛行大地产，这种状况由来已久，可以追溯至葡萄牙殖民时代。早在 16 世纪 30 年代葡萄牙人航海远来时，即将巴西分割为 13 块贵族封地[①]。巴西宣布独立后，允许土地自由买卖，大地产继续发展[②]。到 1920 年，巴西土地普查数据表明，占全国人口十分之一的地主拥有全国土地面积的四分之三[③]。在 1960 年，大农场仅占全国农场总数的不足 4%，却拥有全国土地面积的 62%；相比之下，小农场占全国农场总数的 35%，却仅拥有不足 2% 的土地面积[④]。进入 20 世纪 80 年代末，占地超过 1 000 公顷的大地主，仅占全国人口的不足 1%，却拥有全国土地面积的 44%；相比之下，占地不足 10 公顷的小农，占全国人口的 53%，却仅拥有不足 3% 的土地面积。2017 年农业普查数据表明，占巴西人口 0.1% 的大土地所有者竟拥有 47.5% 的耕地面积[⑤]。当代巴西走资本主义道路，实行土地私有制，并未历经较为彻底的土地改革或革命，较多地保留了葡萄牙殖民统治时代的大地产；巴西地广人稀，而且农村人口比重较小。因此，巴西村民人均耕地面积广阔，但耕地高度集中，私人大庄园与农业雇佣关系十分典型。

②在农业现代化领域。受自然禀赋优越、大地产制盛行和出口贸易导

---

① 吴亲亲、章德宾：《巴西土地所有制与农场经营规模对中国的启示》，《世界农业》，2018 年第 3 期，第 15-21 页。

② 韩琦：《独立后至 20 世纪初阿根廷、乌拉圭和巴西土地结构的变动———兼论农业资本主义发展道路》，《拉丁美洲研究》，2000 年第 6 期，第 42-48 页。

③ 刘婷：《巴西的土地问题与经济发展》，《拉丁美洲研究》，2006 年第 2 期，第 28-31 页。

④ 梅仁：《巴西的土地问题》，《世界知识》，1964 年第 4 期，第 14-16 页。

⑤ 于越：《巴西农业发展现状与中巴合作展望》，《西南林业大学学报（社会科学）》，2018 年第 5 期，第 1-5 页。

向的影响，巴西的热带经济作物大种植园异常发达。以甘蔗种植为例，在葡萄牙殖民时代前中期，巴西的甘蔗种植园面积广袤，蔗糖产量增长迅猛，一度跃居全球第一。2008 年，巴西甘蔗的播种面积为 800 万公顷，产量为 6.5 亿吨；到 2014 年，播种面积增至 1 100 万公顷、产量增至 7.5 亿吨[①]。近年来，巴西蔗糖出口量稳居世界首位。

③在农村基础设施建设和公共服务领域。在农业基础设施领域，巴西的短板在于交通运输业落后。在 2018 年世界银行物流绩效指数排名中，巴西仅排在第 56 位[②]。在公共服务领域，巴西较早建立劳动者社会保障体系特别是养老保险体系，将社保支出视为政府应尽的义务，并且不断扩大其覆盖面。从 1923 年起覆盖国有和大型私营企业的工人，在 20 世纪 30 年代中后期涵盖全体城市工人[③]；进入 20 世纪 70 年代前期，巴西一方面将农村鳏寡孤独废疾者纳入社保体系，另一方面又规定只要是务农满 20 年且家境贫困的农村劳动者，无论是否已经缴纳社会保险金，凡 65 周岁以上的男性与 60 周岁以上的女性，一概被纳入社保体系特别是养老保险体系，按月领取约相当于一半最低工资标准的少量生活费，养老基金源于税收等财政收入[④]；到 1988 年，巴西新宪法提高农业劳动者领取的养老保险金额，并下调领取者的年龄门槛，降至男性 60 岁、女性 55 岁[⑤]。

④在农业剩余劳动力转移方面。巴西城乡的基础设施和公共服务差距较大，农村生活水平通常不及城市，例如在教育领域，2017 年巴西国家经济地理统计局农业普查结果显示，15.5% 的农民是文盲，63.6% 的农民仅仅受过基础教育；大地产发达，大量村民并非土地所有者，2017 年巴西国家经济地理统计局农业普查结果显示，占巴西人口 0.1% 的大土

① 吴亲亲、章德宾：《巴西土地所有制与农场经营规模对中国的启示》，《世界农业》，2018 年第 3 期，第 15-21 页。

② 于越：《巴西农业发展现状与中巴合作展望》，《西南林业大学学报（社会科学）》，2018 年第 5 期，第 1-5 页。

③ 白维军：《巴西农村公共养老金计划及对我国新农保的借鉴意义》，《科学社会主义》，2010 年第 4 期，第 146-147 页。

④ 吕银春：《巴西社会保险制度及其改革》，《拉丁美洲研究》，1997 年第 3 期，第 42-43 页。

⑤ 林义：《农村社会保障的国际比较及启示研究》，中国劳动出版社，2006，第 264 页。

地所有者竟拥有 47.5% 的耕地面积。因而，大多村民渴望流向城市[①]。巴西并无城乡户籍差异，村民可以自由迁徙到城市，并可在城市贫民窟暂时栖身。

第三节　苏俄—苏联的农业农村现代化

“从世界各国现代化历史看，有的国家没有处理好工农关系、城乡关系，农业发展跟不上，农村发展跟不上，农产品供应不足”，“乡村和乡村经济走向凋敝，工业化和城镇化走入困境甚至造成社会动荡，最终陷入‘中等收入陷阱’。这里面更深层次的问题是领导体制和国家治理体制问题”[②]。苏俄—苏联就是如此。本节将着重考察第一个社会主义国家暨面积最大的国家——苏俄—苏联农业农村现代化的历史基础、制度变革和惨痛教训。

俄罗斯是当今世界面积最大的国家，其前身是苏联最大的加盟共和国苏维埃俄国。1917 年 11 月十月革命前，俄罗斯是一个落后的农业国，农业是主要物质资料生产部门，农民是主体人口，农村是主要聚落，农业农民农村问题极端重要。列宁强调：“俄国是一个农民国家，是欧洲最落后的国家之一。”[③] 十月革命后，俄国成为人类历史上第一个社会主义国家。全俄苏维埃第九次代表大会决议指出：“农业是国民经济的最重要的基础部门。”[④] 苏维埃社会主义共和国联盟于 1922 年 12 月成立，到 1991 年 12 月解体。因此，本书论述的苏俄—苏联乡村农业现代化，特指从 1917 年十月革命爆发到 1991 年苏联解体前夕俄国的农业农村现代化，主要涉及土地制度和粮食问题，而这两个领域紧密相连。

---

① 于越：《巴西农业发展现状与中巴合作展望》，《西南林业大学学报（社会科学版）》，2018 年第 5 期，第 1-5 页。

② 习近平：《在十九届中央政治局第八次集体学习时的讲话》（2018 年 9 月 21 日），载中共中央党史和文献研究院编《习近平关于“三农”工作论述摘编》，中央文献出版社，2019，第 42 页。

③ 列宁著，中共中央马克思恩格斯列宁斯大林著作编译局编译《列宁全集》第 29 卷，人民出版社，1985，第 90 页。

④ 《苏联共产党和苏联政府经济问题决议汇编》第 1 卷，中国人民大学出版社，1984，第 292 页。

一、沙俄农奴制改革与农业农村现代化

俄国农奴制改革前数百年，沙皇圣旨与国家法令残酷剥夺小农的择业和迁徙权利，严禁他们放弃农业生产和随意离开村社，将稀缺劳动力固着于广袤土地之上，强制实现劳动力和劳动对象的紧密结合，进而确保农业产量和国家税收；俄国村社土地所有制则构成上述超经济强制的物质基础。

1861 年农奴制改革后，俄国开始驶入资本主义发展的快车道。但是，从农奴制改革开始到 1905 年革命前，沙皇以所谓“村社之父”自居，极力染指村社事务，企图通过控制村社进而奴役农民，终极目的在于扩大专制主义的社会基础。1905—1907 年革命失败后，俄国进入所谓“斯托雷平反动时期”，斯托雷平在沙皇尼古拉二世的支持下，在政治上中断民主化进程，在经济上加速自由化进程，将村社土地私有化并允许农民退出公社，“由维护‘畜群式的’农村公社急剧转变为‘强者的’私有化”①。1917 年二月革命后，沙皇制度成为历史陈迹，俄国临时政府宣布废除斯托雷平的土地改革举措。

二、苏俄战时共产主义政策时期的土地制度与粮食问题

十月革命后初期，苏俄在 1918 年 1 月 27 日发布《土地社会化法令》，明确规定要大力发展农业中的集体经济，认为“这种经济在节约劳动和产品方面都更为有利，减少个体经济，以便向社会主义经济过渡”②。当时发展乡村集体经济实际上意味着复兴村社，意味着继续清算斯托雷平时期的土改后果，特别是打击斯托雷平改革期间出现的地主。

1918 年春，苏俄开始实施战时共产主义政策，并持续到 1921 年初。在乡村农业领域，战时共产主义政策主要表现在取消一切商品交换，强制实行余粮征集制和口粮配给制，并以行政力量消灭地主阶级和改变土地占有格局。苏俄内战结束后，全俄已经没有地主阶级，在全俄农户总数中，

---

① 秦晖：《土地改革 = 民主革命？集体化 = 社会主义？——马克思主义农民理论的演变与发展》，《学术界》，2002 年第 6 期，第 39-61 页。

② 《苏联共产党和苏联政府经济问题决议汇编》第 1 卷，中国人民大学出版社，1984，第 29 页。

中农和贫农户数占96%，而列宁所称的“小富农”仅占4%；在全俄耕地总面积中，中农和贫农占94.5%，“小富农”仅占5.5%[①]。由此可见，在战时共产主义政策和苏俄内战的影响下，苏俄乡村的土地经营已经相当分散，所谓“小富农”与中农和贫农只有细微差别。随着土地经营的变迁，粮食生产和占有状况也在改变。此时“地主经济……已经被消灭、富农经济……已经缩小三分之二以上”，“不仅从粮食总产量来看，而且从商品粮食产量来看，十月革命后苏俄已经成为小农经济的国家，中农已经成为农业中的‘中心人物’”。因此“粮食生产已经从地主、富农方面转到小农、中农方面”[②]。

战时共产主义政策实施的地区，农用土地所有权名义上归村社，经营权归农户，用益权归布尔什维克和苏俄政府，这是一种特殊形式的土地国有制。

三、苏联新经济政策时期的农业农村现代化

苏俄内战结束后，战时共产主义政策已经不合时宜且遭到激烈抵制，于是列宁和联共（布）开始以新经济政策取代战时共产主义政策，乡村农业领域以降低的粮食税代替余粮征集制，恢复粮食贸易，废除口粮配给制。新经济政策实施时期，苏俄农用土地所有权归村社，经营权和用益权归农户，这是一种特殊形式的小农土地所有制。内战后，面对新的土地经营状况和粮食形势，列宁的思路出现变化。1921年初，列宁写道：“农民的‘个人主义’对社会主义是否可怕？他们的‘自由贸易’是否可怕？不可怕。”[③]1923年1月，重病中的列宁口授《论合作制》一文，明确指出，涉及农产品贸易领域的农业合作社具有社会主义性质，而“为了通过新经济政策使全体居民人人参加合作社，这就需要整整一个历史时代。在最好

① 姜长斌：《苏联模式中农业政策失败的沉痛教训》，《中共中央党校学报》，2007年第5期，第97-101页。

② 斯大林著，中共中央马克思恩格斯列宁斯大林著作编译局编译《斯大林全集》第11卷，人民出版社，1955，第75页。

③ 列宁著，中共中央马克思恩格斯列宁斯大林著作编译局编译《列宁全集》第41卷，人民出版社，1986，第376-377页。

的情况下，我们度过这个时代也要一二十年”[①]。1924 年 1 月列宁去世后，新经济政策继续实施。

新经济政策实施后，苏联农民的生产积极性迅速提高，播种面积逐渐扩展，农业产量得以恢复。1925 年，苏联播种面积达到第一次世界大战（简称“一战”）前夕的 99.3%，谷物产量比一战之前 5 年的平均产量高出 11.2%，种植业总产值比一战前夕增加 7%；同年，苏联除马以外的牲畜总头数超过一战期间 1916 年的规模[②]。随着农业产量的提高，苏联农民的粮食消费量有所上升，生活水平逐渐提高。新经济政策固然提高了粮食产量和小农生活水平，却没有改变工业品与粮食间的价格剪刀差，导致农民普遍惜售粮食。如果进行物物交换，650 公斤燕麦的购买力，在一战前夕的 1913 年相当于 2 100 公斤食盐，而到 1923 年则仅相当于 410 公斤食盐；因此“粮食在农民可能出卖的一切物品中成为最无利可图的东西了”[③]。

四、苏联农业集体化运动及其教训

十月革命后，苏俄的土地改革不仅取消大私有，也取消农民的小私有，“实际上是一场彻底的村社化”[④]。十月革命后初期的苏俄村社化，具有强烈的自治倾向和明显的内聚特征，天然地具有排斥联共（布）与政府的力量。进入 20 世纪 20 年代后期，随着斯大林日益巩固其最高领导人的地位，苏联的农业政策再度出现重大转向，新经济政策被终止，取而代之的是农业集体化，联共（布）和政府通过控制集体农庄来操纵农民并提取农业剩余。1927 年 12 月，斯大林在联共（布）第十五次代表大会上作政治报告，认为农业发展过于缓慢，而原因之一就是小农的狭小地块与分散经营。他强调：“出路就在于把分散的小农户转变为以公共耕作制为基础的联合起来的大农庄，就在于转变到以高度的新技术为基础的集体耕种

① 列宁著，中共中央马克思恩格斯列宁斯大林著作编译局编译《列宁全集》第 43 卷，人民出版社，1987，第 364 页。

② 张建华：《俄国史》，人民出版社，2004，第 192-193 页。

③ 中央编译局国际共运研究所编《布哈林文选》中册，东方出版社，1988，第 216 页。

④ 秦晖：《土地改革 = 民主革命？集体化 = 社会主义？——马克思主义农民理论的演变与发展》，《学术界》，2002 年第 6 期，第 39-61 页。该文的核心观点是：“马克思主义农民理论的演变与发展告诉我们，现代化的农民可以是个体的，但绝不是孤立于公共交往的；可以是联合起来的，但绝不是依附性的。”

制……别的出路是没有的。”[①]1928年1月至2月，斯大林视察西伯利亚粮食产区，宣布加速农业集体化进程，提出“第一，必须坚定不移地把个体农民联合为集体农庄。第二，必须使我国各地区毫无例外地布满集体农庄（和国营农场），它们在向国家缴纳粮食方面不仅能够代替富农，而且能够代替个体农民”[②]。1928年7月，斯大林在联共（布）中央全会上解释，苏联必须实现工业化，而这需要大量“内部积累”，这种积累必须从农业提取，为此国家需要压低农产品价格并抬高工业品价格。“这是为了发展……工业而向农民征收的一种额外税”，即“类似贡税”“类似超额税”[③]。1929年11月，斯大林在《大转变的一年》一文中指出:“目前集体农庄运动中具有决定意义的新现象，是整村、整乡、整区甚至整个专区地加入了。”他兴奋地表示:“如果集体农庄和国营农场更加迅速地发展下去，那就没有理由怀疑，再过两三年我国就会成为世界上粮食最多的国家之一，甚至是世界上粮食最多的国家。”[④] 同年12月斯大林指出:“我们已经从限制富农剥削趋势的政策过渡到消灭富农阶级的政策。”[⑤]1929年无疑是决定性的一年。斯大林回顾:“从1929年夏季起，我们进入了全盘集体化阶段，开始了向消灭富农阶级的政策方面的转变。”[⑥]1930年1月，联共（布）中央政治局表决通过决议，即《关于集体化的速度和国家帮助集体农庄建设的办法》，详细规定各地农业集体化的形式，并要求1930—1931年在四分之三的农村实现集体化。1931年8月2日，联共（布）中央政治局通过决议，即《关于加快集体化速度和巩固集体农庄的任务》，提出只有将68%~70%的农户与75%~80%的耕地加入集体农庄，才算完成农业集体化。在斯大林和联共（布）的极力推动下，农业集体化在之后几年内迅速

① 斯大林著，中共中央马克思恩格斯列宁斯大林著作编译局编译《斯大林全集》第10卷，人民出版社，1954，第261页。

② 斯大林著，中共中央马克思恩格斯列宁斯大林著作编译局编译《斯大林全集》第11卷，人民出版社，1955，第5-7页。

③ 斯大林著，中共中央马克思恩格斯列宁斯大林著作编译局编译《斯大林全集》第11卷，人民出版社，1955，第139-140页。

④ 斯大林著，中共中央马克思恩格斯列宁斯大林著作编译局编译《斯大林全集》第12卷，人民出版社，1955，第118页。

⑤ 斯大林著，中共中央马克思恩格斯列宁斯大林著作编译局编译《斯大林全集》第12卷，人民出版社，1955，第149页。

⑥ 斯大林著，中共中央马克思恩格斯列宁斯大林著作编译局编译《斯大林全集》第12卷，人民出版社，1955，第156-157页。

实现。1932年，加入集体农庄的农户有62.4%，并入集体农庄的耕地超过80%；到1937年，加入集体农庄的农户达93%，并入集体农庄的耕地达99%[①]。

1953年斯大林去世后，苏联继任领导人曾对集体农庄制度进行细微改革。例如，赫鲁晓夫曾发起垦荒运动和玉米运动，以扩大播种面积和提高粮食产量；又如勃列日涅夫曾大幅提高农产品收购价并提高集体农庄成员待遇，以保障农户的生活水平；两位领导人还曾扩大集体农庄的产销自主权[②]。但是，集体农庄制度直至苏联解体时依然存在，而且在后斯大林时代，集体农庄的公有化程度和范围一度得到扩展，农业领域高度集中的计划经济体制始终未曾改变。

农业集体化的实质是，土地等全部生产资料和部分生活资料的所有权名义上归集体农庄，经营权和用益权实际上掌握在推行指令计划的国家手中。苏联实现农业集体化后，确实提高了机械化水平、扩大了播种面积，却造成了消极的影响。农业集体化消灭土地私有制和家庭经营制，摧毁村庄原有的自治倾向和内聚特征，违反自愿和渐进原则，完全剥夺农户的产销自主权，使农业剩余长期流向工业和城市，从而严重打击农户的积极性，导致农业产量增长乏力，甚至多次出现严重饥荒；农业集体化将农民固着于集体农庄之内，妨害农民的自由迁徙，事实上恢复了旧体制；农业集体化遭到多数农户的强烈对抗，而斯大林与联共（布）又将这种对抗视为反马克思列宁主义、反社会主义的阶级斗争，从而给予严厉打击，影响了农业的发展。殷鉴不远，极其沉痛。

① 张建华：《俄国史》，人民出版社，2004，第195-196页。

② 张建华：《俄国史》，人民出版社，2004，第252-253页、285-286页。

第二章　改革开放前中国农业农村发展概述（1949—1978 年）

时间是不可逆的。历史是现实的起点，现实转瞬就会成为历史，未来也将成为历史。中国的“三农”问题并非从来就有，它是历史的产物。新中国的农业农村史特别是改革开放前的农业农村史，在很大程度上塑造了当下“三农”问题的构成，在很大程度上确定了国家“三农”工作的性质，在很大程度上决定了未来“三农”事业的潜力。

第一节　新中国与埃及土地政策

1949 年中华人民共和国成立前的中国与 1952 年七月革命前的埃及，无论从国民生产总值、国民收入结构，还是就业劳动力比重、农村居民比例哪个标准评估，两国都是贫困落后的农业国，土地是最为重要的生产资料，土地制度构成生产关系的核心要素。20 世纪 50 年代初，毛泽东与纳赛尔几乎同时实施土改的研究，农村土地制度发生剧变。关于新中国土改，原始资料与学界成果比较丰硕，但是现有成果缺乏对新中国和埃及的土改政策的比较研究。关于埃及土改的研究，国外学界起步较早，埃及等国学者的调查报告、数据统计与法令汇编为笔者的相关研究奠定了坚实基础，但他们主要从农业经济学角度进行考察；国内学界在改革开放以来侧重探讨埃及的教俗关系和国际环境，并论及工业化和城市化，对土改的研究尚处在起步阶段，详阅杨灏城著《纳赛尔和萨达特时代的埃及》与笔者的相关论著。本节拟从新中国和埃及土改法的出台背景、基本内容、主要目的等角度入手，结合毛泽东和纳赛尔对土改的论述，比照叙利亚、伊拉克、伊朗与土耳其的土改政策，对中埃两国土改政策的异同进行阐释。

一、土改前夜：乡村动荡与政权更迭

（一）战乱或贫困：两国乡村动荡的不同成因

土改法出台前，两国乡村皆已陷入动荡状态，在中国与长期战乱相关，在埃及，则与小农贫困相关。

20 世纪上半叶中国战事连绵，有北伐战争、土地革命、国民党新军阀混战、抗日战争、解放战争，农村饱受战争创伤，长期处在动乱状态。

埃及土改前夕，地权分布不均，地租高昂，租佃关系极不稳定，雇农工资下降，导致农村收入分配差距扩大，小农普遍生活困苦。1944 年 6 月议员苏福彦尼喊道："农民正在遭受痛苦……你们只有亲眼所见，才会了解农民的境遇何其悲惨……我能列举一千例不幸事件。"① 在住房方面，小农常将泥土、秸秆、树叶、芦苇等作为建筑材料，将上述杂物与淡水混合并倒入木质模具，经脱水后制成墙砖，由于建筑材料粗劣，墙体往往很厚以防倒塌；住宅内缺乏家具、窗户、电灯、厕所，小农甚至将秸秆和树叶铺在身下以地为席；他们还与禽畜同住一室。在饮食方面，尼罗河畔的小农利用流动的河水，其他小农饮用沟渠死水，至于水井尚不多见；上述水源地也是生活污水的倾倒场所。小农普遍营养不良，1938—1939 年埃及人日均摄入能量 2 199 焦，这一数据不仅低于发达国家，而且不及叙利亚等欠发达国家及地区。小农的营养状况必定更糟，营养不良导致他们疾病缠身，体力下降。农民日均荷重能力降至 120 立方英尺② 土。在卫生方面，乡村成年男女只在节庆日才会洗澡。脏水、烈日、沙尘、粪肥和蚊蝇一直损害农民的眼睛，使 6% 以上的村民单眼或双目失明；农民经常在污水和湿泥中劳作和礼拜，而这些地区容易滋生血吸虫病，因此 90% 左右的成年男性农民或早或迟都会感染血吸虫病；钩虫病感染率低于血吸虫病，但危害更大；疟疾感染率一般为 65%，而在稻田密布的尼罗河三角洲东端感染率高达 90%。由于不重视生理卫生、营养不良、身体劳累、环境恶

① S J Henry Hablb Ayrout. The Egyptian Peasant（Boston: Beacon Press, 1963），p.15.

② 120 立方英尺≈3.40 立方米

劣，小农普遍容易患病[①]。

二战后埃及小农力图获得土地，或降低地租并稳定租佃关系，或提高农业工资，与地主及政府的冲突时有发生。1946 年千余佃农和雇农合力捣毁阿斯旺省某警察局。1948 年西部省一些雇农夺占大地产。1951 年西部省某些佃农因地租过高而与地主、警察发生冲突。地主武装洗劫农民房屋，掠夺财产以抵偿欠租；农民在来到地主家门前抗议时遭到枪击，故向地主的房子投掷石块并焚烧粮仓。500 名士兵参与镇压这次抗议[②]。由此可见，由于地权分布严重不均，埃及小农正在酝酿一场革命。

（二）局部施行土改或出台法案未遂：政权更迭之前的土改尝试

土改法出台前，中埃皆经历政权更迭，决意发动土改的政治组织开始执政。1949 年 10 月 1 日中华人民共和国成立，翌年《中华人民共和国土地改革法》公布实施。1949 年纳赛尔创建反政府的“自由军官”组织。多数自由军官出身于中小地主或低级职员家庭。例如，纳赛尔的祖父在上埃及占地少于 5 费丹[③]并生养 6 个子女，父亲是亚历山大的邮局职员并抚育 11 位子女，纳赛尔曾自陈“我是属于埃及小的中产阶级家庭里的长子”[④]。他们依据亲身体验，普遍憎恶大地产，倾向发动土改。1952 年 7 月以纳赛尔为首的自由军官控制开罗并废黜国王，同年 9 月《178 号法》即《埃及土地改革法》施行。正如塞缪尔 • 亨廷顿所言，土改若要成功施行，须实现政治权力的扩大和集中，即把权力集中在立志改革的新兴社会精英手中，继而由新兴精英组织农民参与实施土改，两者缺一不可[⑤]。

然而埃及与中国不同，在土改法出台前，中共已在局部地区发动土改，而埃及迟迟未能实施土改。

早在国民革命期间，中共已尝试平分土地。在土地革命战争期间，苏

---

① Z Y Hershlag. Introduction to the Modern Economic History of the Middle East（Leiden: E. J. Brill, 1980），pp.284. S J Henry Hablb Ayrout. The Egyptian Peasant（Boston: Beacon Press, 1963），pp.70-74,79-86,115-116.

② Nathan Brown，“Peasants and Notables in Egyptian Politics，” *Middle Eastern Studies* 26,no.2(1999) : 145-160. Alan Richards. Egypt’s Agricultural Development, 1800-1980: Technical and Social Change（Boulder: Westview Press, 1982），pp.174-175.

③ 费丹：埃及的一种面积单位，1 费丹 ≈4 200 平方米。

④ 杨灏城、江淳：《纳赛尔和萨达特时代的埃及》，商务印书馆，1997，第 15 页。

⑤ 塞缪尔 • 亨廷顿：《变化社会中的政治秩序》，王冠华、刘为等译，生活 • 读书 • 新知三联书店，1989，第 354-355 页。

区土改如火如荼。在全面抗战期间，为建立和巩固抗日民族统一战线，中共将“耕者有其田”的政策改为减租减息的政策，以利抗战和巩固根据地政权，1945 年 4 月 24 日毛泽东在中共七大所作政治报告《论联合政府》提及“这个让步是正确的，推动了国民党参加抗日，又使解放区的地主减少其对于我们发动农民抗日的阻力”①。同年秋，日本投降，减租减息政策即将走到尽头。1946 年 5 月 4 日，在第二次国共内战爆发前夕，中共中央讨论关于土地问题的指示。毛泽东在会上认为，现在的形势是“农民伸出手来要土地”，中共“今天必须表明态度”。他提出均分土地：“不要怕农民得到土地，推平平均分配一次不要紧。”会议通过由刘少奇起草和毛泽东修改的《关于土地问题的指示》，史称《五四指示》②。这份指示被下级干部称作“一条批准、九条照顾的土地政策”。“一条批准”指“从地主手中获得土地”，旨在争取贫下中农；“九条照顾”指照顾中农、富农、抗属、军属、中小地主、被汉奸恶霸豪绅利用的农民、知识分子、开明士绅、逃亡回乡的地主，比如规定“一般不变动富农的土地”。因此，《五四指示》并非彻底平分土地，以免国民党借此发动反共的内战。1947 年 9 月 13 日刘少奇在全国土地会议上回顾：“从《五四指示》当时的情况和环境条件来看，要求中央制定一个彻底平分土地的政策是不可能的。”他解释道，当时全国人民渴望和平，如果中共平分土地后蒋介石再开战，“老百姓就会说，打内战就是因为你共产党要彻底平分土地”③。指示也并非不照顾解放区普通民众的土地需求，以免丧失中共在解放区的群众基础。1950 年 4 月 6 日毛泽东在中共中央政治局会议上回顾：“当我们看到战争要来，争取群众，就搞了一个《五四指示》。”④1946 年 12 月 21 日地政署署长郑震宇呈文行政院：“共产党策动减租与分田之运动，深合于农民之要求……故能广泛号召农民受其驱使，为其效命。”总之“《五四指示》是由减租减息到彻底平分土地的过渡政策”，是“为了既不脱离全国广大群众，又能满足解放区群众要求，二者都照顾，使和平与土地改革结合起来，结果就产生了

---

① 毛泽东：《毛泽东选集》第 3 卷，人民出版社，1991，第 1076 页。

② 中共中央文献研究室编《毛泽东年谱（1893—1949）》（修订本）下卷，中央文献出版社，2013，第 78-80 页。

③ 刘少奇：《刘少奇选集》上卷，人民出版社，1981，第 386 页。

④ 中共中央文献研究室编《毛泽东年谱（1949—1976）》第 1 卷，中央文献出版社，2013，第 110-111 页。

《五四指示》”[①]。从抗战时期减租减息，到内战时期平分土地，《五四指示》成为中间环节。

《五四指示》只是中共在战后初期土地制度上的过渡性安排，并未持续太长时间。1950 年 6 月 4 日毛泽东在刘少奇于全国政协一届二次会议上作《关于土地改革问题的报告》草稿上加写：1946 年 7 月至 1947 年 10 月华北和东北等地农民和干部已违反《五四指示》，侵犯部分中农利益，破坏部分农村工商业等现象。他认为，主要原因是“当时紧张的政治形势和军事形势”[②]。1947 年 7 月 17 日，正值国共拉锯作战的关键时刻，中央工委召开全国土地会议；9 月 6 日毛泽东为中共中央起草复中央工委 5 日来电，要求土地会议在解放区采取“彻底平分土地”方针，并要求“适当地分配”地主、富农多余的粮食、耕牛、农具、房屋及其他财富[③]。根据毛泽东的指示，土地会议在 9 月 13 日通过并于 10 月 10 日公布《中国土地法大纲》，规定全部没收地主土地和农村公地，按乡村全部人口，不分男女老幼，统一平均分配，在土地数量上抽多补少，质量上抽肥补瘦，使全乡村人民均获得同等的土地，并归各人所有[④]。大纲颁布后，解放区土改运动迅速铺开。

相比之下，在 1952 年七月革命前，埃及的土改法案迟迟未能出台。

20 世纪前期，埃及政府和市民长期蔑视农民。对市民来说，被称作“农民”无异于被骂成“笨蛋蠢货”“人渣败类”；福阿德国王曾到诸省视察，一度驻足欣赏农民演唱和舞蹈，此时一位大臣就对国王的恩赐惊奇万分：“尊敬的国王陛下，您能这样屈尊浪费十分钟，实乃慷慨之至！”《埃及小农》一书作者曾走进一家警署，发现警察正在殴打农民，警察还对他说：“必须像这样对待农民，他们只不过是畜生。”然而，到二战结束前

---

① 刘少奇：《刘少奇选集》上卷，人民出版社，1981，第 386 页。

② 中共中央文献研究室编《毛泽东年谱（1949—1976）》第 1 卷，中央文献出版社，2013，第 150-152 页。

③ 毛泽东写道：“土地会议应该采取彻底平分土地的方针……不分男女老少，在数量上（抽多补少），质量上（抽肥补瘦）平均分配。不但土地、山林、水利平均分配，而且要将地主富农两阶级多余的粮食、耕牛、农具、房屋及其他财富拿出来，适当地分配给农民中缺乏这些东西的人们……”中共中央文献研究室编《毛泽东年谱（1893—1949）》（修订本）下卷，中央文献出版社，2013，第 228 页。

④ 《中国土地法大纲》（1947 年 9 月 13 日中国共产党全国土地会议通过），载中共中央文献研究室、中央档案馆编《建党以来重要文献选编（1921—1949）》第 24 册，中央文献出版社，2011，第 417-420 页。

后，小农的贫困状态引起有识之士的重视。1947 年议员斯什尼讲道："不幸的根源在于不同社会阶层的地位并不平衡。"他呼吁尽快调整租佃关系，改善佃农生活。1949 年艾什玛维写道："农业是工业的基础，而农民是农业财富的创造者，因此农民必须获得法律保护。"[①] 但反对土改的声音依然震耳欲聋。埃及驻美大使艾哈迈德·侯赛因曾在华盛顿发表演说："那些封建地主是埃及议会的主要成员……议会旨在保障这些地主的利益，而阻挠有助于提高大众福利的任何进步立法。例如，当我于 1943 年在社会事务部工作时，我试图提出一项旨在规定雇农最低工资的农业改革议案。我在 9 年内不遗余力地试图让议会通过这一议案，却无果而终……直到我精疲力竭并因此辞职后，他们才停止对我的攻击。"[②]1944 年议员赫塔布在上议院提出议案，要求规定一次性购地不得超过 50 费丹，禁止大地主购置新地产，遭议会否决[③]。在 1950 年议员加里与舒克里分别提出议案，各自主张将占地限额定为 100 费丹和 50 费丹，超额地产可由地主在 3 年内自行处置或由政府在征购后售予无地或少地农民，这一议案同样遭到否决[④]。

地主阶级的政治优势，构成土改法令难以出台的主要因素。从 1922 年英国承认埃及独立到 1952 年七月革命爆发，地主长期把持执政权力、立法机关和行政机构。国王本人就是最大的地主。1923 年埃及宪法规定，每年上缴地税额超过 150 埃镑者才能当选议员，而当时每年单位费丹地税为 0.9~1.0 埃镑，这意味着占地超过 150 费丹者才能担任议员[⑤]；1924—1950 年占地超过 100 费丹的议员约占议员总数的 45%~50%[⑥]。从 1914 年 4 月 5 日到 1952 年 7 月 24 日，大地主在 50 届内阁成员中占 58.4%；在

---

① S J Henry Hablb Ayrout. The Egyptian Peasant（Boston: Beacon Press, 1963），pp.15-16,19,33-34.

② Saad M Gadalla. Land Reform: In Relation to Social Development of Egypt（Missouri: Missouri University Press, 1962），pp.33.

③ Gabriel Baer. A History of Landownership in Modern Egypt, 1800—1950（London: Oxford University Press, 1962），pp.202,207.

④ Amy J Johnson. Reconstructing Rural Egypt: Ahmed Hussein and the History of Egyptian Development（New York: Syracuse University Press, 2004），pp.62.

⑤ Gabriel Baer. A History of Landownership in Modern Egypt, 1800—1950（London: Oxford University Press, 1962），pp.143-146.

⑥ Magda Baraka. The Egyptian Upper Class between Revolutions, 1919—1952（Oxford: Ithaca Press, 1998），pp.251.

1942 年 2 月 4 日纳哈斯组建的华夫脱党内阁中，大地主占 63.8%；在 1942 年 5 月 26 日纳哈斯组建的新一届内阁中，大地主占 64.2%；其他行政官员也与大地主过从甚密[①]。地主、工商业者和官僚的利益融合与身份交叉是土改法难以出台的又一因素。当时官僚普遍购置地产并投资工商业，地主投资工商业，工厂主与大棉商购置耕地，三者界限日渐模糊。“绝大多数从事制造业和商业活动的精英，在社会和经济上与土地特权盘根错节、难分彼此，因此不愿支持那些会侵犯神圣财产私有权的改革举措”[②]，这无疑不利于土改法令出台。

二、土改施行：限制大地产、土地再分配与所有制问题

1950 年 6 月 28 日《中华人民共和国土地改革法》[③]经中央人民政府委员会第八次会议通过，于 6 月 30 日起公布施行。1952 年 9 月 9 日埃及《178 号法》即《埃及土地改革法》颁布实施[④]。

（一）土改中所有制的性质及趋向

新中国和埃及在土改中均未将土地公有化，并在土改后建立农业合作社；但新中国最终实行土地集体化，埃及则始终维持土地私有制。

《中华人民共和国土地改革法》规定，废除地主土地所有制，实行农民土地所有制。不过早在 1951 年 9 月土改期间，毛泽东与中共中央已把农业合作化提上日程，召开首次农业互助合作会议并出台《关于农业生产互助合作的决议（草案）》。土改基本完成后，中共中央从 1952 年酝酿并于 1953 年公布向社会主义过渡的总路线。依据过渡时期总路线，1953—1956 年中国在工商业领域以全民所有制取代私有制，在农业领域以集体所有制取代私有制，中国进入社会主义初级阶段。后来的人民公社化与改革

---

① Selma Botman. Egypt: from Independence to Revolution, 1919—1952（New York: Syracuse University Press, 1991），pp.79.

② M W Daly. The Cambridge History of Egypt: Modern Egypt, from 1517 to the End of the Twentieth Century, vol. 2（Cambridge: Cambridge University Press, 1998），pp.321-322.

③ 《中国的土地改革》编辑部，中国社会科学院经济研究所现代经济史组编《中国土地改革史料选编》，国防大学出版社，1988，第 642-646 页。

④ 关于 1952 年《178 号法》即《埃及土地改革法》全文，参见 Thomas Stauffer，“The Egyptian Land Reform Law. Explanatory Note to Accompany Land Reform Law，” *Economic Development and Cultural Change* 1, no.4(1952): 295-314. 齐世荣主编《当代世界史资料选辑》第 3 分册，首都师范大学出版社，1996，第 303-311 页。

开放时期的家庭联产承包责任制，都未改变土地集体所有制。

农业合作社的普遍建立，同样成为埃及土改期间的突出现象。1952 年《178 号法》第 2 章专门就农业合作社作出规定，要求获地农民和占地不足 5 费丹的农民加入合作社，合作社事务由社会事务部长委任的官员进行监督。为推动合作化，1959 年 7 月 22 日纳赛尔说，“小农经济或小私有经济”“力量薄弱”且“不稳定”，还“经常使国民经济遭到危险和衰落”，因此“我们要用建立合作社来解决这个问题”，发展“合作化农业”。另外，“合作社可以进行共同耕作，搞一部拖拉机，搞一部犁地机，大家合起来干，合起来抵御天灾”①。土改后合作社仍维持土地私有制。纳赛尔认为“农民太个人主义，过于关注其获得一块土地的世俗梦想，因此他们不会支持（国有化）……此外，农民对政府长久以来的不信任，也使我们应避免给他们这样的印象，即我们正试图使他成为一位政府小吏”②。因此 1959 年 7 月 22 日纳赛尔强调，农业合作社“所有制还是个人的。每一个人对自己的所有制负责”③。

但在沙漠新垦地区，纳赛尔政权的激进派和保守派曾就土地制度展开激烈博弈，国有化和私有化的冲突此起彼伏，甚至纳赛尔本人的立场也曾发生动摇，小农土地所有制受到严重威胁。以塔赫利尔省土地制度为例，1954—1957 年激进的哈萨内恩负责该省垦荒工作，他将大部土地变成国有农场，激怒了保守派。1957—1961 年纳赛尔改派保守的马瑞伊掌管农业改革部并控制该省垦荒工作，后者于 1961 年 4 月宣布将该省国营农场私有化，此举引发了激进派的口诛笔伐。1962 年 5 月前自由军官海纳维撰文攻击 1952 年的《178 号法》：“经验业已表明，农业改革将土地分配给小农并将房屋分配给合作社部分成员的做法，与社会主义精神背道而驰……作为 1 费丹或 2 费丹土地的所有者，小农已经认同大地主的思维方式，而得到房屋者也开始进行剥削。”1962 年 7 月塔赫利尔省土地开垦机构脱离农业改革部节制，重新在该省推行土地国有制。赫鲁晓夫访埃后，苏联对埃及土地制度的影响明显增强，纳赛尔为取悦苏联继而获得更多援助，倾向于

---

① 《亚洲、非洲、拉丁美洲民族主义者关于民族解放运动的言论》，人民出版社，1964，第 128-129 页。

② Derek Hopwood. Egypt: Politics and Society, 1945—1984（Boston: Allen and Unwin, 1985），pp.172.

③ 《亚洲、非洲、拉丁美洲民族主义者关于民族解放运动的言论》，人民出版社，1964，第 129 页。

在沙漠新垦地带将土地国有化。1964 年 5 月赫鲁晓夫访埃并参观解放省。返苏之后他宣布将资助该省垦荒 1 万费丹并建立示范性国营农场。受苏联的影响，1965 年 1 月 8 日纳赛尔授意喉舌穆罕默德·哈桑宁·海卡尔在《金字塔报》撰文倡导在新垦地区建立土地国有制：“新增土地不应被分割为 5 费丹或 10 费丹的小块并进行再分配……新增土地的国有性质实属必要。由于新增土地属于人民，新增土地将增加就业机会，新增土地的劳动者将参与决策，因此社会主义将实现。”1969 年 7 月纳赛尔在阿拉伯社会主义联盟全国代表大会上最后一次解释新垦地区的土地制度。他说，少量土地应被分配给小农，部分土地应被租给私人或公司，而其余土地都应直接由政府经营。此言一出舆论大哗。之后一年开罗谣言四起，盛传纳赛尔要将全国耕地国有化。1970 年纳赛尔突然去世，埃及未能建立土地国有制[①]。

（二）没收还是征购超额地产

新中国和埃及在土改中皆极力限制大地产，但分别强调没收和征购土地。《中华人民共和国土地改革法》第 2 条规定，没收地主的土地、耕畜、农具、多余的粮食及其在农村中多余的房屋，但地主的其他财产不予没收。但在实际执行时，许多干部与小农还是将地主的其他财产予以没收[②]。

纳赛尔政权规定个人及家庭的占地限额。1952 年《178 号法》第 1 条规定，个人占地不得超过 200 费丹。1956 年埃及宪法确认上述原则：“法律规定耕地占有的最高限额，不允许实行封建制度。”[③]1961 年《127 号法》将个人占地限额降至 100 费丹，全家占地限额保持在 300 费丹，禁止出租 50 费丹以上土地[④]。但纳赛尔仍感叹：“封建主义者依旧存在……他们仇视

---

① Robert Springborg，“Patrimonialism and Policy Making in Egypt: Nasser and Sadat and the Tenure Policy for Reclaimed Lands，” *Middle Eastern Studies* 15, no.1,（1979）: 49-69.

② 杨奎松：《新中国土改背景下的地主问题》，《史林》，2008 年第 6 期，第 1-19 页。该文认为：中华人民共和国成立前夕，“中国的地主土地所有制，与欧洲国家的地主土地所有制，就其规模、形式、作用和延续方式而言，存在着相当明显的差别。”“在中国占地主阶层绝大多数的地主，多半都是些从小农中间逐渐生长起来的小地主。”“其土地资本之小，使其很容易因分家、灾祸而成为小农”。相比之下“无数小农也常常因勤劳、经商或跻身士林而成为地主。”

③ 齐世荣主编《当代世界史资料选辑》第 3 分册，首都师范大学出版社，1996，第 302 页。

④ Alan Richards. Egypt’s Agricultural Development, 1800-1980: Technical and Social Change（Boulder: Westview Press, 1982），pp.177. M W Daly. The Cambridge History of Egypt: Modern Egypt, from 1517 to the End of the Twentieth Century, vol. 2（Cambridge: Cambridge University Press, 1998），pp.345. P J Vatikiotis. The History of Egypt: From Muhammad Ali to Sadat（Frome and London: Butler and Tanner Ltd., 1980），pp.396.

社会主义革命……他们并未退出历史舞台（在博物馆和集中营中没有发现他们的身影）。”[①] 故 1969 年《50 号法》将土地占有上限降至个人 50 费丹，全家 100 费丹[②]。

纳赛尔政权对地主超额土地实行征购。1952 年《178 号法》规定，在本法实施后 5 年内，地主可转让一定面积超额地产，而政府将以 10 倍地租价格赎买其余超额地产（佃农可获 1/3 地价），并以公债形式支付本息。1956 年埃及宪法规定，私人财产不可随意征用。除非用于公共事业，但也要根据法律给予适当补偿[③]。1963 年《15 号法》规定，外国人（巴勒斯坦人除外）不得拥有耕地；外国人已占耕地及其上的房屋、树木和机械，由农业改革部征购；政府依据 1952 年《178 号法》以债券形式补偿被征购土地的外国人，自没收之日起 15 年内付清、年利率 4%[④]。1969 年 50 号法将耕地限额降至个人 50 费丹、全家 100 费丹，并在 10 年内以无息现金方式分期补偿地主[⑤]。

（三）免费抑或有偿分配耕地

新中国和埃及都维护小农所有制，但前者向小农无偿分配土地，后者规定小农有偿购买土地。

无论是《中国土地法大纲》还是《中华人民共和国土地改革法》，始终坚持向无地少地小农无偿赠予土地的原则。相比之下埃及的土改并非如此。1952 年《178 号法》规定，政府把超额地产分成 2~5 费丹售予小农耕种。政府还根据获地者的年龄差异而确定出售面积。不足 7 岁者获 1/8 费丹，7 到 14 岁者获 1/4 费丹，14 到 21 岁获 3/8 费丹，每位家长获 5/8 费

---

① Raymond William Baker. Egypt's Uncertain Revolution Under Nasser and Sadat（Cambridge, Massachusetts, and London: Harvard University Press, 1978），pp.204.

② Mahmoud Abdel-Fadil. Development, Income Distribution and Social Change in Rural Egypt, 1952-1970: A Study in the Political Economy of Agrarian Transition（Cambridge, London, New York, Melbourne: Cambridge University Press, 1975），pp.124.

③ 齐世荣主编《当代世界史资料选辑》第 3 分册，首都师范大学出版社，1996，第 302 页。

④ Farhat J Ziadeh，“Law of Property in Egypt: Real Rights，” *The American Journal of Comparative Law* 26, no.2(1978) : 239-271. David F Forte，“Egyptian Land Law: An Evaluation，” . *The American Journal of Comparative Law* 26, no.2(1978) : 273-278.

⑤ Mahmoud Abdel-Fadil. Development, Income Distribution and Social Change in Rural Egypt, 1952-1970: A Study in the Political Economy of Agrarian Transition（Cambridge, London, New York, Melbourne: Cambridge University Press, 1975），pp.124.

丹[①]。获地者向政府偿付的地价与政府赎买超额土地的价格相同，并附加3%年利息和相当于地价15%的没收分配费用，即附加费，在10年内分期付款。1958年《168号法》将获地农民偿还地价的期限延长到40年，把利息率和附加税分别降至2.5%和10%[②]。1961年《127号》法将地产购置者应付地价削减一半[③]。1964年《138号法》规定，在土改中的获地小农只需向政府交纳1/4地价即可，分40年还清，而且免纳利息；偿还钱款多于1/4地价的获地小农可获补偿[④]。

三、土改动机

（一）平衡收支还是发展工业

新中国和埃及在土改时均力图改善经济状况，但新中国的土改侧重实现财政收支平衡，埃及的土改旨在推进工业化。

1949年7月31日，毛泽东在修改新华社社论《我们是能够克服困难的》时加写“为着克服困难，必须完成几项根本性质的工作”，将“消灭封建势力，使农民得到土地”列在第一位[⑤]。1950年4月13日，毛泽东在中央人民政府委员会第七次会议上说，整个财政经济情况的根本好转需要有三个条件，首要条件是“土地改革的完成”[⑥]；6月6日毛泽东向中共七届三中全会提交《为争取国家财政经济状况的基本好转而斗争》的书面报告，再次将“土地改革的完成”作为三项条件之首[⑦]。

纳赛尔政权在1952年《178号法》的“说明”中指出，推进工业化是土改目的之一：“土地改革计划的一个主要目的，是使新的投资用于垦荒、采矿和建立工商企业等方面。”纳赛尔本人解释：“如果说革命通过土地改革为农民服务的话，那么，它同样也为过去束缚于土地上的埃及资本服

---

① Saad M Gadalla. Land Reform: In Relation to Social Development of Egypt（Missouri: Missouri University Press, 1962），pp.43.

② 穆罕默德·艾尼斯、赛义德·拉加卜·哈拉兹：《埃及近现代简史》，商务印书馆，1980，第200页。

③ 杨灏城、江淳：《纳赛尔和萨达特时代的埃及》，商务印书馆，1997，第116页。

④ Farhat J Ziadeh，“Law of Property in Egypt: Real Rights，” *The American Journal of Comparative Law* 26, no.2(1978) : 239-271.

⑤ 中共中央文献研究室编《毛泽东文集》第5卷，人民出版社，1996，第315页。

⑥ 中共中央文献研究室编《毛泽东文集》第6卷，人民出版社，1999，第52页。

⑦ 中共中央文献研究室编《毛泽东文集》第6卷，人民出版社，1999，第70页。

务。”①

（二）中立富农抑或争取佃农

新中国和埃及的土改法均存在特殊安排。新中国在土改时“不动富农”，以促其“中立”；埃及在土改时调整租佃关系，以争取无力购地的佃农。不同的政策都是为了同一个目的，即巩固新政权。

埃及土改之前，租佃关系构成地主的主要经营方式，佃农被迫上缴高额地租，货币地租构成主要的地租形态，租佃关系极不稳定，佃农几乎丧失积极性②。1952 年《178 号法》第 9 条规定，凡已成年、未犯罪、实际稼穑、占地不足 5 费丹的埃及公民，均有资格从政府手中赎买超额土地；“实际耕种土地者”享有优先权，“不考虑是否为租地人或农民”。这意味着佃农也可购置超额地产并享有优先权。然而多数佃农有心无力。为争取佃农的支持，该法第五章详细规定地主和佃农的关系。

一是严禁转租土地。1952 年《178 号法》第 32 条规定，佃农不得转租土地。1961 年《127 号法》禁止出租超过 50 费丹的地产；此举旨在杜绝转租人的存在，防止佃农遭受二次剥削。1966 年《52 号法》重申只有直接耕作者才有权将所耕土地租给他人③。

二是限制地租数额。1952 年《178 号法》第 33 条规定，货币地租不得超过 7 倍地税；分成地租不得超过被扣除全部费用后的一半收成。1952 年《178 号法》第 34 条规定，佃农有权要求地主返还超过上述限制的地租。

三是稳定租佃关系。1952 年《178 号法》第 35 条规定，耕地租期不得少于 3 年。1952 年《178 号法》第 36 条规定，地主和佃农须签两份书面租约，各存一份；若双方未签书面租约，则应实行分成地租，租额不得超过扣除费用后的一半收成。1963 年《17 号法》规定，地主和佃农须在本村农业合作社签署租佃协议④。

---

① 穆罕默德·艾尼斯、赛义德·拉加卜·哈拉兹：《埃及近现代简史》，商务印书馆，1980，第 199 页。

② Hassan Aly Dawood，“Some Characteristics of Agricultural Land Leasing in Egypt，” *Journal of Farm Economics* 32，no.3(1950) : 489-495.

③ Farhat J Ziadeh，“Law of Property in Egypt: Real Rights，” *The American Journal of Comparative Law* 26，no.2(1978) : 239-271.

④ Richard H Adams Jr. Development and Social Change in Rural Egypt（New York: Syracuse University Press, 1986），pp.89-91.

由于以上规定，加之物价连续上涨与产出逐年提升，佃农利益得到有效保护并成为佃耕地的实际所有者。

1947年《中国土地法大纲》规定，乡村农会有权没收富农“多余部分”的牲畜、农具、房屋、粮食及其他财产，继而分给小农。相比之下1950年《中华人民共和国土地改革法》规定，富农所有自耕和雇人耕种的土地及其他财产“不得侵犯”，至于富农出租的少量土地则“保留不动”。之所以出现上述差别，是因为新中国土改与新中国成立以前局部土改的政治环境明显不同。

1949年12月4日，即将访苏的毛泽东在中共中央政治局会议上说：“因为这次土地改革工作是在与资产阶级合作的条件下进行的……所以需要更加谨慎……土地改革将分配地主土地和分配富农土地分为两个阶段有好处……”①。

1950年2月17日，正在访苏的毛泽东致电刘少奇，指出斯大林在与其会谈时建议中国党和政府在新解放区应先分地主土地而暂时不动富农，以便在打倒地主时使富农中立。毛泽东也认为，江南土改“不但关系富农而且关系民族资产阶级”，故必须“慎重对待富农的问题”，而且“江南土改的法令必须和北方土改有些不同”。在他看来，不动富农不仅有利于打倒地主，而且有助于巩固中共与民族资产阶级的联盟②。3月12日毛泽东复电邓子恢等，提出“不但不动资本主义富农，而且不动半封建富农”。理由有三：一是“孤立地主”，二是“已无战争”，三是“统一战线”。“民族资产阶级是与土地问题密切联系的，为了稳定民族资产阶级，暂时不动半封建富农似较妥当的”③。6月4日毛泽东在刘少奇于全国政协一届二次会议上《关于土地改革问题的报告》草稿上加写：“我们现在是处在完全新的情况下”，即截然不同的政治环境，故“保存富农经济的方针，也是完全必要的”④。6月6日毛泽东在中共七届三中全会上讲道，“在土地改革

① 中共中央文献研究室编《毛泽东年谱（1949—1976）》第1卷，中央文献出版社，2013，第55页。

② 中共中央文献研究室编《毛泽东年谱（1949—1976）》第1卷，中央文献出版社，2013，第93页。

③ 中共中央文献研究室编《毛泽东年谱（1949—1976）》第1卷，中央文献出版社，2013，第102-103页。

④ 中共中央文献研究室编《毛泽东年谱（1949—1976）》第1卷，中央文献出版社，2013，第152页。

中，我们的敌人是够大够多的”，因此他强调不要四面出击、树敌太多[①]。

总之，毛泽东在新中国土改中暂时“不动富农”是为了在打倒地主时使富农保持中立，巩固与富农联系密切的民族资产阶级、民主党派及无党派民主人士的政治联盟，进而彻底消灭国民党和美国在大陆的势力并统一全国，归根到底是为了巩固新生的政权。

（三）获地小农的政治地位

毛泽东和纳赛尔在土改时都旨在确立新政权的社会基础——获地小农。

《中华人民共和国土地改革法》第 10 条和 32 条关于“农民协会”和“人民法庭”的规定，使即将获地的小农拥有较大的政治权利，其中“农民协会”负责没收和分配土地等生产资料，而“人民法庭”有权审判并处罚恶霸和抗拒土改法的人，两种机构均由无地少地的农民代表充任，俨然成为乡村实际的行政和司法机关。土改之后，中国农村实现土地均分，获地小农的经济状况有所改善[②]。在土改法公布后，获地小农成为中共与新中国在乡村的统治基础，毛泽东的土改目的得以实现。

纳赛尔与下属声称，土改旨在确保包括获地小农在内的全体农民的自由、平等、自尊并改善其物质生活。农业改革高等委员会公布的报告声称：“土改意味着，废除曾经主宰我们农业生活的封建专制制度，并赋予那些长期被剥夺政治和民事权利的农民以充分权利……以前在我们被封建制度统治的农村实行的所有改革尝试都徒劳无功。但在埃及实行新的军事统治后，整个社会被唤醒。随着土改方案的实施，曾经庸碌无为的农民，在一个赋予他们作为公民而拥有生存权的社会中，开始拥有安全感。”纳赛尔在土地分配仪式上阐述《178 号法》对小农的意义：“土地不仅标志而且象征你们的自由，你们子孙们的自由。分配给你们的这块宝贵土地，不仅是改善你们物质生活条件的手段，而且在精神和道德上提升你们，使每

① 毛泽东指出：“我们绝不可树敌太多，必须在一个方面有所让步，有所缓和，集中力量向另一方面进攻。”“为了孤立和打击当前的敌人，就要把人民中间不满意我们的人变成拥护我们。”“使工人、农民、小手工业者都拥护我们，使民族资产阶级和知识分子中的绝大多数人不反对我们。”“这样一来，国民党残余、特务、土匪就孤立了，地主阶级就孤立了，台湾、西藏的反动派就孤立了，帝国主义在我国人民中间就孤立了。”载中共中央文献研究室编《毛泽东文集》第 6 卷，人民出版社，1999，第 73-76 页。

② 苏少之、张晓玲：《新中国土改后农村阶级变化再探讨——基于测算农村居民收入基尼系数的角度》，《中国经济史研究》，2011 年第 1 期，第 29-37 页。

个个体都充满尊严感、自由感和平等感。”[①]1961 年 7 月 23 日，他指出乡村无地少地农民生活贫困，接着强调 1961 年土改旨在促进“经济上的公正和社会的平等”，进而确立“真正的民主”[②]。1962 年埃及政府规定“农民”是占地不超过 25 费丹的村民；占地不足 5 费丹的农民在合作社指导委员会成员中必须占 4/5；占地不足 10 费丹的农民和工人应该占据阿拉伯社会主义联盟和民族大会的半数席位[③]。1969 年《51 号法》规定农民指占地不足 10 费丹的农村居民，农民在合作社指导委员会成员中应占 4/5，这比 1962 年的规定有所放宽[④]。在纳赛尔眼中，获地小农已成共和国的立国之本。

四、结论：土改的政治效果与政策差异

新中国与中东国家同属“赶超型”现代化国家，皆曾实施土改，其政治效果与政策差异值得探讨。

（一）土改的政治效果：夺取政权与巩固政权

土改作为“赶超型”现代化中的普遍现象，构成埃及与新中国政权安身立命的关键举措。

1. 土改是革命势力夺取政权的重要手段

在 1949 年新中国成立与 1952 年埃及革命之前，两国大部分财富聚集于农业，多数民众居住在乡村，无地少地的农民占绝对多数。因此，农民具有潜在的政治动能，其政治倾向足以决定中共和自由军官组织的革命是否成功。

20 世纪上半叶，埃及工业发展缓慢，农业仍占优势；土地非国有化愈演愈烈，土地高度集中，众多小农生活贫困；落后的农业生产关系严重阻碍工业化和农业现代化。宪政时代的埃及乡村，不平等程度不断加深，贫困小农频繁暴动，革命危险初露端倪，土改议案屡遭否决。上述形势不仅

---

① Saad M Gadalla. Land Reform: in Relation to Social Development of Egypt（Missouri: Missouri University Press, 1962），pp.10.

② 罗伯特・斯蒂文思：《纳赛尔传》，王威等译，世界知识出版社，1992，第 273-274 页。

③ Richard Antoun, Iliya Harik. Rural Politics and Social Change in the Middle East（Bloomington: Indiana University Press, 1972），pp.306.

④ Raymond William Baker. Egypt's Uncertain Revolution Under Nasser and Sadat（Cambridge, Massachusetts, and London: Harvard University Press, 1978），pp.212-214.

使革命成为必要，而且也使自由军官得以聚合拥护土改的民众，进而变革现存政治秩序。精英与民众、政府与小农的尖锐对抗，使以纳赛尔为核心的自由军官能以中间势力的身份发动 1952 年七月革命，对旧政权施以致命打击，继而于翌年终结君主制，埃及历史掀开新的一页。

1946 年 5 月 4 日中共中央讨论关于土地问题的指示，毛泽东在会上说：国共两党“他大我小”。中共如何才能打败国民党呢？他认为“最根本的”是“解决土地问题”，即“如能在一万万几千万人口中解决了土地问题，即可长期支持战争，不觉疲倦”[①]。1950 年 4 月 6 日毛泽东在中共中央政治局会议上回顾：“当我们看到战争要来，争取群众，就搞了一个《五四指示》。”[②]4 月 12 日毛泽东在全国政协一届常委会第四次会议上讲：“《五四指示》即不动富农，到了 1947 年在战争中为了争取群众无形中冲破了那个界限。”[③]1950 年 6 月 9 日毛泽东在中共七届三中全会上回顾中共为何以《中国土地法大纲》取代《五四指示》：“离开政治形势讲问题讲不清楚。生死存亡，这边是贫雇农、中农、城市小资产阶级，那边就是国民党、地主、帝国主义，那时候富农就对你那么好？所以那时是不能提出中立富农的口号的。”[④]1946—1950 年毛泽东关于《五四指示》和《中国土地法大纲》的讲话与加写内容表明：指示和大纲都是国共内战的产物；前者旨在预防和反击国民党军队进攻，在根据地站稳脚跟；后者力图动员农村力量，击败国民政府，夺取全国政权。由此可见，土改与夺取政权紧密相关。

2. 土改是革命势力巩固政权的重要手段

埃及地处红海西侧和地中海南岸，是连接亚非的桥梁；西奈半岛归属埃及，东接巴勒斯坦的加沙地带与以色列内盖夫沙漠，北濒地中海，西北连苏伊士运河，西南、正南和东南三面被红海包围，地理位置极其重要。1948 年纳赛尔作为营参谋长参加首次阿以战争，在巴勒斯坦遭遇

---

① 中共中央文献研究室编《毛泽东年谱（1893—1949）》（修订本）下卷，中央文献出版社，2013，第 78-79 页。

② 中共中央文献研究室编《毛泽东年谱（1949—1976）》第 1 卷，中央文献出版社，2013，第 110-111 页。

③ 中共中央文献研究室编《毛泽东年谱（1949—1976）》第 1 卷，中央文献出版社，2013，第 114 页。

④ 中共中央文献研究室编《毛泽东传（1893—1976）》第 3 卷，中央文献出版社，2011，第 1047 页。

挫败；1956年和1967年，以色列两次突袭埃及并占领西奈；1967—1970年以埃两军分据运河东西尖锐对抗。从纳赛尔上台伊始至去世前夕，纳赛尔时代的埃及始终高举阿拉伯民族主义大旗，多次与以色列发生武装冲突，土改成为纳赛尔凝聚民心、整合国力、对抗宿敌、巩固统治的重要手段。

中国抗美援朝之前，由于国内战事基本结束，土改环境相对温和，保护富农的相关规定基本得到有效贯彻。1950年3月12日毛泽东复电邓子恢等："过去北方土改是在战争中进行的，战争空气掩盖了土改空气，现在基本上已无战争，土改就显得特别突出，给予社会的震动特别显得重大，地主叫唤的声音将特别显得尖锐。"①4月6日毛泽东在中共中央政治局会议上说："不动富农的策略，是必需的，而且是可能搞的，因为蒋介石倒了，土匪肃清了。"②4月12日毛泽东在全国政协一届常委会第四次会议上解释为何"不动富农"，一是"因为现在没有战争"，二是多次讲到的两个字"怕乱"③。以上两点原因实则具有联系，无战争则害怕乱。6月9日毛泽东在中共七届三中全会上总结："现在全国除了台湾、西藏尚待解放，战争都停了，因此给了我们一个可能，对富农可以现在不去搞他。"④

1950年10月抗美援朝之后，中美矛盾骤然尖锐，内外视线转向朝鲜半岛，镇反工作立即展开，关于土改的舆论压力迅速减少，毛泽东的上述顾虑不复存在，于是土改出现激进倾向，富农利益受到冲击。1951年1月毛泽东为转发中共中央中南局关于发动群众做好土改工作的指示，起草中央给各中央局负责人的批语是："土改工作主要应注意是否真正发动了群众，由群众自己动手（由上面派干部帮助）推翻地主阶级，分配土地。只

① 中共中央文献研究室编《毛泽东年谱（1949—1976）》第1卷，中央文献出版社，2013，第102页。

② 中共中央文献研究室编《毛泽东年谱（1949—1976）》第1卷，中央文献出版社，2013，第110页。

③ 中共中央文献研究室编《毛泽东年谱（1949—1976）》第1卷，中央文献出版社，2013，第114页。

④ 中共中央文献研究室编《毛泽东年谱（1949—1976）》第1卷，中央文献出版社，2013，第154-155页。

要合乎这个方向就是好的。”①2月7日毛泽东为中共中央起草关于分阶段进行土改的指示，要求将土改分成两个阶段：第一是“发动群众”，进行反恶霸和镇反等斗争；第二是“分田”②。2月17日毛泽东致信关注土改的民主人士黄炎培：“不杀恶霸，则农会不能组成，农民不敢分田。”对恶霸必须采取“坚决镇压的政策”，只有这样，“群众才能翻身，人民政权才能巩固”③。

总之，在新中国和埃及土改期间，两国都面临内忧外患。在此情况下，两国必须通过土改给予小农土地，在广大乡村建立政权基础，以对抗内外敌人。土改与战争一样，都是为了巩固政权。1949年12月4日毛泽东在中共中央政治局会议上说：土改是战争结束后的“第二场决战”④。11月29日毛泽东在全国政协一届常委会第二次会议上提出“过三关”，其中“第一关（是）战争，第二关（是）土改”⑤。1950年4月6日毛泽东在中共中央政治局会议上强调，新中国土改是比渡江战役和剿匪战役“要大”“要复杂”“要激烈”的“一场恶战”⑥。6月23日毛泽东在全国政协一届二次会议上致闭幕词：“战争和土改”是“两个‘关’”……“现在是要过土改（这）一关”⑦。1951年1月19日毛泽东在接见参加第二次全国统战工作会议的各中共中央局和大城市党委统战部负责人时说：“抗美援朝、土地改革和镇压反革命是当前的三大运动”⑧。1952年8月4日毛泽东在全国政协一届常委会第三十八次会议上将辛亥革命的失败原因归结为“一、

① 中共中央文献研究室编《毛泽东年谱（1949—1976）》第1卷，中央文献出版社，2013，第297页。

② 中共中央文献研究室编《毛泽东年谱（1949—1976）》第1卷，中央文献出版社，2013，第298页。

③ 中共中央文献研究室编《毛泽东年谱（1949—1976）》第1卷，中央文献出版社，2013，第303页。

④ 中共中央文献研究室编《毛泽东文集》第6卷，人民出版社，1999，第25页。

⑤ 中共中央文献研究室编《毛泽东年谱（1949—1976）》第1卷，中央文献出版社，2013，第52-53页。

⑥ 中共中央文献研究室编《毛泽东年谱（1949—1976）》第1卷，中央文献出版社，2013，第110页。

⑦ 中共中央文献研究室编《毛泽东文集》第6卷，人民出版社，1999，第79-80页。

⑧ 中共中央文献研究室编《毛泽东年谱（1949—1976）》第1卷，中央文献出版社，2013，第283页。

没有分土地；二、不晓得镇压反革命；三、反帝不尖锐”[①]。恰好对照中华人民共和国成立初期的“三大运动”。将土改与抗美援朝和镇压反革命相提并论，显然说明毛泽东始终从巩固新政权的初衷去实施土改。事实表明，毛泽东实现了他的土改初衷。新中国土改结束后，原新解放区内地主、富农等阶层与宗祠、寺庙和私塾等机构的地产优势丧失殆尽，新旧小农转而依附并支持中国共产党和政府，新政权在农村获得空前广泛的社会基础。

（二）土改的政策差异：中东与中国的对比

20世纪中叶，新中国、土耳其安纳托利亚高原、伊朗高原、埃及尼罗河流域、新月地带的叙利亚和伊拉克，普遍开展土改。

土耳其共和国是最早实施土改的中东国家。1945年土耳其出台土改法，规定个人占地限额为500哈[②]，超额地产应被分成5哈小块售予小农；因遭遇阻挠，后改为由政府将国有土地分成小块售予小农，私人地产不受该法约束。1950年新土改法公布，将个人占地限额提升至5 000哈。1973年土耳其再次出台土改法，将个人占地限额降至30~100哈水浇地或47~200哈雨浇地；超额地产和国有土地由小农购买；1977年该法失效，土改终止[③]。土耳其的土改政策极为温和，甚至流于形式，在中东地区并不具有典型意义。

相比之下，伊朗的土改起步虽较晚但比较彻底。1962—1971年，伊朗国王巴列维分阶段实施土改并将其作为“白色革命”的核心内容。1962—1965年，伊朗的土改政策与此前埃及、叙利亚和伊拉克的如出一辙：地主最多拥有一个自然村耕地，超额耕地由政府征购；政府在10年内分期偿付征购价；获地小农在15年内向政府支付地价等费用并加入合作社。1965—1968年政府将占地限额降至30~200公顷，地主可通过租售等方式处置超额地产。1968—1971年，伊朗政府规定，若地主已与小农签署为期30年的租佃协议，须将耕地售予佃农；后者可一次性或在12年内分期支付地价[④]。

---

① 中共中央文献研究室编《毛泽东年谱（1949—1976）》第1卷，中央文献出版社，2013，第582页。

② 哈：土耳其的一种面积单位，1哈=0.1公顷。

③ 哈全安：《中东史：610—2000》，天津人民出版社，2010，第880-881页。

④ 哈全安：《中东史：610—2000》，天津人民出版社，2010，第431-432页。

1952—1970 年纳赛尔政权在工商业领域推行国有化，在农业领域则将征购的超额土地售予无地少地农民，以确立小农土地所有制。纳赛尔时代的埃及是阿拉伯民族主义与阿拉伯社会主义的旗手，其土改政策具有重要的示范效应，对叙利亚和伊拉克等阿拉伯诸国影响极大。

1958 年 2 月叙利亚与埃及联合成立阿拉伯联合共和国，纳赛尔出任总统，并于同年 9 月在叙利亚推行土改。阿拉伯联合政府规定，个人所占水浇地和雨浇地分别不得超过 80 和 300 公顷，全家占地不得超过 120 和 460 公顷；政府以 10 倍年租价格征购超额地产，以债券形式在 40 年内付清，年利率 1.5%；政府以 8 或 30 公顷水浇地或雨浇地为单位，将超额地产售予无地或少地的农民，小农除支付政府征购价外还需缴纳 10% 附加费，购买耕地后须亲自耕作不得租售，且应加入政府设立的合作社。1961 年 9 月叙利亚脱离阿拉伯联合共和国，土改告一段落。1963 年复兴党上台后再次实施土改，将个人占地限额降至 50 公顷水浇地或 200 公顷雨浇地①。

1958 年 9 月伊拉克凯西姆政权仿效 1952 年的埃及进行土改，规定个人占地限额为一千或两千杜诺亩②的水浇地或雨浇地；政府征购超额地产，以债券形式在 20 年内付清；政府以 30~60 或 60~120 杜诺亩水浇地或雨浇地为单位，将超额地产售予小农，后者应向政府支付征购价以及 20% 手续费和 3% 年利，规定在 20 年内付清，购置耕地后须加入合作社③。1963 年 2 月复兴党政变与凯西姆遇害后，伊拉克政府继续推行土改，范围从南部扩大到中北部。20 世纪 70 年代复兴党政权一度兴建集体农庄并发展国营农场，具有共产主义的鲜明倾向。1981 年萨达姆政权废除集体农庄，1987 年解散国有农场。在 1989 年两伊战争结束时，伊拉克基本恢复土地私有制④。

阿拉伯诸国与新中国的土改政策之所以出现上述差别，主要在于阿拉伯社会主义与共产主义迥异。1961 年 8 月 4 日埃及《金字塔报》刊出纳赛尔的密友、主编穆罕默德·哈桑宁·海卡尔的一篇文章《共产主义与我们自己：共产主义和阿拉伯社会主义的七点区别》，其内容实际代表纳赛尔

① M E Yapp. The Near East since the First World War（London: Longman, 1991），pp.257-258. 杨灏城、江淳：《纳赛尔和萨达特时代的埃及》，商务印书馆，1997，第 83 页。

② 1 杜诺亩≈939 平方米。

③ P Marr. The Modern History of Iraq［M］. Boulder: Westview Press, 1985:170.

④ 哈全安：《中东史：610—2000》，天津人民出版社，2010，第 638-640 页。

的主张。该文认为，共产主义与阿拉伯社会主义的财产观不同；阿拉伯社会主义将财产区分为剥削的财产和劳动所获的财产两种，主张维持并扩大第二种财产；阿拉伯社会主义还认为“补偿是必要的”[①]。1962年5月22日《金字塔报》公布的《阿拉伯联合共和国〈全国行动宪章〉草案》，重申阿拉伯社会主义“不主张实现土地国有化，不使土地变为公有制”[②]。5月30日纳赛尔在全国人民力量代表大会上发言，在分析阿拉伯社会主义同共产主义的区别时指出，阿拉伯社会主义“没有规定土地国有化”，而是“相信在合作社范围内的土地私人所有制……相信私有制”，不相信并正在消灭“剥削的所有制”[③]。总体来看，阿拉伯社会主义特别是埃及社会主义，强调以温和方式消灭具有剥削性质的地主土地所有制，同时维持和扩大不具剥削性质的小农土地所有制；这些反映在土改政策上，必然使政府征购并出售超额地产、地主获得补偿、小农购置土地、地主土地所有制受到限制、小农土地所有制成为主流。纳赛尔政权土改可谓阿拉伯社会主义的私有原则和平等理念在乡村农业领域的交叉实施，其中包含诸多矛盾之处，特别是在保障土地私有权的同时还要力图缩小贫富差距，在增加农民福祉的同时还要强化政府对乡村的控制，从而导致纳赛尔政权在土地问题和农民问题上首尾不能相顾，土改效果亦大打折扣。纳赛尔时代埃及的小农土地所有制，在私有外壳下包裹着国有内核，从而构成土地国有制的扭曲形式与工业国有化的逻辑延伸。埃及阿拉伯社会主义在理论层面强调通过土地再分配保护小农土地私有制，在实践环节则侧重利用国家权力来限制小农土地私有权。私有原则和平等理念之间的冲突，理论层面和实践环节的龃龉，构成埃及阿拉伯社会主义乃至整个阿拉伯社会主义的显著特征。

---

① 凯马尔·H. 卡尔马特编：《当代中东的政治和社会思想》，陈和丰等译，中国社会科学出版社，1992，第167-170页。

② 草案提出：“我们主张在不允许封建制度存在的范围内实行土地私有制。农业问题的正确解决办法不是使土地转变为公有制，而是要求保留土地私有制，并且通过给大多数雇农占有土地的权利来扩大这种所有制。在土地改革的过程中，通过农业合作化来巩固这种所有制。”载唐大盾等：《非洲社会主义：历史·理论·实践》，世界知识出版社，1988，第107页。

③ 《亚洲、非洲、拉丁美洲民族主义者关于民族解放运动的言论》，人民出版社，1964，第168页。

第二节　统购统销制建立与农业合作化

从政治经济学角度看，统购统销制与农业合作化是中华人民共和国成立初期党和政府推进工业化的重要手段。粮食等农产品的统购包销有助于为工业化提供廉价的基本口粮和加工原料；农业合作化有助于增强政府对乡村人力物力的调控能力，从而为粮食等农产品的统购包销提供条件，为工业化提供商品市场、原料产地和资金积累。

一、统购统销制建立

1953—1954 年，国家对粮食、棉花等重要农产品实行“计划收购”和“计划供应”，合称统购统销制。

统购统销制是由陈云提出的。1953 年 10 月 10 日陈云在全国粮食会议上讲，在粮食问题上要处理好国家跟农民的关系，国家跟消费者的关系，国家跟商人的关系，中央跟地方、地方跟地方的关系。陈云认为，在这四种关系中“难处理的是头两种，而最难的又是第一种”，因为“只要收到粮食，分配是容易的”。他还认为，当时农业技术水平低下，加之部分地区发生灾荒，导致农业产量长期低迷；与此同时，土改后的农民，逐步改善生活条件，因此粮食消费总量上升。在上述情况下，粮食收购总量下降即国家“收进的少”。于是京津等大中城市粮食供应比较紧张。他提出八种可能的对策进行论证，即“又征又配”“只配不征”“只征不配”“原封不动”“临渴掘井”“动员认购”“合同预购”“各行其是”，结果是只能实行第一种方法即“在农村实行征购、在城市实行定量配给”的政策。陈云将这种在农村征购粮食并在城镇配售粮食的办法称作“计划收购”和“计划供应”，合称“统购统销”①。

根据陈云的提议，中共中央和政务院决定建立统购统销制。1953 年 10 月 16 日中共中央作出《关于实行粮食的计划收购与计划供应的决议》，11 月 19 日政务院第 194 次政务会议通过《关于实行粮食的计划收购和计划供应的命令》并于 23 日发布；1954 年 9 月 9 日政务院通过《关于棉布

① 陈云:《实行粮食统购统销》(1953 年 10 月 10 日)，载《陈云文选》第 2 卷，人民出版社，1995，第 203-217 页。

计划收购和计划供应的命令》和《关于实行棉花计划收购的命令》[①]。至此，统购统销制正式确立。统购统销制的实质，在于调整城乡和工农关系：一方面，转移部分农产品到城市，限制农民的生活水平，以满足市民生活需要；另一方面，从农业领域提取剩余价值，转到工矿领域，为后者提供积累。

改革开放初期，随着家庭联产承包责任制的建立与人民公社体制的解体，农业产量迅速增加，农产品市场化进程加速，粮食和棉花的统购统销制丧失其必要性，走到历史的尽头。1985 年 1 月中央一号文件宣布改革农产品统购派购制度，规定从当年起国家一般不再向农民下达农产品统购派购任务，改为实行合同定购或市场收购。定购的粮食，国家按“倒三七”比例计价，即三成按原统购价，七成按原超购价；定购以外的粮食可自由上市；如果市场粮价低于原统购价，国家仍按原统购价敞开收购[②]。中央一号文件的发布，标志着延续三十余年的粮食、棉花统购统销制正式解体。

二、农业合作化

在巩固政权并稳定经济的基础上，1952 年中共中央提出向社会主义过渡的总路线[③]。过渡时期总路线的中心内容是“一化三改”，其中“一化”和“三改”分别属于生产力和生产关系层面。依据过渡时期总路线，新中国在推进工业化的同时着手改造农业、手工业和资本主义工商业。中共中央原本估计过渡期为 10~20 年，后来缩短预计时间。1952 年 9 月 24 日毛泽东在中共中央书记处会议上提出：“十到十五年，基本上完成社会主义，不是十年以后才过渡到社会主义。”[④] 此后，三大改造进度也不断加快，过渡时期总计仅有 7 年。到 1956 年，随着社会主义改造的基本完成，中国

① 金冲及：《二十世纪中国史纲》下册，社会科学文献出版社，2009，第 803 页。

② 《中共中央国务院关于“三农”工作的一号文件汇编（1982—2014）》，人民出版社，2014，第 56-57 页。

③ 《中共中央批转中央宣传部为动员一切力量把我国建设成为一个伟大的社会主义国家而斗争——关于党在过渡时期总路线的学习和宣传提纲》（1953 年 12 月 28 日），载中央档案馆、中共中央文献研究室编《中共中央文件选集（1949 年 10 月—1966 年 5 月）》第 14 册，人民出版社，2013，第 499 页。关于毛泽东修改和加写该提纲的具体情况，参见中共中央文献研究室编《毛泽东年谱（1949—1976）》第 2 卷，中央文献出版社，2013，第 198-201 页。

④ 中共中央文献研究室编《毛泽东年谱（1949—1976）》第 1 卷，中央文献出版社，2013，第 603 页。

建立社会主义基本经济制度，从而进入社会主义初级阶段和全面建设社会主义时期。

农业合作化是 20 世纪 50 年代前中期中国乡村的普遍现象，是“过渡时期总路线”的重要内容。毛泽东和中共中央主要依据共同劳动的程度高低和土地制度的属性不同，将农业合作化分成初级互助组、常年互助组、初级农业生产合作社、高级农业生产合作社等从低到高的几个阶段，鼓励村民共同劳动并实现耕地集体所有。1951 年 9 月全国第一次互助合作会议拟定《关于农业生产互助合作的决议（草案)》（简称《决议（草案)》），这是中共中央关于农业互助合作运动的第一个指导性文件，经修改后在 1951 年 12 月 15 日正式发出。该《决议（草案)》写道，农民在土改基础上发扬起来两种生产积极性，一是个体经济的积极性，二是劳动互助的积极性；其论述了个体经济的积极性，但更强调发展农业互助合作。该《决议（草案)》总结各地农业互助合作运动的经验，提出农业生产互助合作运动大体上有三种主要形式，即临时性、季节性的简单的劳动互助，常年的互助组，以土地入股为特点的农业生产合作社（即初级社）。该《决议（草案)》提出，要将是否促进生产作为衡量农村互助合作运动好坏的标准[①]。1953 年 2 月 15 日中共中央将 1951 年 12 月 15 日正式下发的《关于农业互助合作的决议（草案)》通过为正式决议，后经毛泽东修改审定。1953 年 3 月 24 日毛泽东在审阅该决议时加写和修改：“初级互助组的组员，他们的生产资料是完全私有的，但也带了共同劳动的性质，这就是社会主义的萌芽。常年互助组则使这种萌芽进一步生长起来了。”（初级）农业生产合作社，同样保留农民对土地等生产资料的私有权，“它保存着私有的性质”，但“就其在农民以土地入股后得以统一使用土地……共同劳动……条件来说，它就比常年互助组具有更多的社会主义的因素”[②]。3 月 26 日《人民日报》刊出这份决议。高级农业生产合作社，则以土地集体所有制为基础。10 月 15 日毛泽东对陈伯达和廖鲁言讲：“个体所有制必须过渡到集体所有制，过渡到社会主义……合作社有低级的，土地入股；有高

---

① 中央档案馆，中共中央文献研究室编《中共中央文件选集（1949 年 10 月—1966 年 5 月)》第七册，人民出版社，2013，第 411-423 页。

② 中共中央文献研究室编《毛泽东年谱（1949—1976)》第 2 卷，中央文献出版社，2013，第 67-68 页。

级的，土地归公，归合作社之公。”[①]10 月 31 日毛泽东写道，互助组“带有社会主义萌芽性质”；初级社是“半社会主义”性质；高级社有“完全社会主义性质”，其实“就是集体农场”；而且“互助组比单干强，合作社比互助组强，走一步就能使生产发展一步，生活提高一步”[②]。11 月 4 日毛泽东再次对陈伯达和廖鲁言讲：“由社会主义萌芽的互助组，进到半社会主义的合作社，再进到完全社会主义的合作社（将来也叫农业生产合作社，不要叫集体农庄）。”[③]

农业合作化大致分为两个阶段。第一阶段，从 1951 年年底到 1955 年春，主要发展互助组和初级社，有序推进，阻力不大；第二阶段，从 1955 年夏到 1956 年年底，主要发展高级社，步伐加快，阻力较大。在毛泽东的推动下，农业合作化到 1956 年基本完成，多数乡村建立高级社，农村绝大部分耕地从个体所有变为集体所有。1956 年 6 月 30 日颁布的《高级农业合作社示范章程》规定：“入社的农民必须把私有的土地和耕畜、大型农具等主要生产资料转为合作社集体所有。”[④] 此后，生产资料集体所有制在农村占据主导地位。

土改是 20 世纪中期中东阿拉伯国家的普遍现象，合作社的设立是上述国家土改期间的共同举措。1952—1970 年纳赛尔时代的埃及，1958—1961 年埃叙合并期间的叙利亚（即“阿拉伯联合共和国北区”），1958—1963 年凯西姆治下的伊拉克，1962—1971 年巴列维国王君临时期的伊朗，都曾发动土改并强制设立农业合作社，其土地制度和主要职能基本相同。1952 年七月革命后埃及的农业合作社，就其主要职能和土地制度而言，类似中国乡村出现的互助组与初级社，却与高级社迥异。

① 中共中央文献研究室编《毛泽东年谱（1949—1976）》第 2 卷，中央文献出版社，2013，第 178 页。

② 中共中央文献研究室编《毛泽东年谱（1949—1976）》第 2 卷，中央文献出版社，2013，第 187-188 页。

③ 中共中央文献研究室编《毛泽东年谱（1949—1976）》第 2 卷，中央文献出版社，2013，第 188-190 页。

④ 陈锡文、罗丹、张征：《中国农村改革 40 年》，人民出版社，2018，第 29 页。

第三节　改革开放前人民公社时代的土地制度与粮食问题

1956 年初，随着农业和手工业领域的生产资料集体所有制取代私有制、工商业领域的生产资料全民所有制取代私有制，社会主义基本经济制度在中国基本确立，中国开始进入社会主义初级阶段。如何在中国建设社会主义？这是中国共产党面临的崭新课题。

一、人民公社化运动的发起

就在中共中央为探索全面建设社会主义的道路而苦思冥想之际，苏共二十大于 1956 年 2 月召开，赫鲁晓夫在会议结束后用近 5 个小时作题为《关于个人崇拜及其后果》的秘密报告，狠批斯大林及个人崇拜。中共中央虽然并不赞成苏共中央与赫鲁晓夫全盘否定斯大林，却也开始反思高度集中的斯大林模式。1956—1957 年，以毛泽东为代表的中国共产党人，在探索社会主义建设道路时取得一系列理论成果，其中最为重要的当属 1956 年 4 月毛泽东《论十大关系》讲话、同年 9 月中共八大的召开以及 1957 年 2 月毛泽东《关于正确处理人民内部矛盾的问题》的讲话。

1957 年 11 月莫斯科会议之后，中国、中国共产党和毛泽东在国际共运和社会主义阵营中的影响力继续扩大，毛泽东力求探索出一条更快更好的社会主义建设道路，以引领社会主义阵营和国际共运，于是在 1958 年开始“大跃进”和人民公社化运动。1958 年 8 月 29 日中共中央政治局扩大会议通过《中共中央关于在农村建立人民公社问题的决议》:“几十户、几百户的单一的农业生产合作社已不能适应形势发展的要求。在目前形势下，建立农林牧副渔全面发展、工农商学兵互相结合的人民公社，是指导农民加速社会主义建设、提前建成社会主义并逐步过渡到共产主义所必须采取的基本方针。”①

① 中央档案馆、中共中央文献研究室编《中共中央文件选集（1949 年 10 月—1966 年 5 月）》第 28 册，人民出版社，2013，第 406-410 页。

在毛泽东、各级党委和政府推动下，人民公社在全国迅速推广。1958年9月30日，中共中央农村工作部在《人民公社化运动简报》第4期中写道：运动从7月开始发展，8月普遍规划、试办，9月进入全面高潮；截至9月29日统计，全国共建立起人民公社23 384个，112 174 651农户加入，占总农户数90.4%，每社平均4 797户，河南、吉林等13个省，已有94个县以县为单位建立县人民公社或县联社①。

二、人民公社体制的特点

人民公社体制的特点是政社合一与一大二公。

一方面，人民公社政社合一。1958年8月29日中共中央政治局扩大会议通过《中共中央关于在农村建立人民公社问题的决议》："要实行政社合一，乡党委就是社党委，乡人民委员会就是社务委员会。"人民公社的公社一级既是基层政权，又是最高层次的农村集体经济组织，其第一个性质控制着第二个性质。这种政社合一的组织架构，使公社一级在1962年以前能够轻松剥夺下级农村集体经济组织——生产大队和生产队（小队）的生产自主权，不断抽调和无偿占有农民的生产资料、劳动力和农产品，迅速加剧在高级农业生产合作社时期就已广泛存在的平均主义和分配不公。以劳动力调配制度为例。公社实行所谓"组织军事化"和"大兵团作战"的瞎指挥，将劳动力编成班、排、连、营、团，"敲钟集合，等齐下地，班排进攻，干活一窝蜂"的现象严重。军事化组织和集体劳动以及在公社范围统一调配生产资料和农产品，严重背离农业特点、挫伤农民的生产责任心，极大降低了农村的劳动生产率和土地生产率。

另一方面，人民公社一大二公。8月30日毛泽东在中共中央政治局扩大会议上这样解释人民公社相对于高级社的特点："人民公社的特点是两个，一为大，二为公，叫大公社。"②

"一大"指地域方面的公有，即公有范围。《中共中央关于在农村建立人民公社问题的决议》指出："社的组织规模，就目前说，一般以一乡一

① 陈锡文、罗丹、张征：《中国农村改革40年》，人民出版社，2018，第29-30页。

② 中共中央文献研究室编《毛泽东年谱（1949—1976）》第3卷，中央文献出版社，2013，第425页。

社、两千户左右较为合适……人民公社进一步发展的趋势，有可能以县为单位组成联社。”[①] 在8月30日中共中央政治局扩大会议上，毛泽东详细解释人民公社“大”的含义与优势[②]。人民公社化运动片面强调人多力量大，一味扩大公有范围，通常将几十个高级农业合作社（小社）合并为一个人民公社（大社），1958年平均每社拥有多达五千多户。人民公社的上述做法，加剧了高级社之间的平均分配主义，使人均农业产量较低的高级社实际上侵夺了其他高级社的农业收益。

“二公”指财产方面的公有，即公有程度。此前毛泽东在《中共中央关于在农村建立人民公社问题的决议》稿上加写：“人民公社的集体所有制中，就已经包含有若干全民所有制的成分了。这种全民所有制将在不断发展中继续增长，逐步地代替集体所有制。”他当时估计这个过渡期短则三四年，长则五六年及以上[③]。8月30日毛泽东在中共中央政治局扩大会议上阐释人民公社“公”的含义[④]。初期的多数人民公社，片面提高公有程度，不仅将原本归属小农所有的住房、宅基地、自留地、自留山、炊具、粮食、自养禽畜、自种蔬菜等私人财产收归集体所有，而且大有废除集体所有制并向全民所有制过渡之势。

总体而言，政社合一、一大二公的人民公社，力图提高农业生产力并加强政府对农村人力物力的调动能力，可以说是乡村农业生产关系、社会组织和政治动员方面的“大跃进”。

三、人民公社化运动的后果

人民公社化运动严重挫伤社员生产积极性，直接导致村民消极怠工，

---

① 中央档案馆、中共中央文献研究室编《中共中央文件选集（1949年10月—1966年5月）》第28册，人民出版社，2013，第406-410页。

② 毛泽东说：“人多，几千户，一万户，几万户；地大，地大物博，综合经营，工农商学兵，农林牧副渔。农林牧副渔，农业合作社原来就有的，工农商学兵，是人民公社才有的。这些就是大。”“大，这个东西可了不起，人多势众，办不到的事情就可以办到。”载中共中央文献研究室编《毛泽东年谱（1949—1976）》第3卷，中央文献出版社，2013，第425页。

③ 中共中央文献研究室编《毛泽东年谱（1949—1976）》第3卷，中央文献出版社，2013，第424页。

④ 毛泽东说：“公，就是比合作社更要社会主义，把资本主义的残余，比如自留地、自养牲口可以逐步取消。”载中共中央文献研究室编《毛泽东年谱（1949—1976）》第3卷，中央文献出版社，2013，第425页。

加剧乡村普遍贫困，甚至造成大饥荒。

由于“大跃进”、人民公社化运动和“反右倾”斗争的错误，加上当时发生的自然灾害，中国国民经济在1959—1961年发生严重困难，粮食问题极其严重。从1957年到1960年，粮食总产量由3 900.9亿斤[①]降至2 870亿斤，降低26.4%；油料由8 391.9万担降至2 125.8万担，降低74.7%；猪年末存栏数由14 590万头降至8 227万头，减低43.6%[②]。粮食产量大幅下降，粮食征购量居高不下，甚至征走农民的口粮和种子粮。农村粮食消费量急剧下降，饥荒迅速蔓延，城市口粮安全受到威胁。1960年6月国务院财贸办报告显示，当时北京粮食库存只能销售7天，天津粮食库存只能销售10天，上海几乎无米可售，辽宁10大城市的粮食库存只能销售八九天。中共从1960年夏起下令削减市民的粮食、食油等供应标准。1960年11月14日中共中央下发《关于立即开展大规模采集和制造代食品运动的紧急通知》，要求在城市推荐食用玉米根粉和秆粉、小麦根粉、橡子面粉、叶蛋白、人造肉精、小球藻、栅藻、红虫等。由于缺粮严重，1960—1961年全国人口出生率急剧下降，死亡率有所上升，人口持续两年下降；农村人口形势最为严峻[③]。

四、人民公社体制的调整——三级所有，队为基础

面对极其严重的经济困难特别是粮食短缺，党和国家领导人，尤其是刘少奇、周恩来、邓小平和陈云等，在20世纪60年代前期大力纠“左”，确立人民公社、生产大队、生产队（小队）“三级所有，（生产）队为基础”的生产资料所有制，制止公社一级无偿征调下级农村集体经济组织和农户的生产资料、劳动力和农产品，废除公共食堂和农村按需分配制度，恢复社员自留地和家庭副业。1962年2月13日，《中共中央关于改变农村人民公社基本核算单位问题的指示》，将基本核算单位改为生产队（相当于合作化时期的初级社），强调在多数地区的人民公社中以生产队为基本

① 1斤=0.5千克。

② 《当代中国》丛书编辑部编《当代中国的经济体制改革》，中国社会科学出版社，1984，第261页。

③ 金冲及著：《二十世纪中国史纲》下册，社会科学文献出版社，2009，第913-915页。

核算单位、实行以生产队为基础的三级集体所有制，“将不是短期内的事情，而是在一个长时期内，例如至少三十年，实行的根本制度……基本核算单位一经确定之后，就要稳定下来，不能任意变动”[①]。邓小平在回顾 20 世纪 50 年代末至 60 年代初农村生产关系时指出，“大跃进”在高级社还不巩固的情况下又普遍搞人民公社，结果 60 年代初期不得不“退回去，退到以生产队为基本核算单位”[②]。由此可见，“是农民和中央各退了半步：既没有让农业经营回归家庭，但实际上也否定了人民公社乃至高级社时的农业生产经营管理体制，形成了‘人民公社的牌子，高级社的规模，初级社的核算与分配’体制”[③]。尽管中央只是退了半步，却将平均主义范围从公社一级缩小至生产队（小队），使农民的劳动付出和所得的关系更加直接，因此收效显著。据统计，1965 年和 1962 年相比，粮食总产量由 3 200 亿斤上升到 3 890.5 亿斤，提高了 21.6%；油料由 4 006.6 万担上升到 7 250.7 万担，提高 80%；猪年末存栏数由 9 997 万头上升到 16 693 万头，提高 67%[④]。

然而，在纠“左”过程中，毛泽东尽管限制人民公社过度提高公有程度和扩大公有范围，却始终对社员自留地和家庭副业持怀疑态度。“文革”时期各地试图提高“一大二公”程度，限制甚至取消自留地和农村家庭副业，这种所谓“割资本主义尾巴”的做法实际上是对 20 世纪 60 年代初一系列合理调整的否定。但是，土改结束后至改革开放前的农业农村史已经判明，在超出家庭经营的范围后，就必然需要对劳动进行计量和监督，但农业生产的特点却是难以对劳动进行计量和监督，于是就难免出现“大概工”“大锅饭”等平均主义问题[⑤]。集体经营制不废除，农民的生产积极性就很难真正得到提高。

---

① 中央档案馆，中共中央文献研究室编《中共中央文件选集（1949 年 10 月—1966 年 5 月）》第 39 册，人民出版社，2013，第 62-77 页。

② 邓小平《关于农村政策问题》，载《邓小平文选》第 2 卷，人民出版社，1994，第 315-316 页。

③ 陈锡文、罗丹、张征：《中国农村改革 40 年》，人民出版社，2018，第 31 页。

④ 《当代中国》丛书编辑部编《当代中国的经济体制改革》，中国社会科学出版社，1984，第 264 页。

⑤ 陈锡文、罗丹、张征：《中国农村改革 40 年》，人民出版社，2018，第 31 页。

第三章　改革开放以来中国农业农村现代化与乡村振兴战略（1978—2019年）[①]

邓小平是中国特色社会主义事业的开创者，是改革开放和社会主义现代化建设的总设计师。作为中共第一代领导集体的重要成员与第二代领导集体的核心，邓小平历来高度重视发展“三农”事业和农业现代化，在1978年中共十一届三中全会后至1992年十四大前尤其如此。早在“文革”前的国民经济恢复时期，1962年7月7日，邓小平就曾强调，如果“农业搞不好，工业就没有希望”，因此，如果要争取财政经济状况的根本好转，必须从恢复农业着手[②]。1975年“全面整顿”时期，邓小平再次强调农业现代化的重大意义。9月15日，邓小平在全国农业学大寨会议开幕式上指出，四个现代化中“更加费劲的是农业现代化”，农业如果搞不好很可能拉国家建设的后腿[③]。进入改革开放新时期，特别是在政社分开后，出于稳定社会和发展经济的考虑，邓小平多次强调要发展“三农”事业。1984年6月21日邓小平指出，农村人口占全国人口的百分之八十，只要农民生活出现比较显著的改善，中国就稳定了[④]。6月30日邓小平强调，中国有百分之八十的人口住在农村，中国是否稳定首先要看农村是否稳定。“城市搞得再漂亮，没有农村这一稳定的基础是不行的”[⑤]。因此，中国从实际出发，首先解决农村问题。1985年4月15日，邓小平指出，中国人口的百分之八十在农村，如果农民不能摆脱贫困生活，社会就不会安定，工商业

① 本章主要以时间为线索，旨在梳理改革开放后特别是中共十八大以来中国农业农村现代化历程。至于这一时期农业农村现代化在土地制度、粮食安全、农业结构调整与农村二三产业、城乡关系、生活富裕、生态宜居、乡风文明、治理有效方面的具体表现，详见本书第四至十章。特此说明。

② 邓小平《怎样恢复农业生产》，载《邓小平文选》第1卷，人民出版社，1994，第322页。

③ 中共中央文献研究室编《邓小平年谱（1975—1997）》，中央文献出版社，2004，第97-99页。

④ 中共中央文献研究室编《邓小平年谱（1975—1997）》，中央文献出版社，2004，第981-982页。

⑤ 邓小平：《建设有中国特色的社会主义》，载《邓小平文选》第3卷，人民出版社，1993，第65页。

和其他经济活动也难以发展[1]。1987年6月12日，邓小平指出："改革和开放是从经济方面开始的，首先又是从农村开始的。"他解释道，因为农村人口占我国人口的百分之八十，如果农村不稳定，整个政治局势就不稳定，如果农民没有摆脱贫困，就是我国没有摆脱贫困[2]。

第一节　改革开放初期的农村改革

一、改革开放初期农村土地制度改革

从1978年中共十一届三中全会召开后，到1985年人民公社体制瓦解前，中国的"三农"问题主要表现在土地制度方面，其焦点是人民公社体制与家庭联产承包责任制的此消彼长，涉及"三农"事业生产关系的调整和生产力的改变。1985年4月15日邓小平这样总结之前几年的农村改革："改革首先是从农村做起的，农村改革的内容总的说就是搞责任制，抛弃吃大锅饭的办法，调动农民的积极性。"[3]习近平总书记后来指出："我国农村改革是从调整农民和土地的关系开启的。"[4]

（一）家庭联产承包责任制的推行

从农业合作化基本完成到20世纪60年代初，中国农民在不触动农村耕地集体所有制的前提下，曾经顽强地进行过三次家庭经营尝试，力图将农户劳动与收益直接挂钩。第一次尝试出现在1956—1957年高级社成立之初，第二次尝试出现在1959年人民公社建立后次年，第三次尝试出现在1961年国民经济最困难的一年，但都被制止了[5]。20世纪60年代前期，根据调整后的中央文件精神，尤其是1962年2月13日中共中央发出《关于改变农村人民公社基本核算单位问题的指示》，"三级所有，队为基础"

---

① 邓小平：《政治上发展民主，经济上实行改革》载《邓小平文选》第3卷，人民出版社，1993，第115-118页。

② 邓小平：《改革的步子要加快》，载《邓小平文选》第3卷，人民出版社，1993，第236-243页。

③ 邓小平：《国际形势和经济问题》，载《邓小平文选》第3卷，人民出版社，1993，第355页。

④ 习近平：《在农村改革座谈会上的讲话》（2016年4月25日），载《论坚持全面深化改革》，中央文献出版社，2018，第258-259页。

⑤ 陈锡文、罗丹、张征：《中国农村改革40年》，人民出版社，2018，第27-28页。

的农村耕地集体土地所有制建立起来，生产队（小队）成为基本核算单位并支配绝大部分农业生产资料、劳动力和农产品，平均主义范围大大缩小。到1978年，全国共有人民公社52 781个，拥有农业总收入的0.3%；生产大队69万个，拥有农业总收入的7%；481.6万个生产队（小队）是基本核算单位，拥有农业总收入的92.7%①。但是，生产队（小队）毕竟少则几十户多则数百户，农村平均主义仍然广泛存在于基本核算单位内部，导致农民生产积极性不高，粮食产量低位徘徊，农民温饱问题尚未解决。1978年全国人均粮食占有量大体上还只相当于1957年，农业人口年人均收入只有70多元，有近四分之一的生产队社员人均收入在50元以下，平均每个生产大队集体积累不到一万元，有的地方甚至不能维持简单再生产②。

在中共十一届三中全会召开前后，面对极其严峻的粮食问题，安徽与四川两省部分干部和农民，在不改变农村土地集体所有制的前提下，率先勇敢地冲破旧体制和旧观念束缚，抛弃原有共耕制，开始实行“包干到组”“包干到户”“包产到户”等多种形式的责任制，将农户生产努力与其土地收益间接或直接挂钩，大大提高了农民生产积极性与农业产量，许多农户“一年翻身”甚至“一季翻身”，从而拉开农村改革序幕③。邓小平后来回顾这段历史时强调，当时“有两个省带头”，分别是四川和安徽④。他强调，家庭联产承包责任制，“发明权是农民的”⑤，“由农民首先提出来”，“这是群众的智慧，集体的智慧”⑥。

然而，基层的改革尝试起初在中央遭遇严重阻力。1978年中共十一届三中全会通过的《中共中央关于加快农业发展若干问题的决定（草案)》明确规定：“不许包产到户，不许分田单干。”1979年3月15日，《人民日

① 陈锡文、罗丹、张征：《中国农村改革40年》，人民出版社，2018，第33-34页。

② 《中共中央关于加快农业发展若干问题的决定》（1979年9月28日中国共产党第十一届中央委员会第四次全体会议通过），载中共中央文献研究室编《三中全会以来重要文献选编》（上），人民出版社，1982，第166页。

③ 中共中央党史研究室编《中国共产党的九十年：改革开放和社会主义现代化建设新时期》，中共党史出版社，党建读物出版社，2016，第688-694页。

④ 邓小平：《改革的步子要加快》，载《邓小平文选》第三卷，人民出版社，1993，第237-239页。

⑤ 邓小平：《在武昌、深圳、珠海、上海等地的谈话要点》，载《邓小平文选》第3卷，人民出版社，1993，第382页。

⑥ 中共中央文献研究室编《邓小平年谱（1975—1997)》，中央文献出版社，2004，第1349-1351页。

报》发表题为《“三级所有，队为基础”应该稳定》的“读者来信”和“编者按”，这封信指责包产到组等农业生产责任制，编者按则要求“坚决纠正错误做法”。1979年4月3日中央31号文件这样解释不允许包产到户的理由：“包产到户，是指把主要作物的全部农活由个人承担，产量多少也完全由个人负责。它失去了集体劳动和统一经营的好处……本质上和分田单干没有多少差别，所以是一种倒退。”“搞了包产到户、分田单干的地方，要积极引导农民重新组织起来。”①1979年9月28日，中共中央修改并发出由十一届三中全会通过的《关于加快农业发展若干问题的决定》，一方面承认“农业近二十年来的发展速度不快”，农业问题具有“严重性、紧迫性”；另一方面却强调，只有因某些副业生产的特殊需要和边远山区、交通不便的单独农户才能实行包产到户，其他地区则“不要包产到户”，任何地区都“不许分田单干”②。

在这个重大历史关头，邓小平表现出一位伟大政治家的巨大耐心与远见卓识。早在1962年7月7日，邓小平就曾引用一句四川话：“黄猫、黑猫，只要捉住老鼠就是好猫”，指出在生产关系上不能完全采取一种固定不变的形式，哪种形式能够调动群众的积极性、能够比较容易比较快地恢复和发展农业生产、群众愿意采取哪种形式，就应该采取哪种形式。依据上述判断标准，“不合法的使它合法起来”，比如使包产到户合法化③。到1979年6月，邓小平在第五届全国人民代表大会第二次会议期间，同中共中央委员、中共安徽省委第一书记、安徽省革命委员会主任万里谈话，就他汇报的安徽农村一些地方已经搞起包产到户但有人反对一事，发表意见说，“不要争论”“就实事求是干下去”④。1980年4月2日邓小平同胡耀邦、万里、姚依林、邓力群在谈到农业问题时说：即使没有多少农业投资，只要出台受农民欢迎的政策，就能发挥群众积极性，扩大农业增产潜力。因此，要“靠政策”。具体而言，政策要放宽，农村土地可包给组或者个人，“这不会影响我们制度的社会主义性质”。要“解放思想”“不用

① 陈锡文、罗丹、张征：《中国农村改革40年》，人民出版社，2018，第37-38页。

② 中共中央文献研究室编《三中全会以来重要文献选编》（上），人民出版社，1982，第166-172页。

③ 邓小平：《怎样恢复农业生产》，载《邓小平文选》第1卷，人民出版社，1994，第322-327页。

④ 中共中央文献研究室编《邓小平年谱（1975—1997）》，中央文献出版社，2004，第531页。

怕”[①]。1980年5月31日邓小平同胡乔木、邓力群谈话时明确表示：包产到户效果很好而且不会损害集体经济，有助于发展农业生产、农村社会分工与商品经济，有助于巩固集体经济并使集体化从低水平发展到高水平。他还强调要“从当地具体条件和群众意愿出发”[②]。1981年8月26日，邓小平会见台湾、香港知名人士傅朝枢时明确回答：“‘包产到户’是社会主义制度下责任制的一种形式，没有剥削，没有违背集体所有的原则，可以调动人民的积极性，体现了按劳分配的社会主义原则，有利于发展社会主义经济，不是搞资本主义。”[③] 邓小平后来回顾这段历史时强调，家庭联产承包责任制由农民首先提出来的，“我的功劳是把这些新事物概括起来，加以提倡”[④]。

邓小平这样旗帜鲜明地支持农业生产责任制改革尝试，作用巨大。可以想象，如果没有邓小平的远见卓识和强力支持，农村的家庭联产承包责任制就很可能被扼杀在摇篮之中，或者被大大推迟[⑤]。1980年9月27日，中共中央印发当年75号文件即《关于进一步加强和完善农业生产责任制的几个问题》的通知，首次指出，就全国而论，“在生产队领导下实行的包产到户是依存于社会主义经济，而不会脱离社会主义轨道的，没有什么复辟资本主义的危险，因而并不可怕”[⑥]。杜润生后来高度评价这份文件，将其视为改革真正展开的起点[⑦]。1982年元旦，中央一号文件批转《全国农村工作会议纪要》，明确规定：“集体经济要建立生产责任制也是长期不变的”；当时出现的包产到户或到组、包干到户或到组、小段包工定额计酬、专业承包联产计酬、联产到劳等各种形式农业生产责任制，都属于社会主义集体经济的范畴；“不论采取什么形式，只要群众不要求改变，就

① 中共中央文献研究室编《邓小平年谱（1975—1997）》，中央文献出版社，2004，第614-616页。

② 邓小平：《关于农村政策问题》，载《邓小平文选》第2卷，人民出版社，1994，第315-317页。

③ 中共中央文献研究室编《邓小平年谱（1975—1997）》，中央文献出版社，2004，第764-765页。

④ 中共中央文献研究室编《邓小平年谱（1975—1997）》，中央文献出版社，2004，第1349-1351页。

⑤ 《邓小平与中国农村改革——接受〈财经〉杂志记者访问》（2004年8月20日），载杜润生：《杜润生自述：中国农村体制变革重大决策纪实》，人民出版社，2005，第334页。

⑥ 中共中央文献研究室编《三中全会以来重要文献选编》（上），人民出版社，1982，第508页。

⑦ 杜润生：《杜润生自述：中国农村体制变革重大决策纪实》，人民出版社，2005，第198页。

不要变动。”[①] 有个农民听了文件传达后说：“这会儿上级主意说得在理，合乎庄稼人心意。”[②]

在上述多种形式农业生产责任制中，包产、包干到户的“双包”制统分结合，土地所有权和发包权归村集体，但承包权和经营权归农户，农户自负盈亏，具有独到优势。在邓小平和中央的认可和推动下，实行包产到户和包干到户的生产队所占比重，从 1980 年的一半，上升到 1982 年 6 月的 86.7%[③]。包产、包干到户迅速成为农村家庭联产承包责任制的主要形式。与包产到户相比，包干到户（又称“大包干”）更受农民欢迎。因为大包干承包的并非分解到户的农业产量，而是分解到户的农业税费（包括国家的征购和集体的提留），农户成为完全独立的农业经营主体，能够自主安排种植结构并直接享有除农业税费外的农业产量。“大包干，大包干，直来直去不拐弯；交够国家的，留足集体的，剩下全是自己的。”有学者将后三句话形象地类比为“农民向国家提出的‘赎买’要求，以保证‘交够国家的、留足集体的’为前提，换取一个将农业的集体统一经营改为家庭承包经营的体制”[④]。“剩下的”或超产的劳动成果不再由基本核算单位生产队（小队）按工分分配给各农户，彻底摆脱生产队（小队）内部的平均主义因素。1983 年初，实行“双包”制的生产队占生产队总数的 93%，其中绝大部分是包干到户[⑤]。

1983 年和 1984 年中央一号文件，继续肯定并推动以联产承包制为主要表现的农业生产责任制。1983 年中央一号文件指出，十一届三中全会以来对农村“影响最深远”的重大变化，是普遍实行多种形式农业生产责任制，其中联产承包制越来越成为“主要形式”[⑥]。1984 年中央一号文件规定，“继续稳定和完善联产承包责任制”“土地承包期一般应在十五年以

① 《中共中央国务院关于“三农”工作的一号文件汇编（1982—2014）》，人民出版社，2014，第 1-19 页。

② 杜润生：《杜润生自述：中国农村体制变革重大决策纪实》，人民出版社，2005，第 136 页。

③ 中共中央党史研究室编《中国共产党的九十年：改革开放和社会主义现代化建设新时期》，中共党史出版社与党建读物出版社，2016，第 692 页。

④ 陈锡文、罗丹、张征：《中国农村改革 40 年》，人民出版社，2018，第 3 页。

⑤ 《当代中国》丛书编辑部编《当代中国的经济体制改革》，中国社会科学出版社，1984，第 274 页。

⑥ 《中共中央国务院关于“三农”工作的一号文件汇编（1982—2014）》，人民出版社，2014，第 20-24 页。

上”；在延长承包期以前，农村集体可根据农民要求，以“大稳定，小调整”原则统一调整耕地；社员在承包期内，因无力耕种或转营他业而要求不包或少包土地的，可以将土地交给集体统一安排，也可以经集体同意，由社员自找对象协商转包，但不能擅自改变向集体承包合同的内容[①]。到1984年年底，全国实行联产承包责任制的队和户，分别占比99%和96.6%[②]。

农业生产责任制特别是家庭联产承包责任制，极大地提高了农户生产积极性和土地生产率。1979年到1984年，中国年均增产粮食171亿公斤；到1984年，中国粮食产量达4 073亿公斤，人均粮食产量393公斤，接近世界人均水平[③]。1979年到1984年，中国稻谷产量从14 375万吨增至17 826万吨，小麦产量从6 273万吨增至8 782万吨，玉米产量从6 004万吨增至7 341万吨，油料产量从643.5万吨增至1 191.0万吨[④]，人均油料产量从13.3斤增至23.1斤，猪牛羊肉总产量从1 062.4万吨增至1 540.6万吨，人均猪牛羊肉产量从21.9斤增至29.9斤[⑤]。人民的营养水平明显提高。

（二）人民公社体制的瓦解

以包干到户这种家庭经营为主要形式的农村家庭联产承包责任制，削弱甚至抛弃基本核算单位在农业生产中的组织、监督、核算和分配职能，进而冲击在集体经营基础上建立的人民公社体制，使这种“叠床架屋”“一大二公”“政社合一”的低效机构毫无用武之地。在这种情况下，邓小平因势利导，不断发声，提倡改革乃至废除人民公社体制。早在1962年7月7日，邓小平就赞成改革人民公社体制，主张恢复乡并压缩乡村行政队伍，这样做“最大的好处”是，不但可以把挤占农民的口粮大大减少，而且可以改善党群关系[⑥]。到1981年9月2日，邓小平在中共中央政

---

① 《中共中央国务院关于“三农”工作的一号文件汇编（1982—2014）》，人民出版社，2014，第40-41页。

② 国家统计局编《中国统计年鉴》，中国统计出版社，1985，第237页。

③ 中共中央党史研究室编《中国共产党的九十年：改革开放和社会主义现代化建设新时期》，中共党史出版社与党建读物出版社，2016，第717页。

④ 国家统计局编《中国统计年鉴》，中国统计出版社，1985，第255页。

⑤ 国家统计局编《中国统计年鉴》，中国统计出版社，1985，第267页。

⑥ 邓小平：《怎样恢复农业生产》，载《邓小平文选》第1卷，人民出版社，1994，第322-327页。

治局会议上讲，农村政社分开这件事情“要做”，而且“不能太迟”[①]。1983年5月22日邓小平指出，“政社合一”的人民公社既是经济组织又是政治组织，其“一大二公”的特点与农村目前很低的生产水平不相适应；强调农村“政社分开是正确的”[②]。

在农村改革实践与邓小平的双重推动下，1982年中共十二大后，经济体制改革全面展开，家庭联产承包责任制迅速成为农业生产责任制的主要形式，农户在承包耕地后普遍自主安排劳动时间，自主确立种植结构，自主决定复种指数，自主承担农业税费，自主享有剩余产品，导致以集体劳动为特征的人民公社体制走到尽头。“家庭联产承包责任制的普遍推行，从根本上动摇了‘三级所有，队为基础’和政社合一的人民公社体制，彻底的改革势在必行。”[③]1982年12月，五届全国人大五次会议通过的新宪法，规定改变农村人民公社“政社合一”体制，设立乡政府作为基层政权，普遍成立村民委员会作为群众性自治组织。1983年10月中共中央、国务院发出《关于实行政社分开建立乡政府的通知》，宣布废除人民公社体制，建立乡（镇）政府作为基层政权，同时成立村民委员会作为村民自治组织；到1984年年底，全国基本完成政社分设，建立9.1万个乡（镇）政府，92.7万个村民委员会；到1985年春，撤社建乡（镇）工作完成，自1958年以来延续27年之久的人民公社体制至此不复存在[④]。

（三）邓小平的“两个飞跃”论断

1989年秋邓小平从领导岗位退下来后，又发展了他的农业现代化思想，尤其是提出“两个飞跃”的重要论断。1990年3月3日，邓小平在谈到农业问题时说：“中国社会主义农业的改革和发展，从长远的观点看，要有两个飞跃。第一个飞跃，是废除人民公社，实行家庭联产承包为主的责任制。这是一个很大的前进，要长期坚持不变。第二个飞跃，是适应科学种田和生产社会化的需要，发展适度规模经营，发展集体经济。这是又一

---

① 中共中央文献研究室编《邓小平年谱（1975—1997）》，中央文献出版社，2004，第766页。

② 中共中央文献研究室编《邓小平年谱（1975—1997）》，中央文献出版社，2004，第909-910页。

③ 中共中央党史研究室编《中国共产党的九十年：改革开放和社会主义现代化建设新时期》，中共党史出版社与党建读物出版社，2016，第716-719页。

④ 中共中央党史研究室编《中国共产党的九十年：改革开放和社会主义现代化建设新时期》，中共党史出版社与党建读物出版社，2016，第716-719页。

个很大的前进，当然这是很长的过程。”[①]1992 年 7 月 23 日、24 日，邓小平在审阅中共十四大报告稿时，再度强调“两个飞跃”论断。关于第二个飞跃，邓小平指出，“就是过一百年二百年，最终还是要走这条路”。但是不要勉强、不要一股风，如果农民现在还没有提出这个问题就不要着急；当然，如果条件成熟了，农民自愿，也不要去阻碍[②]。

二、改革开放初期农村经济结构的调整

改革开放初期农村经济结构的调整，主要包括两个层次的问题，一是依靠政策和科学来推进农业现代化，二是发展乡镇企业与农村非农产业。

（一）农业现代化“一靠政策，二靠科学”

改革开放初期，邓小平多次强调，实现农业现代化，要靠政策和科学。1980 年 7 月 23 日，邓小平在郑州听取中共河南省委负责人汇报工作时指出，若要发展农村，应注意两点。一是政策要正确，因为政策威力大，正确的农村政策可以调动农民生产积极性；二是科学种田[③]。他此次谈的科学，侧重良种。1982 年，邓小平多次论及政策和科学在农业中的重大作用。3 月 26 日，邓小平指出，政策只能解决一段时间的问题，农业还要靠科学[④]。他此次谈的科学，侧重肥料。8 月 10 日邓小平指出，“农业第一靠政策，第二靠科学。”[⑤]10 月 14 日邓小平指出，“农业的发展一靠政策，二靠科学”。他认为，科技的发展和作用无穷无尽[⑥]。11 月 15 日，邓小平对美国前驻中国大使、密歇根大学教授伍德科克说，第一靠政策，包括因地制宜，实行自主权、责任制这些政策；第二靠科学[⑦]。当天他再次强调良

---

① 邓小平：《政治上发展民主，经济上实行改革》，载《邓小平文选》第 3 卷，人民出版社，1993，第 117 页。

② 中共中央文献研究室编《邓小平年谱（1975—1997）》，中央文献出版社，2004，第 1349-1351 页。

③ 中共中央文献研究室编《邓小平年谱（1975—1997）》，中央文献出版社，2004，第 659 页。

④ 中共中央文献研究室编《邓小平年谱（1975—1997）》，中央文献出版社，2004，第 807-808 页。

⑤ 中共中央文献研究室编《邓小平年谱（1975—1997）》，中央文献出版社，2004，第 837-838 页。

⑥ 中共中央文献研究室编：《邓小平年谱（1975—1997）》，中央文献出版社，2004，第 859-861 页。

⑦ 中共中央文献研究室编《邓小平年谱（1975—1997）》，中央文献出版社，2004，第 867-869 页。

种与肥料的作用。在退休前夕和退休后，邓小平仍然强调政策与科学。1989年6月16日，邓小平在退休前夕同江泽民、李鹏、乔石、姚依林、宋平、李瑞环、杨尚昆、万里谈话时指出，农业“最终可能是科学解决问题”①；1992年邓小平在南方谈话中强调，“城乡改革的基本政策，要长期保持稳定……有了这一条，中国就大有希望”②。

（二）乡镇企业崛起与农村非农产业发展

随着家庭联产承包责任制广泛实施与人民公社体制瓦解，农村出现大量富余劳动力，农民也获得一定的迁移自由，因此大批农民不再固着于耕地上从事农业生产，而是在短缺经济形势下从事获利较高的工商业和服务业。在这种情况下，集体的、个体的和私营的乡镇企业在农村开始出现。以集体的乡镇企业为例。1978—1983年，乡镇集体企业从业人员从2 826.56万增至3 234.64万，营业额从431.46亿元增至928.70亿元，增加值从209.39亿元增至408.14亿元，利润额从95.33亿元增至136.69亿元③。1984年3月1日中共中央、国务院转发农牧渔业部和部党组《关于开创社队企业新局面的报告》的通知，赞扬乡镇企业即“社（乡）队举办的企业、部分社员联营的合作企业、其他形式的合作企业和个体企业”有利于多种经营、以工补农、实现农民离土不离乡和妥善安排不断出现的多余劳动力④。

邓小平敏锐地觉察到乡镇企业在解决农村富余劳动力就业、增加农民收入等方面的巨大作用，曾多次给予高度评价和大力提倡。1985年11月19日邓小平指出，发展乡镇工业是农村改革的一大特点，有助于容纳农业剩余劳动力，“这个路子走对了”⑤。1986年5月10日他指出，农村改革中

① 中共中央文献研究室编《邓小平年谱（1975—1997）》，中央文献出版社，2004，第1281-1282页。

② 邓小平:《在武昌、深圳、珠海、上海等地的谈话要点》，载《邓小平文选》第3卷，人民出版社，1993，第371页。

③ 农业部乡镇企业局组编《中国乡镇企业统计资料（1978—2002年）》，中国农业出版社，2003，第9页。中华人民共和国农业部编《新中国农业60年统计资料》，中国农业出版社，2009，第47-56页。

④ 中共中央文献研究室编《十二大以来重要文献选编》(上)，人民出版社，1986，第439-441页。

⑤ 中共中央文献研究室编《邓小平年谱（1975—1997）》，中央文献出版社，2004，第1094-1095页。

农工结合局面和“乡镇工业”普遍出现，容纳农村剩余劳动力，“这是我们成功经验中很重要的一点”①。1987年3月27日他说，大量农业劳动力转移到新兴城镇和中小企业，这恐怕是“必由之路”②。1987年6月12日他说，乡镇企业的异军突起，是农村改革中“我们完全没有预料到的最大的收获”③。1987年8月29日他指出，改革开放后，农村有些变化出乎预料，那就是乡镇企业的发展，乡镇企业容纳农村一半剩余劳动力。他强调，发展乡镇企业并非领导人出的主意，而是基层农业单位和农民创造的，“把权力下放给基层和人民，这就是最大的民主”④。

在邓小平和中央的支持下，到1987年，全国乡镇企业从业人数达8 805万，产值占当年农村总产值的50.51%，首次超过农业产值⑤。1988年，乡镇企业总数达1 888.16万家，从业人数9 545.46万，营业额达61 20.70亿元，附加值达1 742.38亿元⑥。乡镇企业有助于提高农村的工业化和商品经济水平，有助于增加财政收入、提高政府效能，有助于增加农民收入、提高其生活质量，有助于提高城镇化水平，是改革开放初期我国经济的一支生力军。

第二节　新时代“三农”工作的直接历史基础

中共十一届三中全会后，家庭联产承包责任制打响农村改革第一枪。此后，乡镇企业异军突起、农民工进城打工，党和国家废除延续两千多年的农业税、统筹城乡发展、改善农村基础设施、发展农村社会事业，使农业农村发生巨变。其中中共十四大后至十八大前的“三农”工作，构成新时代“三农”工作最直接的历史基础。

---

① 中共中央文献研究室编《邓小平年谱（1975—1997）》，中央文献出版社，2004，第1116-1117页。

② 中共中央文献研究室编《邓小平年谱（1975—1997）》，中央文献出版社，2004，第1174页。

③ 邓小平:《改革的步子要加快》，载《邓小平文选》第3卷，人民出版社，1993，第237-239页。

④ 邓小平:《一切从社会主义初级阶段的实际出发》，载《邓小平文选》第3卷，人民出版社，1993，第251-252页。

⑤ 中共中央党史研究室编《中国共产党的九十年：改革开放和社会主义现代化建设新时期》，中共党史出版社与党建读物出版社，2016，第717页。

⑥ 陈锡文、罗丹、张征:《中国农村改革40年》，人民出版社，2018，第231页。

一、十四大后至十六大前的农业结构调整与扶贫攻坚工作

1992 年中共十四大后至 2002 年中共十六大前，以江泽民同志为核心的中央领导集体，在乡村农业领域着重调整农业结构并做好扶贫攻坚工作。

（一）调整农业结构，推进农业产业化经营

中共十四大后，中央加快建立社会主义市场经济体制，开始大力调整农业结构，积极发展把生产、加工和销售有机结合的农业产业化经营，最突出的表现是 1998 年 10 月中共十五届三中全会通过的《中共中央关于农业和农村工作若干重大问题的决定》①。该决定指出，必须稳定发展粮食生产，同时又要调整农村产业结构。调整和优化农村经济结构，要着眼于世界农业科技加速发展的趋势和我国人多地少的国情，适应国内外市场，依靠科技进步，发挥区域比较优势，增强市场竞争能力，提高农村经济素质和效益。具体而言，要全面发展农林牧副渔各业；重点围绕农副产品加工和发展优势产品，调整、提高农村工业；结合小城镇建设，大力发展第三产业②。

（二）实施国家八七扶贫攻坚计划，减少农村贫困人口

1994 年 2 月 28 日至 3 月 3 日，国务院召开全国扶贫开发工作会议，部署实施《国家八七扶贫攻坚计划（1994—2000 年）》，决定争取在 20 世纪末最后 7 年内基本解决 8 000 万贫困人口的温饱问题③。4 月 15 日，该计划印发并指出，目前的贫困人口占全国农村总人口的 8.87%，主要集中在国家重点扶持的 592 个贫困县，分布在中西部的深山区、石山区、荒漠区、高寒山区、黄土高原区、地方病高发区以及水库区，而且多为革命老区和少数民族地区。八七扶贫攻坚的奋斗目标是：解决贫困人口温饱问题、加强饮水、公路和用电等基础设施建设、改变教育文化卫生的落后

① 中共中央党史研究室编《中国共产党的九十年：改革开放和社会主义现代化建设新时期》，中共党史出版社与党建读物出版社，2016，第 814-816 页。

② 中共中央文献研究室编：《十五大以来重要文献选编》（上），人民出版社，2000，第 560、568 页。

③ 中共中央党史和文献研究院编《改革开放四十年大事记》，人民出版社，2018，第 41 页。

状况①。

1994—2000年，中央和地方各级政府每年投入的扶贫资金总额从97.85亿元增至248.15亿元，中央扶贫资金累计投入1 127亿元；到2000年年底，依据1978年的贫困标准，我国农村贫困人口降至3 209万人，约占农村总人口的3.5%②。

2001年，国家统计局农调队发布的《中国农村贫困监测报告》和国务院新闻办发布的《中国的农村扶贫开发》提供的数据显示：1994—2000年，在国家确定的贫困县，农业增加值年均增长7.5%，略高于全国7.0%的增速；粮食产量年均增长1.9%，是全国平均增速0.6%的3倍多；农民年人均纯收入从648元增至1 337元，年增长率12.8%，比全国平均增速高两个百分点③。2001年5月24日至25日，中央扶贫开发工作会议宣布，党中央、国务院确定的在20世纪末基本解决农村贫困人口温饱问题的战略目标已基本实现④。

二、中共十六大后至十八大前的废除农业税与建立农村社保体系

2002年中共十六大后至2012年中共十八大前，以胡锦涛同志为总书记的中央领导集体，在综合国力大大增强的形势下，为促进社会和谐，开始社会主义新农村建设，逐步调整工农、城乡关系，力图以工促农、以城带乡，发挥城市对农村的辐射和带动作用、发挥工业对农业的支持和反哺作用，降低农民负担并增加农民收入⑤。相关成就集中表现在以下两个方面。

（一）加快农村税费改革并废除农业税

从20世纪80年代初人民公社体制废除，到21世纪初农业税费改革

① 中共中央文献研究室编《十四大以来重要文献选编》(上)，中央文献出版社，2011，第673-675页。

② 中共中央党史研究室编《中国共产党的九十年：改革开放和社会主义现代化建设新时期》，中共党史出版社与党建读物出版社，2016，第814-816页。

③ 陈锡文、罗丹、张征：《中国农村改革40年》，人民出版社，2018，第397-398页。

④ 中共中央党史和文献研究院编《改革开放四十年大事记》，人民出版社，2018，第57页。

⑤ 胡锦涛：《关于工农城乡关系的两个趋向》，载《胡锦涛文选》第2卷，人民出版社，2016，第247-248页。

之前，农民除了向中央上缴农业税（有的地区农民还要缴纳农业特产税）外，还要向乡村两级提供“三提五统”，负担非常沉重[①]。

“三提五统”指三项村级提留和五项乡级统筹。村提留包括公积金、公益金和管理费，是村集体从农户收入中提取的费用，用于本村维持或扩大再生产、兴办公益事业和日常管理开支费用；乡统筹指乡镇合作经济组织向辖区农户和所属单位（乡镇、村办企业、联户企业）收取的费用，用于乡村两级办学（即农村教育事业费附加）、计划生育、优抚、民兵训练、修建乡村道路等民办公助事业的款项[②]。1988 年江西省梅林村农民除要缴纳农业税和农业特产税外，还要缴纳包括公积金、公益金、管理费和村上交在内的村提留以及包括计划生育、五保、优抚、植保、医疗、用水、广播、民兵训练等费用在内的乡统筹，负担很大[③]。

从 1989 年到 21 世纪初，农民还要负担“两工”。“两工”制度，是指农村义务工和劳动积累工制度，主要安排在冬春农闲时节。农村义务工，主要用于防汛、义务植树、公路建勤、修缮校舍等[④]。农村义务工投工量一般不大。劳动积累工则主要用于农田水利基本建设，一般情况下投工量较高。1989 年 10 月 15 日，《国务院关于大力开展农田水利基本建设的决定》提出要建立和完善“劳动积累工制度”，要求每个农村劳动力每年投于农田水利基本建设 10~20 个工日。20 世纪 90 年代末，劳动积累工制度达到顶峰。1998 年，当年农田水利基本建设投工量超过 100 亿个工日；此后几年，农民出工负担大大减轻，相关建设投工量迅速下降，到 2003 年降至 47 亿个工日，到 2004 年降至 30 亿个工日[⑤]。此后几年，“两工”完全取消。

---

① 有的农民将农村税费改革前的农业税称作“头税”，将村提留乡统筹合称“二税”，并说：制度化的“头税轻，二税重”，至于非制度化的集资摊派则是“无底洞”。此处基本不涉及非制度化的集资摊派问题。

② 陈柏峰：《乡村振兴战略背景下的村社集体：现状与未来》，《武汉大学学报》（哲学社会科学版），2018 年第 3 期，第 154-163 页。

③ 徐勇、邓大才、任路等著：《中国农民状况发展报告 2015》（经济卷），北京大学出版社，2018，第 362 页。

④ 陈柏峰：《乡村振兴战略背景下的村社集体：现状与未来》，《武汉大学学报》（哲学社会科学版），2018 年第 3 期，第 154-163 页。

⑤ 杨帅、董筱丹、温铁军：《农村基础设施长效投入的问题、经验与对策》，《中州学刊》，2014 年第 6 期，第 50-56 页。

2005 年 12 月 29 日，十届全国人大常委会第十九次会议决定，自 2006 年 1 月 1 日起废止全国人大常委会于 1958 年 6 月 3 日通过的《中华人民共和国农业税条例》，从而终结延续两千多年的“皇粮国税”，减轻了农民负担①。与 1999 年相比，2006 年全体农民负担降低 1 250 亿元，人均降低 140 多元，减负率达 80%②。

农业税费与“两工”制度被取消后，深刻改变了农民、其他村民、土地、粮食生产、村干部、乡镇、中央之间的关系。

此前，农民与其他村民的合作往往大于冲突，他们在拖欠税费、共出两工、流转土地等方面存在不同形式的合作关系。农业税费与“两工”制度被取消后，农民与其他村民之间已无税费和出工合作问题，却因种地有利可图而争夺耕地经营权。

此前，由于土地承担着各种税费，土地抛荒就意味着税费无所着落，基层政府便不允许撂荒，农户即使不耕种也得交税费。因此，这种流转不但没有报酬，有时还要补贴，最高时 1 亩③田需要 300 元补贴④。由于税费和“两工”负担沉重，种地种粮也没有任何补贴，农民多将土地和粮食生产视为包袱，甚至有人宁可提供税费并抛荒、宁可提供补贴并流转，也要外出务工。农业税费与“两工”制度被取消后，农民种地种粮还能获得多项农业补贴，种地种粮的比较利益上升，农民开始将土地视为收入来源和社会保障，此前抛荒或流转土地的农民也纷纷回村索要承包经营权，一度引起大量土地经营权纠纷。

此前，乡镇两级特别是村干部力图阻止本村农民抛荒或强迫本村农民延包土地，积极招徕外村农民务农定居并采取其他措施促进土地流转，旨在确保出工和税费，特别是保证村提留。当时湖北省京山县的乡村干部天天都在为土地上的负担而发愁，如果有人愿意接手土地，他们就会非常热情，乐意为外来移民的安家提供一切可能的帮助，包括为山区移民迁移全家户口，甚至专门开车去山区接农民来“考察”，这被称为“外出招农”。

---

① 中共中央文献研究室编《十六大以来重要文献选编》(下)，中央文献出版社，2011，第 138 页。

② 中共中央党史研究室编《中国共产党的九十年：改革开放和社会主义现代化建设新时期》，中共党史出版社与党建读物出版社，2016，第 909-911 页。

③ 1 亩≈666.667 平方米。

④ 陈柏峰：《半熟人社会：转型期乡村社会性质深描》，社会科学文献出版社，2019，第 100 页。

这种土地流转的合同中，不但有流转土地农民的签名，还有乡村干部的签名。外来农民按照预期长期限地获得了土地。

此外，京山县乡村干部还曾采取划片承包、低价承包、允许改变土地用途等举措，促进本村土地流转。划片承包，指村集体重分田地，把同一农户的田地集中在一起，以便修建小型水利设施和流转；低价承包，指村集体将抛荒耕地流转出去并收取较低税费；允许改变土地用途，指村集体将不易灌溉的岗田和不易排涝的洼地流转出去，允许岗田使用者种植速生杨、洼地使用者挖池养鱼。农业税费与“两工”制度被取消后，村干部的实际权力急剧萎缩，不再肩负催缴农业税费和“两工”之责，也没有获取村提留的权力，普遍不再关心土地与粮食生产，不再阻止本村农民抛荒，也不再积极招徕外村居民进村务农定居。例如，当时湖北省京山县的乡村干部不会帮外来农户迁入户口，因为他们已经意识到土地的效益。在他们看来，如果迁入户口，二轮承包期满后，就必须按照村民待遇给这些外来户分田，这样本地村民可供分配的承包地就会减少。当然，他们也不积极反对，因为反对会导致土地无法流转，从而得罪本地农户①。

农业税费与“两工”制度被取消后，乡镇不再肩负催缴农业税费和“两工”的职责，也无获取乡镇统筹的权力，涉农机构撤并，涉农职能压缩，涉农人员减少，乡镇在村实际权力和经济实力迅速下降，也不再关注村干部选举与乡村基础设施和公共服务问题。

此前，农民和中央之间存在缴纳和接收农业税费的关系，中央在农民眼中是汲取各种资源而拒不提供保障的权威机构。农业税费与“两工”制度被取消后，中央不再汲取农业收入，开始提供多项农业补贴，并以项目形式注入涉农资金，农民对中央的认同感明显增强。

（二）初步建立农村社会保障体系

这一时期，为了将农民纳入社会保障范围，国家依据广覆盖、保基本、多层次和可持续等原则，初步建立以新型农村合作医疗（“新农合”）、农村最低生活保障、新型农村社会养老保险等为主要内容的农村社会保障体系。中共十六大前夕，2002年10月19日，中共中央、国务院作出《关

---

① 陈柏峰：《半熟人社会：转型期乡村社会性质深描》，社会科学文献出版社，2019，第99-100页。

于进一步加强农村卫生工作的决定》，决定到2010年在全国农村基本建立起适应社会主义市场经济体制要求和农村经济社会发展水平的农村卫生服务体系和农村合作医疗制度；到2008年6月底，新型农村合作医疗制度覆盖到全国31个省、自治区、直辖市①。

2007年7月11日，国务院发出《关于在全国建立农村最低生活保障制度的通知》，将“符合条件的农村贫困人口”，即“家庭年人均纯收入低于当地最低生活保障标准的农村居民，主要是因病残、年老体弱、丧失劳动能力以及生存条件恶劣等原因造成生活常年困难的农村居民”，全部纳入保障范围，力图稳定、持久、有效地解决全国农村贫困人口的温饱问题②。

2009年9月1日，国务院印发《关于开展新型农村社会养老保险试点的指导意见》，依据“保基本、广覆盖、有弹性、可持续”的基本原则，探索建立个人缴费、集体补助、政府补贴相结合的新农保制度，实行社会统筹与个人账户相结合，与家庭养老、土地保障、社会救助等其他社会保障政策措施相配套，保障农村居民老年基本生活；2009年试点覆盖面为全国百分之十的县（市、区、旗），以后逐步扩大试点，在全国普遍实施，2020年之前基本实现对农村适龄居民的全覆盖③。

2011年6月7日，国务院印发《关于开展城镇居民社会养老保险试点的指导意见》，至2012年7月1日，我国基本实现社会养老保险制度全覆盖④。

到中共十八大召开前夕，中国已基本改变了农民的事农民办的做法，基本建立覆盖全国的免费义务教育制度、新型农村合作医疗制度、农村最低生活保障制度和新型农村社会养老保险制度，“在制度上实现了从无到有的历史性转变”⑤。

---

① 中共中央党史和文献研究院编《改革开放四十年大事记》，人民出版社，2018，第60-61页。

② 中共中央文献研究室编《十六大以来重要文献选编》（下），中央文献出版社，2011，第1096-1100页。

③ 中共中央文献研究室编《十七大以来重要文献选编》（中），中央文献出版社，2013，第113-118页。

④ 中共中央党史和文献研究院编《改革开放四十年大事记》，人民出版社，2018，第80页。

⑤ 习近平：《在中央农村工作会议上的讲话》（2013年12月23日），载中共中央文献研究室编《十八大以来重要文献选编》（上），中央文献出版社，2014，第682页。

第三节 习近平总书记关于农业农村战略地位的论述

中共十八大以来，习近平总书记非常重视“三农”工作和“三农”问题，并且多次围绕农业农村战略地位这一问题发表重要讲话。习近平总书记实际上已经指出，“三农”问题和“三农”工作的地位表现在历史、现实和未来三个维度。回顾历史，“三农”问题是“历史性课题”。在现实中，“三农”问题是“根本性问题”，而且“三农”工作是“重中之重”，因此必须坚持“优先发展”；新时代“三农”领域既有巨大成就也有明显不足。展望未来，“三农”是“大头重头”和“基础”；未来“三农”工作的目标就是推进乡村的物、人和治理现代化，实现强、美、富；若要实现农业农村现代化，必须实施乡村振兴战略，这是未来做好“三农”工作的总抓手。

一、回顾历史，“三农”问题是“历史性课题”

建设什么样的乡村、怎么建设乡村，是近代以来中华民族面对的一个“历史性课题”[①]。中国共产党和中华民族在面对这个历史性课题时发现，如果没有农业现代化，没有农村繁荣富强，没有农民安居乐业，国家现代化就“不完整、不全面、不牢靠”[②]。因此，历史经验教训告诉中国人，“任何时候都不能忽视农业、忘记农民、淡漠农村”[③]。

二、在现实中，“三农”问题是“根本性问题”，“三农”工作是“重中之重”

农业强不强、农村美不美、农民富不富，决定着亿万农民的获得感和

① 习近平：《在中央农村工作会议上的讲话》（2017 年 12 月 28 日），载中共中央党史和文献研究院编《习近平关于“三农”工作论述摘编》，中央文献出版社，2019，第 12 页。

② 习近平：《在江苏调研时的讲话》（2014 年 12 月 13、14 日），载中共中央党史和文献研究院编《习近平关于“三农”工作论述摘编》，中央文献出版社，2019，第 32 页。

③ 习近平：《在吉林调研时的讲话》（2015 年 7 月 16—18 日），载中共中央党史和文献研究院编：《习近平关于“三农”工作论述摘编》，中央文献出版社，2019，第 4 页。

幸福感，决定着我国全面小康社会的成色和社会主义现代化的质量①。由此可见，农业、农村、农民问题是关系国计民生的“根本性问题”，中共必须坚持农业农村“优先发展”，始终把解决好“三农”问题作为“全党工作重中之重”②。

新时代乡村农业领域的不足，主要表现在农业基础比较薄弱，还是四个现代化的“短腿”，表现在农村还是全面建成小康社会“最突出的短板”③。总体而言，当前农业基础还比较薄弱，农民年龄知识结构、农村社会建设和乡村治理方面存在的问题则更加突出。但是，新时代“三农”领域的相关成就和变革仍然是“历史性”的。十八大以来，中共加强和改善党对“三农”工作的领导，推动“三农”工作理论创新、实践创新、制度创新，使农业农村发展“取得了历史性成就，发生了历史性变革”，为党和国家事业全面开创新局面提供了有力支撑④。

三、展望未来，“三农”是“大头重头”和“基础”

如期实现第一个百年奋斗目标并向第二个百年奋斗目标迈进，最艰巨最繁重的任务在农村，最广泛最深厚的基础在农村，最大的潜力和后劲也在农村⑤。目前第一个百年奋斗目标刚刚实现，中国正在努力实现第二个百年奋斗目标。到 2035 年基本实现社会主义现代化，“大头重头在‘三农’”；到 2050 年把我国建成富强民主文明和谐美丽的社会主义现代化强国，“基础在‘三农’”⑥。

---

① 习近平：《在中央农村工作会议上的讲话》（2017 年 12 月 28 日），载中共中央党史和文献研究院编《习近平关于“三农”工作论述摘编》，中央文献出版社，2019，第 11 页。

② 习近平：《决胜全面建成小康社会　夺取新时代中国特色社会主义伟大胜利——在中国共产党第十九次全国代表大会上的报告》（2017 年 10 月 18 日），人民出版社，2017，第 32 页。

③ 习近平：《在中央农村工作会议上的讲话》（2013 年 12 月 23 日），载中共中央文献研究室编《十八大以来重要文献选编》（上），中央文献出版社，2014，第 658 页。习近平：《在中央农村工作会议上的讲话》（2017 年 12 月 28 日），载中共中央党史和文献研究院编《习近平关于“三农”工作论述摘编》，中央文献出版社，2019，第 11 页。

④ 习近平：《在中央农村工作会议上的讲话》（2017 年 12 月 28 日），载中共中央党史和文献研究院编《习近平关于“三农”工作论述摘编》，中央文献出版社，2019，第 7-9 页。

⑤ 习近平：《在中央农村工作会议上的讲话》（2017 年 12 月 28 日），载中共中央党史和文献研究院编：《习近平关于“三农”工作论述摘编》，中央文献出版社，2019，第 11 页。

⑥ 习近平：《在中央农村工作会议上的讲话》（2017 年 12 月 28 日），载中共中央党史和文献研究院编《习近平关于“三农”工作论述摘编》，中央文献出版社，2019，第 11 页。

实现两个一百年奋斗目标的过程，实际上就是实现农业农村现代化的过程。中国党和国家“三农”工作的目标，就是推进乡村的物、人和治理现代化，实现农业强、农村美、农民富[①]。如何实现强、美、富呢？必须加快推进农业农村现代化。如何处理农业现代化和农村现代化的关系呢？要坚持农业现代化和农村现代化一体设计、一并推进，实现中国从农业大国向农业强国跨越。农业现代化含义相对明晰，而农村现代化又有哪些内涵呢？“农村现代化既包括‘物’的现代化，也包括‘人’的现代化，还包括乡村治理体系和治理能力的现代化。”[②]若要实现农业农村现代化，必须实施乡村振兴战略，这是中国特色社会主义进入新时代做好“三农”工作的“总抓手”[③]。

2021年11月，十九届六中全会召开。全国农业农村工作者应通过深入学习领会党的十九届六中全会的核心要义和实践要求，全面系统学习领会习近平新时代中国特色社会主义思想；深刻理解“四个时期”的重大成就，充分认识三农在“两个大局”中的战略地位和历史使命，准确把握新时代三农历史方位；深刻理解“十个坚持”的宝贵经验，作为全面推进乡村振兴、加快农业农村现代化的根本准则，以史为鉴把稳三农前进方向。

第四节　“乡村振兴战略”概述

中国特色社会主义进入新时代后，解决“三农”问题更显迫切，发展“三农”事业具有更为扎实的物质基础和理论储备，“乡村振兴战略”适逢其时，成为新时代做好“三农”工作的总抓手。

本节主要依据2017年10月18日中共十九大报告关于“实施乡村振兴战略”的论述、2017年12月28日习近平总书记在中央农村工作会议上的讲话、2017年12月30日《人民日报》第1版关于中央农村工作会议的报道、2018年1月2日中央一号文件《中共中央 国务院关于实施乡村振

---

① 习近平：《在中央农村工作会议上的讲话》（2013年12月23日），载中共中央文献研究室编《十八大以来重要文献选编》（上），中央文献出版社，2014，第658页。

② 习近平：《在十九届中央政治局第八次集体学习时的讲话》（2018年9月21日），载中共中央党史和文献研究院编《习近平关于“三农”工作论述摘编》，中央文献出版社，2019，第45页。

③ 习近平：《在中央农村工作会议上的讲话》（2017年12月28日），载中共中央党史和文献研究院编《习近平关于“三农”工作论述摘编》，中央文献出版社，2019，第6页。

兴战略的意见》、2018 年 9 月习总书记在中共中央政治局第八次集体学习时关于乡村振兴战略的重要讲话，以及 2018 年 9 月中共中央和国务院印发的《乡村振兴战略规划（2018—2022 年）》，着力分析“乡村振兴战略”的产生与经纬。

一、“乡村振兴战略”的产生

（一）“乡村振兴战略”的提出

2017 年 10 月 18 日，习近平总书记在中共十九大报告第五部分“贯彻新发展理念，建设现代化经济体系”中，宏观论述了六个方面的具体举措，其中在乡村农业领域首次明确提出“坚持农业农村优先发展”，使之与“坚持就业优先战略”“坚持质量第一、效益优先”“优先发展教育事业”“坚持节约优先、保护优先……的方针”并列为报告中的“五个优先”——农业农村优先，就业优先，效益优先，教育优先，节约和保护优先；报告首次明确提出“实施乡村振兴战略”，从“建立健全城乡融合发展体制机制和政策体系，加快推进农业农村现代化”的角度概述“乡村振兴战略”的意义、总要求，并且在土地制度、粮食安全、农业支持保护制度、农业社会化服务体系、农村一二三产业融合发展、乡村治理等方面提出原则意见。相关论述合计 400 余字①。篇幅虽然很短，但涵盖“三农”事业的多方面内容。10 月 24 日，中共十九大部分修改并通过的《中国共产党章程》首次将“乡村振兴战略”写入党章，使之上升为全党意志，与科教兴国战略、人才强国战略、创新驱动发展战略、区域协调发展战略、可持续发展战略、军民融合发展战略并列为中国共产党当前实施的七大战略②。其他六大战略在此前中央文件和领导人重要讲话中都曾被提过，只有乡村振兴战略是被首次提出。因篇幅限制，党章并未阐述“乡村振兴战略”的内涵。

中共十九大结束后仅两个月，2017 年 12 月 28 日至 29 日，中央农村工作会议召开，分析农业、农村、农民工作的形势，并研究实施乡村振兴战

---

① 习近平：《决胜全面建成小康社会　夺取新时代中国特色社会主义伟大胜利——在中国共产党第十九次全国代表大会上的报告》（2017 年 10 月 18 日），人民出版社，2017，第 32 页。

② 《中国共产党章程》（中国共产党第十九次全国代表大会部分修改，2017 年 10 月 24 日通过），人民出版社，2017，第 9 页。

略的相关政策。习近平总书记在会上作重要讲话，再次强调并全面阐述“实施乡村振兴战略”，在简要论述“乡村振兴战略”的意义和总要求后，着重阐明七个方面的具体举措。这是习近平总书记在明确提出“乡村振兴战略”后首次详细论述该战略①。中央农村工作会议高度评价习近平总书记的上述重要讲话，认为实施乡村振兴战略是“中国特色社会主义进入新时代做好‘三农’工作的总抓手”，并提出实施乡村振兴战略的目标任务；中央农村工作会议及其讨论的《中共中央 国务院关于实施乡村振兴战略的意见（讨论稿）》，还提出“乡村振兴战略”的“七个坚持”：坚持党管农村工作，坚持农业农村优先发展，坚持农民主体地位，坚持乡村全面振兴，坚持城乡融合发展，坚持人与自然和谐共生，坚持因地制宜、循序渐进②。

中央农村工作会议结束后仅几天，2018年1月2日《中共中央、国务院关于实施乡村振兴战略的意见》公布，标志着“乡村振兴战略”首次被写入“中央一号文件”并成为文件主题。文件依据中共十九大和中央农村工作会议精神，着重从十个方面部署具体政策，合计16 000余字③。2018年9月，依据中央农村工作会议精神与《中共中央 国务院关于实施乡村振兴战略的意见》，中共中央、国务院印发《乡村振兴战略规划（2018—2022年）》，以11篇、37章、约5万字篇幅，对乡村振兴战略条分缕析，并加写“坚持改革创新、激发活力”，将“七个坚持”扩充为“八个坚持”④。至此，乡村振兴战略具有了完备的形态。

① 习近平：《走中国特色社会主义乡村振兴道路》（2017年12月28日），载习近平：《论坚持全面深化改革》，中央文献出版社，2018，第394-413页。

② 《中央农村工作会议在北京举行 习近平作重要讲话》，《人民日报》2017年12月30日，第1版。

③ 《中共中央、国务院关于实施乡村振兴战略的意见》（2018年1月2日），载中共中央党史和文献研究院编《十九大以来重要文献选编》（上），中央文献出版社，2019，第157-181页。

④ 《乡村振兴战略规划（2018－2022年）》，人民出版社，2018，第1-104页。关于坚持因地制宜、循序渐进，《乡村振兴战略规划（2018－2022年）》特别提出要分类推进乡村发展，根据不同村庄的发展现状、区位条件、资源禀赋等，区分集聚提升类、城郊融合类、特色保护类、搬迁撤并类村庄。具体而言，集聚提升类村庄指现有规模较大的中心村和其他仍将存续的一般村庄，占乡村类型的大多数，是乡村振兴的重点；城郊融合类村庄指城市近郊区以及县城城关镇所在地的村庄，具备成为城市后花园的优势，也具有向城市转型的条件；特色保护类村庄指历史文化名村、传统村落、少数民族特色村寨、特色景观旅游名村等自然历史文化特色资源丰富的村庄，是彰显和传承中华优秀传统文化的重要载体；搬迁撤并类村庄指位于生存条件恶劣、生态环境脆弱、自然灾害频发等地区的村庄，因重大项目建设需要搬迁的村庄，以及人口流失特别严重的村庄，可通过易地扶贫搬迁、生态宜居搬迁、农村集聚发展搬迁等方式，实施村庄搬迁撤并，统筹解决村民生计、生态保护等问题。

就在《乡村振兴战略规划（2018—2022年）》印发当月，习近平总书记完整提出该战略的总目标、总方针、总要求和制度保障。2018年9月21日他在十九届中央政治局第八次集体学习时指出，农业农村现代化是实施乡村振兴战略的总目标，坚持农业农村优先发展是总方针，产业兴旺、生态宜居、乡风文明、治理有效、生活富裕是总要求，建立健全城乡融合发展体制机制和政策体系是制度保障①。

2019年3月8日，习近平在全国两会期间参加农业大省、农村人口大省——河南代表团审议时，在此前相关阐述的基础上，继续强调这一战略的总要求、总目标、总方针和制度保障②。

（二）“乡村振兴战略”的意义

中共十九大提出实施乡村振兴战略的重大任务，在中国“三农”事业发展进程中具有里程碑意义。2017年10月18日，习近平总书记在中共十九大报告中指出，“农业、农村、农民问题”即“三农问题”是“关系国计民生的根本性问题”，因而必须始终把解决该问题“作为全党工作重中之重”③，实际上已经从宏观上揭示了乡村振兴战略的意义。2017年12月28日至29日，中央农村工作会议召开。习近平总书记在会上提出，实施乡村振兴战略，旨在让农业成为有奔头的产业，让农民成为有吸引力的职业，让农村成为安居乐业的美丽家园④。这句话形象地概述出这一战略的总目标，即发展“三农”事业。中央农村工作会议再次强调“三农”问题是关系国计民生的根本性问题，如果没有农业农村的现代化就没有国家的现代化，因此实施“乡村振兴战略”成为中国特色社会主义进入新时代做好“三农”工作的总抓手。会议指出“三个必然要求”，即实施乡村振兴战略，是解决人民日益增长的美好生活需要和不平衡不充分的发展之间矛盾的必然要求，是实现“两个一百年”奋斗目标的必然要求，是实现全体人民共同富裕的

---

① 习近平：《在十九届中央政治局第八次集体学习时的讲话》（2018年9月21日），载中共中央党史和文献研究院编《习近平关于“三农”工作论述摘编》，中央文献出版社，2019，第21页。

② 《习近平李克强王沪宁韩正分别参加全国人大会议一些代表团审议》（2019年3月8日），《人民日报》2019年3月9日，第1版。

③ 习近平：《决胜全面建成小康社会　夺取新时代中国特色社会主义伟大胜利——在中国共产党第十九次全国代表大会上的报告》，人民出版社，2017，第32页。

④ 习近平：《走中国特色社会主义乡村振兴道路》（2017年12月28日），载习近平：《论坚持全面深化改革》，中央文献出版社，2018，第394页。

必然要求①。

2018年1月2日，《中共中央 国务院关于实施乡村振兴战略的意见》首先用800多字强调新时代实施这一战略的重大意义。文件重申党的十九大报告和中央农村工作会议的重要论断，详述“三农”问题的突出表现②。2018年秋，中共中央、国务院印发《乡村振兴战略规划（2018－2022年）》，以3 000字篇幅阐述“规划背景”，着重说明乡村振兴战略的意义。规划指出：实施乡村振兴战略，是建设现代化经济体系的重要基础，产业兴旺是重点；是建设美丽中国的关键举措，生态宜居是关键；是传承中华优秀传统文化的有效途径，乡风文明是保障；是健全现代社会治理格局的固本之策，治理有效是基础；是实现全体人民共同富裕的必然选择，生活富裕是根本③。

二、“乡村振兴战略”的经纬

（一）乡村振兴战略的“经”——目标任务

2019年3月8日，习近平在全国两会期间参加农业大省、农村人口大省——河南代表团审议时明确指出，实施乡村振兴战略的总目标是农业农村现代化④。显然，这个总目标将分阶段实现。

中共十九大报告在综合分析国际国内形势和中国发展条件的基础上，首次明确提出新时代中国特色社会主义发展的战略安排，即2020年全面建成小康社会，到2035年基本实现现代化，再到21世纪中叶全面建成社会主义现代化强国⑤。习近平总书记2017年12月28日在中央工作会议上指出：到2020年全面建成小康社会“最突出的短板在‘三农’”；到2035年基本实现社会主义现代化“大头重头在‘三农’”；到2050年把我国建

---

① 《中央农村工作会议在北京举行 习近平作重要讲话》，《人民日报》2017年12月30日，第1版。

② 《中共中央、国务院关于实施乡村振兴战略的意见》（2018年1月2日），载中共中央党史和文献研究院编《十九大以来重要文献选编》（上），中央文献出版社，2019，第187-188页。

③ 中共中央、国务院《乡村振兴战略规划（2018—2022年）》，人民出版社，2018，第4-5页。

④ 《习近平李克强王沪宁韩正分别参加全国人大会议一些代表团审议》（2019年3月8日），载《人民日报》2019年3月9日，第1版。

⑤ 习近平：《决胜全面建成小康社会　夺取新时代中国特色社会主义伟大胜利——在中国共产党第十九次全国代表大会上的报告》（2017年10月18日），人民出版社，2017，第28-29页。

成富强民主文明和谐美丽的社会主义现代化强国“基础在‘三农’”[①]。按照中共十九大提出的决胜全面建成小康社会、分两个阶段实现第二个百年奋斗目标的战略安排，根据习近平总书记2017年12月28日在中央工作会议上的重要讲话，2018年1月2日《中共中央 国务院关于实施乡村振兴战略的意见》提出，实施乡村振兴战略的目标任务是：到2020年，乡村振兴取得“重要进展”，制度框架和政策体系基本形成；到2035年，乡村振兴取得“决定性进展”，农业农村现代化“基本实现”；到2050年，乡村“全面振兴”，农业强、农村美、农民富“全面实现”[②]。依据十九大报告、习近平总书记2017年12月28日在中央工作会议上的重要讲话和2018年中央一号文件关于今后三十余年的战略安排，《乡村振兴战略规划（2018—2022）》重申上述战略安排[③]。目标任务，就是乡村振兴战略的“经”。

由此可见，中共十九大提出的“乡村振兴战略”，并非当前发展“三农”事业的权宜之计，而是着眼未来30多年“两个一百年”奋斗目标的战略举措，贯穿到2020年全面建成小康社会、2035年基本实现社会主义现代化、21世纪中叶建成富强民主文明和谐美丽的社会主义现代化强国全过程。

（二）乡村振兴战略的“纬”：总要求

“三农”问题不但是经济问题，而且牵涉政治、文化、社会和生态领域；“三农”事业不仅是经济建设，而且包括政治建设、文化建设、社会建设和生态文明建设。2005年10月11日，中共十六届五中全会通过《中共中央关于制定国民经济和社会发展第十一个五年规划的建议》，提出要按照“生产发展、生活宽裕、乡风文明、村容整洁、管理民主”的要求推进新农村建设[④]；同年12月31日，中共中央、国务院发出《关于推进社会主

① 习近平：《在中央农村工作会议上的讲话》（2017年12月28日），载中共中央党史和文献研究院编《习近平关于“三农”工作论述摘编》，中央文献出版社，2019，第11页。

② 《中共中央、国务院关于实施乡村振兴战略的意见》（2018年1月2日），载中共中央党史和文献研究院编《十九大以来重要文献选编》（上），中央文献出版社，2019，第159-160页。

③ 中共中央、国务院《乡村振兴战略规划（2018—2022年）》，人民出版社，2018，第13-17页。

④ 《中共中央关于制定国民经济和社会发展第十一个五年规划的建议》（2005年10月11日），载中共中央文献研究室编《十六大以来重要文献选编》（中），中央文献出版社，2011，第1066页。

义新农村建设的若干意见》，重申上述要求[①]。在这个基础上，2017年10月18日，习近平总书记在中共十九大报告中提出“要坚持农业农村优先发展”，首次提出“乡村振兴战略”及其“总要求”，即“产业兴旺、生态宜居、乡风文明、治理有效、生活富裕”[②]。“总要求”就是乡村振兴战略的“纬”。

“产业兴旺”取代“生产发展”，可以涵盖流通和消费环节，更加突出供给侧结构性改革这条主线，反映农业农村经济适应市场需求变化、加快优化升级、促进产业融合的新要求。“生活富裕”取代“生活宽裕”，是因为中国特色社会主义进入新时代后我国社会的主要矛盾发生转化，从需求角度看，“美好生活需要”在深度和广度上已经超过“物质文化需要”。“村容整洁”变成“生态宜居”，显然是因为后者不仅包含前者，而且涉及水环境、大气治理、垃圾处理、土壤质量、生物多样性等更为广阔的内容，反映农村生态文明建设质的提升并体现农民对建设美丽家园的追求。“管理民主”变成“治理有效”，内涵更为准确，突出国家治理体系和治理能力现代化取向，旨在推进乡村治理能力和水平现代化，让农村既充满活力又和谐有序。只有“乡风文明”这个提法保持不变，重点是弘扬社会主义核心价值观，保护和传承农村优秀传统文化，加强农村公共文化建设，开展移风易俗。

2017年12月28日，习近平总书记在中央农村工作会议上重申这一总要求，并指出要以产业兴旺为重点、生态宜居为关键、乡风文明为保障、治理有效为基础、生活富裕为根本[③]。这一表述被2018年1月2日《中共中央 国务院关于实施乡村振兴战略的意见》和2018年9月《乡村振兴战略规划（2018—2022年）》继承下来。这一表述也将成为本书后续章节的基本线索。产业兴旺涉及经济建设、物质文明和经济现代化，生态宜居涉及生态文明建设、生态文明和生态现代化，乡风文明涉及文化建设、精神文明和文化现代化，治理有效涉及政治建设、政治文明和

① 《中共中央、国务院关于推进社会主义新农村建设的若干意见》（2005年12月31日），载中共中央文献研究室编《十六大以来重要文献选编》（下），中央文献出版社，2011，第139-141页。

② 习近平：《决胜全面建成小康社会　夺取新时代中国特色社会主义伟大胜利——在中国共产党第十九次全国代表大会上的报告》（2017年10月18日），人民出版社，2017，第32页。

③ 习近平：《走中国特色社会主义乡村振兴道路》（2017年12月28日），载《论坚持全面深化改革》，中央文献出版社，2018，第394-395页。

政治现代化，生活富裕涉及社会建设、社会文明和社会现代化，这个“总要求”是党的社会主义初级阶段基本路线“富强、民主、文明、和谐、美丽”五大目标在农业、农村、重视农民中的具体体现，是“五位一体”总体布局在“三农”事业上的逻辑延伸。

第四章　深化农村土地制度改革

土地是最为基本的农业生产资料，其重要性在耕地资源稀缺而人口数量巨大的中国显而易见。土地制度则构成农业生产关系的核心因素。本章所指的土地制度主要涉及农用地特别是耕地的所有制、承包经营制等制度安排。中国农村改革是从调整农民和土地的关系开启的，其主线是处理好农民和土地的关系[①]。中国农村土地制度改革的方向，在理论上不外乎以下几种：坚持集体所有制不变，改为土地国有制，改为土地私有制。在实践中，党和政府选择的是农村土地集体所有制。自20世纪50年代农业社会主义改造完成后，中国共产党和中国政府一贯坚持农村土地集体所有制；改革开放以来，党和政府不断扩大农户的生产自主权，主要表现在稳定农户承包权方面；中共十八大以来，党和政府强调放活土地经营权。本章主要论述农村集体所有的农用地“所有权”“承包权”和“使用权”的“三权分置”。三权分置特指落实集体所有权、稳定农户承包权、放活土地经营权，即坚持集体对土地的所有权、保障农户对土地的承包权、用活土地经营权[②]。

第一节　坚持集体所有制

理解中国农村现行土地制度，是坚持农村土地集体所有制的前提。厘清全国土地的类型划分，则是理解农村土地制度的关键。根据现行《中华人民共和国宪法》和《中华人民共和国土地管理法》的规定，中国土地在用途上分为农用地、建设用地和未利用地，在所有权上分为国有土地和集体土地。因此，农村集体土地包括集体所有的农用地、建设用地和未利用地，其主体是集体所有的农用地特别是耕地。

---

① 习近平：《在农村改革座谈会上的讲话》（2016年4月25日），载《论坚持全面深化改革》，中央文献出版社，2018，第258-259页。

② 习近平：《坚持和完善农村基本经营制度》（2013年12月23日），载《论坚持全面深化改革》，中央文献出版社，2018，第71、73页。

一、农用地、建设用地和未利用地

20 世纪末以来中国实行土地用途管制制度，根据用途差异，将全国土地划分为农用地、建设用地和未利用地三类。农用地指直接用于农业生产的土地，包括耕地、林地、草地、农田水利用地、养殖水面等；建设用地指建造建筑物、构筑物的土地，包括城乡住宅和公共设施用地、工矿用地、交通水利设施用地、旅游用地、军事设施用地等；未利用地是个剩余概念，指除农用地和建设用地以外的土地。国家严格限制农用地转为建设用地，控制建设用地总量，对耕地实行特殊保护①。21 世纪初开始实施的《中华人民共和国农村土地承包法》涉及农村农用地承包制度，同样严格限制农用地非农化，强调发包方与承包方均有义务维持农用地的农业用途，未经依法批准不得将农用地用于非农建设②。

二、国有土地和集体土地

中华人民共和国实行土地的社会主义公有制，即全民所有制和劳动群众集体所有制；全民所有的土地，即国家所有的土地，其所有权由国务院代表国家行使；劳动群众集体所有的土地，特指农民集体所有的土地③。也就是说，从土地所有权性质上讲，中国土地分为国有土地和农民集体所有土地。国有土地包括城市土地以及矿藏、水流、森林、山岭、草原、荒地、滩涂等自然资源；但由法律规定属于集体所有的森林和山岭、草原、荒地、滩涂除外。农村土地以及城市郊区土地，除由法律规定属于国家所有的以外，属于集体所有；宅基地和自留地、自留山也属于集体所有④。

国有土地和集体土地的内涵和外延，自《中华人民共和国宪法（1982

① 《中华人民共和国土地管理法》（1986 年 6 月 25 日第六届全国人大常委会第十六次会议通过，2019 年 8 月 26 日第三次修正文本），中国法制出版社，2019，第 15-16 页。该法关于土地用途划分的规定，依据 1998 年 8 月 29 日九届全国人大常委会第四次会议关于修改《中华人民共和国土地管理法》的决定。

② 《中华人民共和国土地承包法》（2002 年 8 月 29 日第九届全国人大常委会第二十九次会议通过，2018 年 12 月 29 日第二次修正文本），中国法制出版社，2018，第 10-22 页。

③ 《中华人民共和国土地管理法》（1986 年 6 月 25 日第六届全国人大常委会第十六次会议通过，2019 年 8 月 26 日第三次修正文本），中国法制出版社，2019，第 15 页。

④ 《中华人民共和国宪法》（2018 年 3 月 11 日修正文本），中国法制出版社，2018，第 10 页。

年)》（简称《八二宪法》）颁布之日起长期保持稳定。《八二宪法》在新中国历史上首次规定城市土地均为国有土地，并首次在法律层面规定农村宅基地为集体所有。1962 年 9 月 27 日中共八届十中全会通过的《农村人民公社工作条例修正草案》，则是首次规定宅基地归农村集体所有的中共中央文件。该草案第二十一条明确规定，生产队范围内的土地，包括社员的自留地、自留山、宅基地等在内，都归生产队所有，一律不准出租和买卖[①]。

农村集体土地面积广大但权属模糊、异常分散，使其在面积较小但权属清晰、相对集中的城市国有土地面前，更显弱势和另类。由国务院代表国家行使所有权的国有土地，由农民集体所有的主要作为宅基地和农用地的集体土地，两者的法律地位不同。现行《中华人民共和国土地管理法》第四十五条规定：国家“为了公共利益的需要”可以依法征收“农民集体所有的土地”[②]。征地补偿标准差异则是两类土地地位迥异的真实写照。

2019 年前实施的原《中华人民共和国土地管理法》第四十七条规定，国家征收土地时，按照被征收土地的“原用途”补偿被征地农民。征收耕地的补偿费用包括三项——土地补偿费，安置补助费以及地上附着物、青苗的补偿费。征收耕地的土地补偿费，为该耕地被征收前三年平均年产值的六至十倍。每一个需要安置的农业人口的安置补助费标准，为该耕地被征收前三年平均年产值的四至六倍；每公顷被征收耕地的安置补助费，最高不得超过被征收前三年平均年产值的十五倍。土地补偿费和安置补助费的总和不得超过土地被征收前三年平均年产值的三十倍（最初规定为二十倍）[③]。

2019 年以前，征地补偿标准过低，补偿款未能及时到位，征地程序不够透明，村委会代为收款和分配，使失地农民所得无几，失地农民与拆迁农户的就业问题与住房问题难以解决，因此，群访、重访、激访、越级访甚至进京访屡见不鲜。农村土地征用引发的矛盾尽管集中体现在城乡接合

---

① 中央档案馆、中共中央文献研究室编《中共中央文件选集（1949 年 10 月——1966 年 5 月）》第 41 册，人民出版社，2013，第 100 页。

② 《中华人民共和国土地管理法》（1986 年 6 月 25 日第六届全国人大常委会第十六次会议通过，2019 年 8 月 26 日第三次修正文本），中国法制出版社，2019，第 25-26 页。

③ 《中华人民共和国土地管理法》（1986 年 6 月 25 日第六届全国人大常委会第十六次会议通过，2004 年 8 月 28 日第二次修正文本），中国法制出版社，2015，第 16-17 页。

部与交通干线周边，但是往往带有较多的暴力色彩，而且与地权性质和土地用途变更有关，常常涉及农民信访的其他问题（特别是村务管理纠纷，以及外嫁女、离婚女、毕业生等特殊群体的利益保护），以及工商交通运输业和城市居民，集中体现地方政府、工商企业、城市居民、乡村“两委”与弱势农民间的利害冲突。

现行《中华人民共和国土地管理法》第四十八条则规定：国家征收土地时，应当给予被征地农民公平、合理的补偿，保障其“原有生活水平不降低、长远生计有保障”。征地补偿费用包括四项——土地补偿费，安置补助费，农村村民住宅、其他地上附着物和青苗等的补偿费用以及被征地农民的社会保障费用。征收农用地的土地补偿费、安置补助费标准由省、自治区、直辖市通过制定公布区片综合地价确定；区片综合地价应当综合考虑土地原用途、土地资源条件、土地产值、土地区位、土地供求关系、人口以及经济社会发展水平等因素，并至少每三年调整或者重新公布一次。对其中的农村村民住宅，应当按照先补偿后搬迁、居住条件有改善的原则，尊重农村村民意愿，采取重新安排宅基地建房、提供安置房或者货币补偿等方式给予公平、合理的补偿，并对因征收造成的搬迁、临时安置等费用予以补偿，保障农村村民居住的权利和合法的住房财产权益。县级以上地方人民政府应当将被征地农民纳入相应的养老等社会保障体系；被征地农民的社会保障费用主要用于符合条件的被征地农民的养老保险等社会保险缴费补贴①。

与原土地管理法第四十七条相比，现行土地管理法第四十八条有四点最值得注意：使被征地农户有权享受被征地用途改变之后产生的部分增值；补偿费用中新增被征地农民的社会保障费用；补偿费用不封顶；强调对地上附着物中的村民住宅实施“先补偿后搬迁、居住条件有改善的原则”。

三、习近平关于坚持农村土地集体所有的论述

改革开放后，以家庭承包经营为基础、统分结合的双层经营体制，是中国农村基本经营制度。这个制度非常重要。农村基本经营制度是乡村振

① 《中华人民共和国土地管理法》（1986 年 6 月 25 日第六届全国人大常委会第十六次会议通过，2019 年 8 月 26 日第三次修正文本），中国法制出版社，2019，第 27-28 页。

兴的“制度基础”[①]，是党的农村政策的“基石”，若要坚持党的农村政策首要的就是坚持农村基本经营制度[②]。改革开放以来，农村基本经营制度与农村土地集体所有制紧密结合。农村基本经营制度是农村土地集体所有制的“实现形式”，农村土地集体所有权是土地承包经营权的“基础和本位”，因此坚持农村土地农民集体所有是坚持农村基本经营制度的“魂”，农村土地属于农民集体所有“这是农村最大的制度”[③]。

鉴于改革开放以来中国农村基本经营制度的重要地位及其与农村土地集体所有制的密切联系，习近平总书记强调，必须“落实集体所有权”，或曰“坚持集体对土地的所有权”[④]。2013 年 12 月 23 日与 2017 年 12 月 28 日，习近平两次在中央农村工作会议上提出农村土地制度改革的四条底线，即“四个不能”，明确表示，农村土地制度改革不管怎么改，“不能把农村土地集体所有制改垮了”[⑤]。

四、农村集体经济组织的土地所有权

农村集体经济组织与农村土地集体所有制紧密关联。农村土地集体所有制是农村集体经济组织存在的充分条件；农村集体经济组织是建立在农民集体土地所有权基础上的经济组织，是农民行使其集体土地所有权的委托代理人。因此，具有基础性地位的农村集体经济组织，应当是拥有土地集体所有权的组织[⑥]。即农业合作化时期的初级农业生产合作社，人民公社时期的生产队或小队（坐落于北方平原地区的某些大自然村除外，当地农村集体经济组织是高级社和后来的生产大队），还有人民公社体制瓦解后

① 习近平：《走中国特色社会主义乡村振兴道路》（2017 年 12 月 28 日），载《论坚持全面深化改革》，中央文献出版社，2018，第 397 页。

② 习近平：《坚持和完善农村基本经营制度》（2013 年 12 月 23 日），载《论坚持全面深化改革》，中央文献出版社，2018，第 70-71 页。

③ 习近平：《坚持和完善农村基本经营制度》（2013 年 12 月 23 日），载《论坚持全面深化改革》，中央文献出版社，2018，第 70-71 页。

④ 习近平：《坚持和完善农村基本经营制度》（2013 年 12 月 23 日），载《论坚持全面深化改革》，中央文献出版社，2018，第 70-73 页。

⑤ 习近平：《在中央农村工作会议上的讲话》（2013 年 12 月 23 日），载中共中央文献研究室编：《十八大以来重要文献选编》（上），中央文献出版社，2014，第 671 页；习近平：《在中央农村工作会议上的讲话》（2017 年 12 月 28 日），载中共中央党史和文献研究院编《习近平关于“三农”工作论述摘编》，中央文献出版社，2019，第 63 页。

⑥ 陈锡文、罗丹、张征：《中国农村改革 40 年》，人民出版社，2018，第 81-89 页。

的自然村或村民小组。20世纪60年代初人民公社制度调整时期确立的“三级所有，队为基础”的土地制度，既是改革开放初期农村土地制度改革的对象（取消其集体经营制度），又是其前提（承认其集体所有制度）。因此，人民公社体制被废除后，农村“集体”既可被理解为村民小组（原生产队或小队），也可被理解为行政村（原生产大队），甚至可被理解为乡镇（大体上相当于原人民公社）。人民公社体制瓦解后农村集体经济组织的土地，“既是分层所有的，又是分别所有的”。所谓“分层所有”，指农村集体土地分布于乡镇、村、村民小组三个层次的集体经济组织中，三层集体经济组织各自所有的土地不存在隶属关系，分别属于本层次集体经济组织成员所有。“分别所有”，指各村民小组之间、各村集体经济组织之间、各乡镇集体经济组织之间的土地所有权均独立存在，彼此无隶属关系，不能被随意调整或占有①。由此可见，农村集体土地或农村土地集体所有制或农村集体经济组织，含义最模糊的地方在于“集体”。

但这个模糊的“集体”，却成为土地承包法所规定的发包方，享有明确的法定权利，这些权利实际上是土地所有权的实现形式。综合考察现行《中华人民共和国农村土地承包法》第四、十四、六十三和六十四条可以发现，农村集体土地的发包方有权“发包”本集体所有的或者国家所有依法由本集体使用的农村土地，有权“监督”承包方依照承包合同约定的用途合理利用和保护土地，有权“制止”承包方损害承包地和农业资源的行为。

关于发包，现行《中华人民共和国农村土地承包法》明确规定，农民集体所有的土地，如果依法属于村农民集体所有，就由村集体经济组织或者村民委员会发包；如果已经分别属于村内两个以上农村集体经济组织的农民集体所有，就由村内各该农村集体经济组织或者村民小组发包；国家所有但依法由农民集体使用的农村土地，则由使用该土地的农村集体经济组织、村民委员会或者村民小组发包。该法之所以将农村集体经济组织与村委会分开表述，一是为了鼓励政社分开；二是确认某些行政村村委会并非农村集体经济组织，即便在获准代行农村集体经济组织的发包职能时，也不得改变与侵害自然村和村民小组的土地所有权。

关于监督，现行《中华人民共和国农村土地承包法》明确规定，如果

① 陈锡文、罗丹、张征：《中国农村改革40年》，人民出版社，2018，第81-89页。

土地经营权人擅自改变土地的农业用途，弃耕抛荒连续两年以上，给土地造成严重损害或者严重破坏土地生态环境，同时承包方在合理期限内又不解除土地经营权流转合同，发包方就有权要求终止土地经营权流转合同。

关于制止，现行《中华人民共和国农村土地承包法》规定，如果承包方给承包地造成永久性损害，发包方就有权制止并有权要求赔偿由此造成的损失①。

发包、监督和制止等权利，实际上是农村集体土地所有权的实现形式。现行《中华人民共和国农村土地承包法》明确规定，农村土地被承包后，土地所有权性质不变，承包地不得买卖。上述规定说明，承包地的承包经营权与所有权的关系，不同于明清时期“田皮”与“田骨”的关系、“田面”和“田底”的关系，即农村集体土地并不存在所谓的“一田二主”。

第二节 稳定农户承包权

在1986年《中华人民共和国土地管理法》颁布前，通常由中共中央、国务院文件来确认或调整农村土地承包关系（详见第三章）。《中华人民共和国土地管理法》实施后特别是2002年《中华人民共和国农村土地承包法》颁布后，同时由中央文件和若干法律来确认或调整农村土地承包关系，中央文件比法律更具灵活性，法律规定则往往具有滞后性。

一、关于稳定农户承包权的法律规定

1986年颁布的《中华人民共和国土地管理法》首次明确规定，农户的承包经营权受法律保护。经过三次修正的现行《中华人民共和国土地管理法》第十三条规定，农民集体所有和国家所有依法由农民集体使用的耕地、林地、草地以及其他依法用于农业的土地，采取农村集体经济组织内部的家庭承包方式承包；家庭承包耕地的承包期为三十年，草地的承包期为三十年至五十年，林地的承包期为三十年至七十年；耕地承包期届满后

---

① 《中华人民共和国土地承包法》（2002年8月29日第九届全国人大常委会第二十九次会议通过，2018年12月29日第二次修正文本），中国法制出版社，2018，第10-22页。

再延长三十年，草地、林地承包期届满后依法相应延长[①]。1993 年 3 月 29 日第八届全国人大第一次会议通过的《中华人民共和国宪法修正案》修改第八条第一款，首次将家庭联产承包责任制写入国家根本大法，明确规定农村中的家庭联产承包为主的责任制和生产、供销、信用、消费等各种形式的合作经济，是“社会主义劳动群众集体所有制经济”；1999 年 3 月 15 日第九届全国人大第二次会议通过的《中华人民共和国宪法修正案》再次修改第八条第一款，明确规定农村集体经济组织“实行家庭承包经营为基础、统分结合的双层经营体制”[②]。但是，在 2002 年以前，中国尚未出台一部关于农村土地承包的专门法律，也尚未规定农户承包经营权究竟是否属于用益物权。

2002 年 8 月《中华人民共和国农村土地承包法》公布，这是新中国历史上第一部关于农村土地承包的专门法律。经过 2009 年 8 月和 2018 年 12 月两次修正后，现行《中华人民共和国农村土地承包法》侧重保护农户的承包经营权。综合考察该法第五、十六、十七、二十一、二十七、二十九、五十七条可以发现，农村集体经济组织成员有权依法承包由本集体经济组织发包的农村土地，家庭承包的承包方是本集体经济组织的农户，农户内家庭成员依法平等享有承包土地的各项权益。上述规定已经明确农村农用地承包的发包方和承包方。该法多次规定，承包方拥有多种土地权利，尤其是可以“互换、转让”承包经营权并“流转”土地经营权。关于承包期限，该法规定，耕地的承包期为三十年，耕地承包期届满后再延长三十年，发包方在承包期内不得调整承包地[③]。在禁止调整承包地、增人不增地、减人不减地的情况下，以上规定在理论上意味着村集体每个成员所持承包地面积因每户人数不同以及人数增减而有差异和变化[④]。但是，该法

① 《中华人民共和国土地管理法》（1986 年 6 月 25 日第六届全国人大常委会第十六次会议通过，2019 年 8 月 26 日第三次修正文本），中国法制出版社，2019，第 17 页。

② 《中华人民共和国宪法》（2018 年 3 月 11 日修正文本），中国法制出版社，2018，第 48、54 页。

③ 《中华人民共和国土地承包法》（2002 年 8 月 29 日第九届全国人大常委会第二十九次会议通过，2018 年 12 月 29 日第二次修正文本），中国法制出版社，2018，第 10-22 页。

④ 关于农户中成员之间围绕土地承包合同的财产关系，中国社科院法学研究所的渠涛从民法角度指出：这种财产关系，“所有权的基本形态为不可分割的合有（共同共有）”；“成员之间关系准用合伙制度”，“合伙人的入伙退伙需要分为自然和人为”；成员若离开合伙体生活，或通过退伙对其他合伙人行使“持份买受请求权”，或不退伙而行使“收益分配请求权”。详见渠涛：《农户承包集体土地合同上的财产关系》，《北方法学》2014 年第 8 卷第 2 期，第 29-33 页。

又明确规定，若出现承包地在承包期内遭到自然灾害严重毁损等特殊情形，经本集体经济组织成员村民会议三分之二以上成员或三分之二以上村民代表同意，并报乡（镇）人民政府和县级人民政府农业农村、林业和草原等主管部门批准，发包方可以调整承包地[①]。上述规定使发包方事实上有权调整承包地，尤其是有机动地和荒地的发包方。有学者在调研中发现，许多农村集体经济组织一直存在调整承包地的做法，既有“打乱重调”的大调整，又有“多退少补”的小调整，大、小调整形式均多种多样[②]。

2007年3月16日第十届全国人大第五次会议通过的《中华人民共和国物权法》，其第十一章“土地承包经营权”隶属第三编“用益物权”，表明该法将土地承包经营权界定为“用益物权”。同样隶属第三编的第十章“一般规定”第一百一十七和一百一十八条明确规定，用益物权人对他人所有的不动产或动产，依法享有“占有、使用和收益”的权利；国家所有或者国家所有由集体使用以及法律规定属于集体所有的自然资源，单位和个人依法可以占有、使用和收益[③]。综合以上规定可以发现，土地承包经营权意味着承包经营者是土地的用益物权人，对土地享有占有、使用和收益权。

二、1986—2012年关于稳定农户承包权的中央文件

1993年11月5日，《中共中央 国务院关于当前农业和农村经济发展的若干政策措施》指出，为了稳定农村土地承包关系，鼓励农民增加农业投入进而提高土地生产率，规定“在原定的耕地承包期到期之后，再延长三十年不变”；开垦荒地、营造林地、治沙改土等开发性生产者，“承包期可以更长”。为避免承包耕地频繁变动、防止耕地经营规模不断被细分，“提倡”在承包期内实行“增人不增地、减人不减地”的办法[④]。1998年10

① 《中华人民共和国土地承包法》（2002年8月29日第九届全国人大常委会第二十九次会议通过，2018年12月29日第二次修正文本），中国法制出版社，2018，第10-22页。

② 陈柏峰：《乡村振兴战略背景下的村社集体：现状与未来》，《武汉大学学报》（哲学社会科学版，2018年第3期，第154-163页。

③ 《中华人民共和国物权法》（2007年3月16日第十届全国人大第五次会议通过），中国法制出版社，2016，第26-29页。

④ 中共中央文献研究室编《十四大以来重要文献选编》(上)，中央文献出版社，2011，第417-418页。

月 14 日中共十五届三中全会通过的《中共中央关于农业和农村工作若干重大问题的决定》提出，要坚定不移地贯彻“土地承包期再延长三十年的政策”，同时要抓紧制定确保农村土地承包关系长期稳定的法律法规，赋予农民“长期而有保障的土地使用权”[①]。

2008 年 10 月 12 日，中共十七届三中全会审议通过的《中共中央关于推进农村改革发展若干重大问题的决定》规定，现有土地承包关系要保持稳定并长久不变，赋予农民更加充分而有保障的土地承包经营权。具体做法是，依法保障农民对承包土地的“占有、使用、收益等权利”，允许农民以“转包、出租、互换、转让、股份合作等形式”流转土地承包经营权进而发展多种形式适度规模经营[②]。为了贯彻上述文件的精神，2011 年国土资源部、财政部、农业部联合下发《关于加快推进农村集体土地确权登记发证工作的通知》（国土资发〔2011〕60 号），进一步规范和加快推进农村集体土地确权登记发证工作。

三、中共十八大以来关于稳定农户承包权的重要论述与中央文件

农村税费改革后至中共十八大以前，农村集体土地承包经营权的流转，常常出现流转程序不够规范、发包方与承租方单方毁约等现象，这主要表现在两个方面。

一是土地承包合同尚未到期，但是发包方村委会与承包方农户之间土地流转程序不够规范（尤其是村干部为谋取私利而擅自发包），以及承包方擅自更改土地用途，因此引发其他村民的强烈不满。例如，新一届村委会有时拒不承认前一届村委会作为发包方而与承包方签署的程序不够规范的土地承包合同，在承包合同尚未到期之前就宣布收回土地。又如，一些工商企业租赁农地后擅自改变用途进行非农业建设，为此国土资源部于 2011 年 11 月 29 日下发《关于严禁工商企业租赁农地后擅自改变用途进行非农业建设的紧急通知》，严禁工商企业借“租赁”和“流转”之机违法违规进行非农业建设。另外，一些种植户或养殖户租赁土地之后，违反合

① 中共中央文献研究室编《十五大以来重要文献选编》(上)，人民出版社，2000，第 562 页。

② 中共中央文献研究室编《十七大以来重要文献选编》(上)，中央文献出版社，2013，第 674-675 页。

同规定，擅自播种其他作物或养殖其他禽畜。

二是土地承包合同已经到期，但是承包方与村委会之间存在债权债务关系，承包方不愿终止土地承包合同。在上述两种情况下，如果村委会收回土地则直接引起原承包方上访，倘若村委会不收回土地则容易导致其他村民上访。

耕地承包经营权流转引发的纠纷几乎涉及我国所有村庄。尽管《中华人民共和国农村土地承包法》第四章“争议的解决和法律责任”规定，相关纠纷可以通过协商、调解、仲裁与起诉等方式加以解决，不过许多村民更倾向于通过信访解决问题。需要说明的是，这一矛盾主要表现在乡村两委、承包方和其他村民之间，较少改变土地用途，加之与工业和城市关联不密，所以不太容易引起媒体、学界和市民关注。

针对上述问题，中共十八大以来，中央提出“三权分置”，强调要稳定农户承包权、放活土地经营权。2013 年 12 月 23 日，习近平在中央农村工作会议上提出，农民家庭拥有集体土地承包权，这是农民土地承包经营权乃至农村基本经营制度的“根本”；农村集体土地应该由作为集体经济组织成员的农民家庭承包，其他任何主体都不能取代农民家庭的土地承包地位；现有农村土地承包关系保持稳定并长久不变，这是维护农民土地承包经营权的“关键”。总之，必须落实集体所有权、稳定农户承包权、放活土地经营权，即坚持集体对土地的所有权，保障农户对土地的承包权，用活土地经营权①。2014 年 9 月 29 日，习近平在中央全面深化改革领导小组第五次会议上提出，要在坚持农村土地集体所有的前提下，促使承包权和经营权分离，形成所有权、承包权、经营权三权分置，经营权流转的格局②。2014 年 11 月，中共中央办公厅、国务院办公厅印发的《关于引导农村土地经营权有序流转发展农业适度规模经营的意见》要求坚持农村土地集体所有，实现所有权、承包权、经营权三权分置，引导土地经营权有序流转。2015 年 11 月，中共中央办公厅、国务院办公厅印发的《深化农村改革综合性实施方案》强调，深化农村土地制度改革的基本方向是“落实

---

① 习近平：《坚持和完善农村基本经营制度》（2013 年 12 月 23 日），载《论坚持全面深化改革》，中央文献出版社，2018，第 70-73 页。

② 习近平：《在中央全面深化改革领导小组第五次会议上的讲话》（2014 年 9 月 29 日），载中共中央党史和文献研究院编：《习近平关于“三农”工作论述摘编》，中央文献出版社，2019，第 56 页。

集体所有权，稳定农户承包权，放活土地经营权”。2016 年 4 月 25 日，习近平在农村改革座谈会上指出，“不要随便动”“农民的土地”，现有农村土地承包关系要保持稳定并长久不变[①]。这句话里“农民的土地”特指承包权，不涉及所有权。2016 年 10 月，中共中央办公厅、国务院办公厅印发的《关于完善农村土地所有权承包权经营权分置办法的意见》提出：“始终坚持农村土地集体所有权的根本地位，严格保护农户承包权，加快放活土地经营权，逐步完善三权关系。”[②]

2017 年 10 月习近平总书记在中共十九大报告中指出，保持土地承包关系稳定并长久不变，第二轮土地承包到期后再延长三十年[③]。这就意味着，从改革开放之初农村土地第一轮承包算起，土地承包关系将保持稳定七十五年。这是保持土地承包关系长久不变的重大举措。

第三节 放活土地经营权

近年来，我国农村农用地经营权流转现象越来越普遍，土地承包权主体同经营权主体出现相当程度的分离。2016 年中国耕地经营权流转面积达 48 亿亩，占承包地总面积的 35.1%，其中在上海占 74.8%，在江苏占 60.2%，在北京占 60.0%，在浙江占 53.8%，在黑龙江占 50.4%[④]。2018 年 6 月底，全国已完成农村承包土地确权登记颁证 13.49 亿亩，家庭承包经营耕地流转面积达 4.97 亿亩，后者在前者中占比 36.5%[⑤]。伴随着农村农用地经营权的流转，中国出现多种新型农业经营主体。“家庭承包、专业大户经营，家庭承包、家庭农场经营，家庭承包、集体经营，家庭承包、合作

① 习近平：《在农村改革座谈会上的讲话》（2016 年 4 月 25 日），载《论坚持全面深化改革》，中央文献出版社，2018，第 258-260 页。

② 陈柏峰：《乡村振兴战略背景下的村社集体：现状与未来》，《武汉大学学报》（哲学社会科学版），2018 年第 3 期，第 154-163 页。

③ 习近平：《决胜全面建成小康社会 夺取新时代中国特色社会主义伟大胜利——在中国共产党第十九次全国代表大会上的报告》（2017 年 10 月 18 日），人民出版社，2017，第 32 页。

④ 农业部农村经济体制与经营管理司、农业部农村合作经营管理总站编《中国农村经营管理统计年报（2016）》，中国农业出版社，2017，第 14 页。

⑤ 陈锡文、罗丹、张征：《中国农村改革 40 年》，人民出版社，2018，第 363 页。

经营，家庭承包、企业经营”[①]，已经成为农村基本经营制度新的实现形式，在不同环节、地区和产业都有各自发展空间。

一、中共十八大后至 2018 年习近平关于放活土地经营权的论述

粗放的农业经营方式很难建成现代农业，发展多种形式适度规模经营、培育新型农业经营主体则是建设现代农业的必由之路。在当前农村土地集体所有制和农户承包制情况下，农村土地经营权流转显然是发展农业规模经营的前提。推动土地经营权流转、发展农业规模经营的总体原则是“三个相适应”，即与城镇化进程和农村劳动力转移规模相适应，与农业科技进步和生产手段改进程度相适应，与农业社会化服务水平提高相适应[②]。

但是，改变粗放农业经营方式不可能一蹴而就，需要较长时间。一是因为农户承包土地、开展农业生产是农村基本经营制度的基本实现形式，这种状况导致农村户均耕地面积狭小且分散，不易实现规模经营。根据农村固定观察点 2009 年的数据，我国农户户均土地只有 7.1 亩，大约分为 4.1 块，相当于每块平均 1.7 亩[③]，农村户均耕地规模仅相当于欧盟的四十分之一、美国的四百分之一[④]。鉴于家庭经营在今后相当长时间内仍然是中国农业主要生产方式，多数地区应通过周到便利的社会化服务把小规模农户经营引入现代农业发展轨道。二是由于有的农户不愿将土地经营权流转出去。2014 年 7 月—8 月，华中师大中国农村研究院博士研究生张茜和魏晨在采访河南省舞钢市枣林镇马王村某 60 多岁老太太时，后者坦陈：“俺不想把咱家的地流转出去，人家别人在外有抓头，能挣钱，俺们就不行

① 习近平：《坚持和完善农村基本经营制度》（2013 年 12 月 23 日），载《论坚持全面深化改革》，中央文献出版社，2018，第 71-73 页。

② 习近平：《坚持和完善农村基本经营制度》（2013 年 12 月 23 日），载《论坚持全面深化改革》，中央文献出版社，2018，第 74 页。习近平：《在中央全面深化改革领导小组第五次会议上的讲话》（2014 年 9 月 29 日），载中共中央党史和文献研究院编《习近平关于“三农”工作论述摘编》，中央文献出版社，2019，第 56 页。

③ 成升魁、汪寿阳、刘旭，刘晓洁、吴良等：《新时期我国国民营养与粮食安全》，《科学通报》，2018 年第 18 期，第 1764-1774 页。

④ 习近平：《在十九届中央政治局第八次集体学习时的讲话》（2018 年 9 月 21 日），载中共中央党史和文献研究院编《习近平关于“三农”工作论述摘编》，中央文献出版社，2019，第 64 页。

了，岁数大了，也出不去打工，在家种点儿地好歹还有吃哩！”[①]

针对某些地方政府、发包方和不法商人三方勾结，强制农户流转土地经营权，使农户丧失或缩小承包地的情形，习近平强调，在推进农村土地承包经营权流转、发展农业规模经营过程中，必须坚持“依法自愿有偿流转土地经营权”[②]。依法，即要执行现行土地管理法关于土地用途管制的制度，防止土地用途发生根本性变化，进而不破坏农业综合生产能力；有偿，指在土地经营权流转过程中要维护农民权益；自愿，即要尊重农民意愿，由农民选择而不是代替农民选择，不搞强迫命令，总之不能强制农民流转土地。

综上所述，中国必须处理好培育新型农业经营主体和扶持小农生产的关系，农业生产经营规模要坚持宜大则大、宜小则小。因此，中国必须“放活土地经营权”，加快构建以农户家庭经营为基础、合作与联合为纽带、社会化服务为支撑的现代农业经营体系[③]。

二、2018 年 12 月修正的现行土地承包法关于土地经营权的规定

承包权有身份性和封闭性，经营权则相反。如果说承包权主要需要“保障”，那么经营权就必须“放活”。现行《中华人民共和国农村土地承包法》于 2002 年 8 月通过并经 2009 年 8 月和 2018 年 12 月两次修正。该法第九、十、三十六和四十六条明确规定：农村农用地承包方可以“流转”土地经营权，承包地经营权的受让方也可流转土地经营权；土地经营权的流转原则是“依法、自愿、有偿”等；土地经营权的流转形式是“出租（转包）、入股或者其他方式”；土地经营权的实际拥有者，有权凭经营权向金融机构融资担保。

农村农用地承包方可以“流转”土地经营权，承包地经营权的受让方也可流转土地经营权。该法写道，承包方承包土地后享有承包经营权，可

---

① 徐勇、邓大才、任路、史亚峰等：《中国农民状况发展报告 2015》（经济卷），北京大学出版社，2018，第 327 页。

② 习近平：《在中央全面深化改革领导小组第五次会议上的讲话》（2014 年 9 月 29 日），载中共中央党史和文献研究院编《习近平关于“三农”工作论述摘编》，中央文献出版社，2019，第 56 页。

③ 习近平：《坚持和完善农村基本经营制度》（2013 年 12 月 23 日），载《论坚持全面深化改革》，中央文献出版社，2018，第 71 页。

以自己经营，也可以保留土地承包权，流转其承包地的土地经营权，由他人经营；经承包方书面同意，并向本集体经济组织备案，受让方可以再流转土地经营权。土地经营权流转应当遵循“依法、自愿、有偿”原则，任何组织和个人不得强迫或者阻碍土地经营权流转。土地经营权的流转形式是出租（转包）、入股等方式。承包方可以自主决定依法采取出租（转包）、入股或者其他方式向他人流转土地经营权，并向发包方备案。土地经营权的实际拥有者，有权凭经营权向金融机构融资担保。承包方可以用承包地的土地经营权向金融机构融资担保，并向发包方备案。受让方通过流转取得的土地经营权，经承包方书面同意并向发包方备案，可以向金融机构融资担保①。实际上农户很难获得融资担保。因为农户的承包权本来就不稳定，金融机构也很难获得承包地经营权并认为经营无利可图甚至亏损。

① 《中华人民共和国土地承包法》（2002 年 8 月 29 日第九届全国人大常委会第二十九次会议通过，2018 年 12 月 29 日第二次修正文本），中国法制出版社，2018，第 17-19 页。

第五章　健全粮食安全保障机制

粮食是人类生活必需品，粮食安全非常重要。健全粮食安全保障机制，应实施以“保谷物、保口粮”为重点的国家粮食安全战略，从生产、流通和消费三个环节多管齐下。

第一节　粮食与粮食安全概述

一、粮食的概念

“粮食”是介于“食物”和“口粮”之间的一个概念，是食物的种概念，又是口粮的属概念。只有界定食物和口粮的概念，才有可能明确粮食的概念。

关于食物和口粮的概念，学界和官方并无明显分歧。食物是人类可食用物的总称，大体上包括两类：一是植物界的禾谷类籽实（谷物）、薯类根茎块茎、豆类籽实、油料、糖料、蔬菜、水果及其加工产品；二是动物界的禽肉、禽蛋、畜肉、奶、鱼虾蟹贝等水产品及其加工产品。口粮是人类主要食用的谷物，在中国主要指稻谷、小麦和玉米及其加工产品，尤其是城乡居民最喜爱的稻谷和小麦及其加工产品。个别学者将“口粮”分为直接性口粮（稻谷与小麦）和间接性口粮，在此基础上又把间接性口粮分为“粮饲”（玉米）和“粮菜”（马铃薯、番薯等）。学者杨万江等人提出，“粮饲”系人畜共用，甚至动物饲料功能更为突出，人们直接作为口粮的功能日渐衰减，如三大谷物中的玉米；“粮菜”部分用作口粮，部分用作蔬菜，但蔬菜功能日益增强，如马铃薯和番薯等[①]。本书笔者认为，总体而言，口粮一般包括少数几种谷物及其加工产品，而食物不仅包括全部谷物，还包括其他可食用的植物种子、果实、根茎、叶片，甚至包括诸多动

① 杨万江、林斌、刘琦、李祺：《中国粮食安全新战略：“保口粮”“稻米安全”与“一带一路”》，《世界农业》2018年第6期，第208-214页。

物的肌肉、内脏、乳汁、卵及其加工产品。

然而，关于粮食的概念，情形则完全不同，相关定义复杂多样，大体上可以分为以下几种。

（一）第一种定义，认为粮食即谷物

多数国家和联合国粮农组织等涉农国际组织持这种观点。它们将农作物分为谷物、豆类、根茎类、蔬菜、油料等，将薯类视为根茎类或蔬菜，将大豆视为油料。有学者赞同上述国际通行惯例，其理由是：如果与国际接轨，中国今后在进行中外比较时，无须再界定“粮食”概念；把“谷物”（包括稻谷、小麦、玉米、小米、燕麦、黍、高粱、荞麦）替换为“粮食”，还可继续执行国家统计局制定的《统计用产品分类目录》，把“粮食”、薯类（包括木薯在内，均照鲜重计算，不再按5比1折算为粮食产量）和豆类作为主要农产品分类的第一层次，与棉花、糖类、油料作物并列，这样更加符合粮食的内涵及作物的实际用途，在统计数据的处理上，只是少了一个加总项，不增加任何技术难度，也不会影响历史数据的连续性。如果采用这种统计口径，中国粮食自给率在2002年为103.10%，在2007年约为101.86%，在2012年约为97.64%，在2017年约为95.92%①。

（二）第二种定义，认为粮食是谷物和薯类（不含木薯）的总称

有学者提议，将谷物和薯类统计为粮食，薯类（不含木薯）按5比1折粮。如果采用这种统计口径，中国粮食自给率在2002年为102.83%，在2007年为101.75%，在2012年为97.86%，在2017年约为96.24%②。

（三）第三种定义，认为粮食是谷物、薯类（不含木薯）和豆类（不含大豆）的总称

有学者认为，“将大豆列入统计范围，掩盖了我国谷物自给率处于安全水平的状况。”如果在粮食中剔除大豆，“我国的粮食进口更多是价格倒挂型和品种调剂型进口，而非自给不足型进口”，“如果去除大豆每年8 000万~9 000万吨的供求缺口，其他粮食品种实际上每年都还有着5 000万~6 000万吨的供求盈余”。为了提高中国粮食自给率，他们建议在粮食概

① 詹琳、元利兴、李娣、蒋和平：《粮食安全新战略下合理调整我国粮食统计口径研究》，《中州学刊》2018年第12期，第41-46页。

② 詹琳、元利兴、李娣、蒋和平：《粮食安全新战略下合理调整我国粮食统计口径研究》，《中州学刊》2018年第12期，第41-46页。

念中剔除进口量很大、自给率极低的大豆，将粮食视为谷物、薯类（不含木薯）和杂豆的总称，除木薯以外的薯类仍按 5 比 1 折粮。如果采用这种统计口径，中国粮食自给率在 2002 年约为 103%、在 2007 年约为 101%、在 2012 年约为 97%、在 2017 年约为 95%①。

（四）第四种定义，认为粮食是谷物、薯类（含木薯）和豆类（含大豆）的总称

中华人民共和国成立后相当长一段时间内，中国政府持这种观点。依据这种统计口径，中国粮食自给率在 2002 年为 100%，在 2007 年为 95%，在 2012 年为 88%，在 2017 年约为 83%②。这种独特的分类方法存在两个弊端。

第一，从一开始就很容易造成中外误解。比如中国政府曾将联合国粮食及农业组织（FAO）发布的年度“世界谷物总产量”译成“世界粮食总产量”，往往低估世界粮食总产量。又如，许多国家和联合国粮农组织等涉农国际组织，常常将中国政府发布的年度粮食数据误解为谷物，往往高估中国谷物和粮食总产量。

第二，无法顺应改革开放后国民的食物结构。在改革开放前，中国谷物产量较低，多数国民仍然经常食用薯类和豆类，在这种情况下，这种分类方法具有合理性。但是，改革开放以来特别是 20 世纪 90 年代之后，随着家庭联产承包责任制的广泛推行与农业科技水平的提升，中国稻谷、小麦、玉米三大谷物产量明显提高，绝大多数国民不再将薯类和豆类作为主食，并将最重要的豆类作物籽实大豆视为油料，在这种情况下，这种分类方法与国民不断改善的食物结构脱节，逐渐失去其合理性。

（五）第五种定义，即笔者的定义，认为粮食是稻谷、小麦和玉米三大谷物与大豆的总称

笔者如此定义的理由如下。

首先，改革开放以来特别是 20 世纪 90 年代后，中国谷物产量呈上升趋势，其中稻谷、小麦和玉米三大谷物产量占中国政府现行“粮食”产量

---

① 詹琳、元利兴、李娣、蒋和平:《粮食安全新战略下合理调整我国粮食统计口径研究》,《中州学刊》2018 年第 12 期，第 41-46 页。

② 詹琳、元利兴、李娣、蒋和平:《粮食安全新战略下合理调整我国粮食统计口径研究》,《中州学刊》2018 年第 12 期，第 41-46 页。

统计口径的比重也呈现上升趋势，近十年来往往超过90%。笔者根据国家粮食和物资储备局主编的《2018中国粮食发展报告》，统计资料计算后发现，三大谷物产量占中国粮食产量的比重，从1978年的约81%上升到1992年的约87%和2002年的约84%，到2007年升至约89%，到2012年升至91%，到2017年高达约92%[①]。在这种情况下，三大谷物毫无疑问成为粮食和谷物统计口径的重中之重。

其次，20世纪90年代后特别是进入21世纪，在中国政府现行粮食统计口径中，薯类播种面积在粮食总播种面积中的比重微乎其微。国家粮食和物资储备局主编的《2018中国粮食发展报告》提供的数据显示，2017年中国薯类播种面积总计仅717.3万公顷[②]，而当年稻谷播种面积为3 074.7万公顷，小麦播种面积为2 450.8万公顷，玉米经两年调减后的面积仍高达4 239.9万公顷，粮食播种面积总计为11 798.9万公顷[③]。经计算后发现，薯类在粮食播种面积中仅占6%，几乎无足轻重。另外，绝大多数国民不再将薯类作为主食，并把最重要的薯类作物马铃薯视作蔬菜，因此有学者认为马铃薯是一种“蔬菜功能日益增强”的“粮菜”[④]。2013年，中国人均消费谷物138.9公斤，豆类7.5公斤、以豆油为主体的食用植物油9.9公斤，各类鲜菜94.9公斤、薯类仅2.3公斤；2017年，中国人均消费谷物130.1公斤，豆类8.0公斤、以豆油为主体的食用植物油9.8公斤，各类鲜菜96.1公斤、薯类仅2.5公斤[⑤]。薯类无论被单独计算还是被归为鲜菜计算，都无足轻重。鉴于薯类生产和消费情况的变化，笔者认为，不宜再将薯类视为粮食。

最后，不能仅仅为了提高中国粮食自给率而将大豆剔除出粮食的范畴。理由有三。第一，国家粮食局发布的历年《中国粮食发展报告》，在统计播种面积、总产量、单位面积产量、各地区播种面积和产量、人均粮食占有量、主要粮食品种收购量、主要粮食品种销售量、进口情况、出口情况时，从未漏掉大豆，总是将其列为“粮食”而非“油料”，使大豆与

① 国家粮食和物资储备局主编《2018中国粮食发展报告》，经济管理出版社，2018，第147页。

② 国家粮食和物资储备局主编《2018中国粮食发展报告》，经济管理出版社，2018，第23页。

③ 国家粮食和物资储备局主编《2018中国粮食发展报告》，经济管理出版社，2018，第146页。

④ 杨万江、林斌、刘琦，李祺：《中国粮食安全新战略：“保口粮”“稻米安全”与“一带一路”》，《世界农业》，2018年第6期，第208-214页。

⑤ 国家统计局编《2018中国统计年鉴》，中国统计出版社，2018，第177页。

"谷物"或者稻谷、小麦和玉米并列；相比之下，近年来的《中国粮食发展报告》并未在附录中提供薯类以及小杂粮（小杂粮在此特指次要谷物以及杂豆，包括燕麦、黑麦、大麦、小米、高粱等谷物以及花生、绿豆、黑豆、红小豆等杂豆）的相关统计数据[①]。第二，进入21世纪后，中国大豆自给率迅速下降，但大豆播种面积以及占粮食总播种面积的比重并未出现太大变化，近年来相关比重与薯类相当，超过任何特定薯类的相关比重。笔者根据国家粮食和物资储备局主编的《2018中国粮食发展报告》统计资料计算后发现，大豆播种面积在粮食总播种面积中的比重，在1978年约为6%、1992年约为6.5%、2002年约为8%、2007年接近8%、2012年约为6%，到2017年约为6%[②]。目前大豆的播种面积与薯类相当，任何一种薯类均无法超过大豆的播种面积。第三，大豆已经成为主要油料，豆腐和豆浆等豆制品为城乡居民提供物美价廉的植物蛋白，大豆已经成为多数城乡居民特别是低收入人群的生活必需品，其自给率低下已经影响经济安全、社会安全和国家安全。第四，豆粕已经成为重要饲料，其价格和自给率直接影响肉类价格和供应量。

综上所述，鉴于大豆在统计、生产、人类消费和禽畜消费方面的重要意义，笔者认为，绝对不能仅仅为了提高中国粮食自给率而将大豆剔除出粮食的概念。

二、粮食安全的概念

2009年10月，世界粮食安全委员会第三十五届会议在罗马公布《世界粮食安全委员会的改革最终版本》，它明确阐述"粮食安全"的概念："粮食安全指所有人在任何时候都能从物质上、社会上和经济上获得充足、安全和富有营养的食物，满足其过上积极健康生活的膳食需要和饮食偏好。粮食安全的四大支柱是供给、获取、利用和稳定。"李岳云所撰《工业化、城市化与粮食安全》一文认为，"粮食安全"的权威定义意味着粮食要供得够、送得到、买得起。"供得够"指本国和外国生产的粮食比较充足，其中本国生产的粮食比重即自给率应达90%~95%。"送得到"主要

① 国家粮食和物资储备局主编《2018中国粮食发展报告》，经济管理出版社，2018，第146-164页。

② 国家粮食和物资储备局主编《2018中国粮食发展报告》，经济管理出版社，2018，第146页。

指借助完备的市场体系和发达的流通设施而稳定、及时、有效地把粮食运送到消费者手中，从而克服粮食生产和消费在时间、空间、结构上的矛盾；欲实现这一目的，粮食储备应达到来年粮食消费量的17%~18%。“买得起”即粮食消费者要有购买能力。因此，李岳云得出结论：一国的粮食安全由生产能力、流通能力和消费能力三大因素构成；影响粮食生产能力的是耕地数量和质量、粮食种植面积与单产水平、抗灾能力和粮食产量的波动情况；影响粮食流通能力的有粮食流通体制及效率、粮食运输能力及效率、粮食储备能力及效率；粮食消费能力则由粮食消费人口数量、粮食人均消费水平、居民收入水平构成[①]。

笔者基本赞同李岳云关于粮食安全概念的表述，但是主张将影响粮食生产能力的因素简化为粮食播种面积、播种结构与单位面积产量，将影响粮食消费能力的因素归纳为人口数量和人均消费水平，将影响粮食流通能力的因素归纳为国内外粮食贸易量以及国内储运设施和制度。

三、粮食与粮食安全的极端重要性

有学者认为，粮食、粮区和粮农简称“三粮”，中国农业问题的核心是粮食，农村问题的重点是粮区，农民问题的难点是粮农，强调“‘三粮’是‘三农’问题的核心”[②]。笔者并不认为所谓“三粮”是“三农”问题的核心，而认为农民的幸福感与获得感才是核心；笔者甚至也不认为农业问题的核心是粮食，而认为农民的土地权利和生产自由才是核心；但无论如何，笔者承认“三粮”问题在当代中国仍然非常重要。

习近平总书记指出，粮食安全是“头等大事”[③]，“要从战略上看”[④]粮食问题，看得深、远一点。他主要从治国理政、乡村振兴、农村改革、供给侧结构性改革、经济发展、社会稳定和国家安全等角度阐述粮食安全和粮食生产的极端重要性，强调在任何时候都不能放松粮食生产或忽视粮食安

---

① 李岳云：《工业化、城市化与粮食安全》，《现代经济探讨》，2007年第1期，第27-30页。

② 关付新：《华北平原种粮家庭农场土地经营规模探究——以粮食大省河南为例》，《中国农村经济》，2018年第10期，第22-38页。

③ 习近平：《在中央城镇化工作会议上的讲话》（2013年12月12日），载中共中央文献研究室编《十八大以来重要文献选编》（上），中央文献出版社，2014，第596页。

④ 习近平：《走中国特色社会主义乡村振兴道路》（2017年12月28日），载《论坚持全面深化改革》，中央文献出版社，2018，第400页。

全，强调决不能重演大饥荒的历史悲剧。

（一）粮食安全与治国理政

解决好吃饭问题，是治国理政的头等大事。习近平总书记多次指出，我国是人口众多的大国，解决好十几亿人口的吃饭问题“始终是治国理政的头等大事”①。

（二）粮食安全与乡村振兴

习近平总书记指出，确保重要农产品特别是粮食供给，是实施乡村振兴战略的“首要任务”②。

（三）粮食生产与农村改革

确保粮食生产能力是农村改革的底线之一。2017 年 12 月 28 日习近平在中央农村工作会议上强调农村改革的底线即“四个不能”时指出，农村改革不论怎么改，不能把耕地改少了，不能把粮食生产能力改弱了③。

（四）粮食生产与供给侧结构性改革

推动农业供给侧结构性改革，不可忽视粮食生产，必须确保粮食供应，否则会产生社会压力。习近平总书记强调，粮食多了或少了都是问题，但两种问题性质不同，多了是库存压力和财政压力，少了是社会压力和整个大局压力④；因此，推动农业供给侧结构性改革，绝不意味着可以忽视粮食生产⑤。

（五）粮食安全与经济发展、社会稳定和国家安全

粮食安全是经济发展、社会稳定和国家安全的重要基础。2012 年 12 月 15 日，习近平总书记在中央经济工作会议上强调，“手中有粮，心中不

---

① 习近平：《在中央经济工作会议上的讲话》（2013 年 12 月 10 日），载中共中央党史和文献研究院编《习近平关于“三农”工作论述摘编》，中央文献出版社，2019，第 67 页；习近平：《在广西考察工作时的讲话》（2017 年 4 月 19 日 -21 日），载中共中央党史和文献研究院编《习近平关于“三农”工作论述摘编》，中央文献出版社，2019，第 86-87 页。

② 习近平：《在参加十三届全国人大二次会议河南代表团审议时的讲话》（2019 年 3 月 8 日），载中共中央党史和文献研究院编《习近平关于“三农”工作论述摘编》，中央文献出版社，2019，第 88 页。

③ 习近平：《在中央农村工作会议上的讲话》（2017 年 12 月 28 日），载中共中央党史和文献研究院编《习近平关于“三农”工作论述摘编》，中央文献出版社，2019，第 63 页。

④ 习近平：《走中国特色社会主义乡村振兴道路》（2017 年 12 月 28 日），载《论坚持全面深化改革》，中央文献出版社，2018，第 400 页。

⑤ 习近平：《关于深化供给侧结构性改革》（2016 年 12 月 14 日），载《论坚持全面深化改革》，中央文献出版社，2018，第 305 页。

慌……只有把饭碗牢牢端在自己手中”① 才能保持社会大局稳定。2013 年 12 月 12 日，习近平在中央城镇化工作会议上表示：13 多亿人的饭碗“必须牢牢端在自己手里”②。2013 年 12 月 23 日，习近平在中央农村工作会议上指出，保障国家粮食安全，是实现经济发展、社会稳定、国家安全的重要基础；只要粮食不出大问题，“中国的事就稳得住”。因此中国必须“牢牢掌控”粮食安全的主动权③。

（六）任何时候都不能放松粮食生产，大饥荒的历史悲剧决不能重演

大饥荒的历史悲剧决不能重演。2012 年 12 月 15 日，习近平总书记在中央经济工作会议上强调，中国人口众多，“如果粮食出了问题谁也救不了我们”④。2013 年 12 月 12 日，习近平在中央城镇化工作会议上表示：“如果粮食等主要农产品供给出了问题，谁都不可能救我们。”⑤2013 年 12 月 23 日，习近平在中央农村工作会议上指出：中国在粮食问题上“一旦出了大问题，多少年都会被动，到那时谁也救不了我们。”他强调，中国历史上发生过多次惨绝人寰的大饥荒，饿殍遍野、甚至人相食，“这些历史悲剧决不能重演……牢记历史，在吃饭问题上不能得健忘症，不能好了伤疤忘了疼”⑥。他之所以多次强调如果中国出现粮食困难谁也救不了我们，是基于对世界粮食市场的判断。2013 年 12 月 23 日，习近平在中央农村工作会议上指出，全球每年粮食贸易量大约 6 千亿斤，仅相当于我国粮食需求量的一半，“从世界谷物市场中我们还能够进口多少？更何况，即便我们能把国际市场上的谷物都买过来，也不够我们吃半年的”⑦。

---

① 习近平：《在中央经济工作会议上的讲话》（2012 年 12 月 15 日），载中共中央党史和文献研究院编《习近平关于“三农”工作论述摘编》，中央文献出版社，2019，第 67 页。

② 习近平：《在中央城镇化工作会议上的讲话》（2013 年 12 月 12 日），载中共中央文献研究室编《十八大以来重要文献选编》（上），中央文献出版社，2014，第 596 页。

③ 习近平：《在中央农村工作会议上的讲话》（2013 年 12 月 23 日），载中共中央文献研究室编《十八大以来重要文献选编》（上），中央文献出版社，2014，第 659-661 页。

④ 习近平：《在中央经济工作会议上的讲话》（2012 年 12 月 15 日），载中共中央党史和文献研究院编《习近平关于“三农”工作论述摘编》，中央文献出版社，2019，第 67 页。

⑤ 习近平：《在中央城镇化工作会议上的讲话》（2013 年 12 月 12 日），载中共中央文献研究室编《十八大以来重要文献选编》（上），中央文献出版社，2014，第 596 页。

⑥ 习近平：《在中央农村工作会议上的讲话》（2013 年 12 月 23 日），载中共中央文献研究室编《十八大以来重要文献选编》（上），中央文献出版社，2014，第 659-661 页。

⑦ 习近平：《在中央农村工作会议上的讲话》（2013 年 12 月 23 日），载中共中央文献研究室编《十八大以来重要文献选编》（上），中央文献出版社，2014，第 662 页。

任何时候都不能放松粮食生产。2013 年 12 月 10 日，习近平总书记在中央经济工作会议上强调，任何时候都不能放松粮食生产和对农业的支持，而是要不断加大对农业的支持力度①。2013 年 12 月 23 日，习近平在中央农村工作会议上指出：保障国家粮食安全是“一个永恒课题”，任何时候这根弦都不能松②。2016 年 12 月 14 日他强调，国家粮食安全这根弦什么时候都要绷紧，一刻也不能放松③。

第二节　粮食安全形势与国家粮食安全战略

一、总体紧平衡的粮食安全形势

认清粮食安全形势，是实施粮食安全战略的根本前提。近年来，我国粮食安全基础仍不稳固，“紧平衡”很可能是我国粮食安全的长期态势。目前我国总体紧平衡的粮食安全形势，主要表现在粮食生产（总量和质量），流通（粮食进出口贸易总量、质量、结构和价格、政府和民间的粮食储备）以及消费（总量、质量、结构和价格）等环节。

二、国家粮食安全战略

国家粮食安全战略是针对粮食安全形势而实施的。综合考虑国内资源环境、粮食供求格局、国际市场贸易条件，习近平总书记多次强调，必须实施“以我为主、立足国内、确保产能、适度进口、科技支撑的国家粮食安全战略”④。

---

① 习近平：《在中央经济工作会议上的讲话》（2013 年 12 月 10 日），载中共中央党史和文献研究院编《习近平关于“三农”工作论述摘编》，中央文献出版社，2019，第 67 页。

② 习近平：《在中央农村工作会议上的讲话》（2013 年 12 月 23 日），载中共中央文献研究室编《十八大以来重要文献选编》（上），中央文献出版社，2014，第 660 页。

③ 习近平：《关于深化供给侧结构性改革》（2016 年 12 月 14 日），载《论坚持全面深化改革》，中央文献出版社，2018，第 305 页。

④ 习近平：《在中央经济工作会议上的讲话》（2013 年 12 月 10 日），载中共中央党史和文献研究院编《习近平关于“三农”工作论述摘编》，中央文献出版社，2019，第 67-68 页；习近平：《在中央农村工作会议上的讲话》（2013 年 12 月 23 日），载中共中央文献研究室编《十八大以来重要文献选编》（上），中央文献出版社，2014，第 660 页。

（一）“保谷物、保口粮”

“保谷物、保口粮”是国家粮食安全战略的首要目标和集中体现，是“最基本最重要的”方面或“重点”。习近平总书记曾经设问：“怎么保障国家粮食安全？”他的答案实际上分为三层，即是什么、为什么、怎么办。

第一，“立足点、着眼点”是，饭碗里必须主要装“中国粮”即中国自己生产的粮食。这几句话实际上解释“是什么”。

第二，一个国家只有立足粮食基本自给，才能掌握粮食安全主动权，进而才能掌控经济社会发展这个大局；中国如果口粮依赖进口，就会被别人牵着鼻子走。这几句话实际上说明“为什么”。

第三，近年来，中国耕地和淡水资源愈益匮乏，生态环境承载力下降，中国已不可能延续过去“保全部”的做法，必须“集中力量首先把最基本最重要的保住”，这就是“确保谷物基本自给、口粮绝对安全”。他称之为“保谷物、保口粮”，简称“两保”①。这段话实际上阐述“怎么办”，即“保谷物、保口粮”。

综上所述，习近平总书记认为，“要依靠自己保口粮”，但我国资源和环境状况决定了不能平均用力，必须抓住主要矛盾，“集中国内资源保重点”，主要矛盾或重点就是“做到谷物基本自给，口粮绝对安全”。这样才能并就能做到把饭碗牢牢端在自己手上②。国务院新闻办2019年10月发布的《中国的粮食安全》白皮书写道：“目前中国谷物自给率超过95%；近年来，稻谷和小麦产需有余，完全能够自给，进出口主要是品种调剂。”③

（二）中央政府承担首要责任，省级政府承担主体责任

实施以“保谷物、保口粮”为重点的国家粮食安全战略，需要中央政府与省级政府两级分工。国务院新闻办2019年10月发布的《中国的粮食安全》白皮书写道，在确保国家粮食安全方面，中央政府承担“首要责

---

① 习近平：《在中央农村工作会议上的讲话》（2013年12月23日），载中共中央文献研究室编《十八大以来重要文献选编》（上），中央文献出版社，2014，第661-662页。

② 习近平：《在中央经济工作会议上的讲话》（2013年12月10日），载中共中央党史和文献研究院编《习近平关于“三农”工作论述摘编》，中央文献出版社，2019，第67-68页。

③ 中华人民共和国国务院新闻办公室：《中国的粮食安全》白皮书（2019年10月），人民出版社，2019，第5-6页。

任”，省级政府承担“主体责任”①。

为确保粮食安全，中央政府承担首要责任。中央财政要从重大水利设施建设、中低产田改造、科技创新推广、信息化服务、市场体系完善、农产品质量安全、主产区转移支付等方面，加强对粮食生产的支持。

为确保粮食安全，省级政府承担主体责任。

第一，粮食主产区发挥各地比较优势，成为农业现代化先行区。东北地区重点提升粮食生产能力，依托“大粮仓”打造粮肉奶综合供应基地。华北地区着力稳定粮油和蔬菜、畜产品生产保障能力，发展节水型农业。长江中下游地区切实稳定粮油生产能力，优化水网地带生猪养殖布局，生产优质水产品。

第二，粮食主销区和产销平衡区也不能放弃粮食生产。粮食生产向主产区集中，意味着粮食生产和调度风险也在集中。在这种情况下，“不能把所有鸡蛋放在一个篮子里”②，所以各省区市都要承担粮食生产责任。华南地区加快发展现代畜禽水产和特色园艺产品，发展具有出口优势的水产品养殖。西北、西南地区和北方农牧交错区加快调整产品结构，限制资源消耗大的产业规模，壮大区域特色产业。青海、西藏等生态脆弱区域坚持保护优先、限制开发，发展高原特色农牧业。

第三，坚持“米袋子”省长负责制，各省级政府与中央政府一道加强粮食生产能力、储备能力、流通能力建设。为落实省级政府主体责任，2014 年年底，国务院出台《关于建立健全粮食安全省长责任制的若干意见》，从生产、流通、消费等各个环节明确各省级政府在维护国家粮食安全方面的事权与责任；2015 年，国务院办公厅印发《粮食安全省长责任制考核办法》，规定由国家相关部门组成考核工作组，负责具体实施考核工作，压实省级政府维护国家粮食安全的责任③。

---

① 中华人民共和国国务院新闻办公室：《中国的粮食安全》白皮书（2019 年 10 月），人民出版社，2019，第 20 页。

② 习近平：《在中央农村工作会议上的讲话》（2013 年 12 月 23 日），载中共中央文献研究室编《十八大以来重要文献选编》（上），中央文献出版社，2014，第 665-666 页。

③ 中华人民共和国国务院新闻办公室：《中国的粮食安全》白皮书（2019 年 10 月），人民出版社，2019，第 20 页。

第三节　粮食生产形势与政策

一、粮食生产形势

（一）粮食生产的总量变迁

我国人均粮食占有量已连续多年超过世界平均水平，比较稳定地实现了粮食基本自给。2015 年，我国粮食产量增至 6.21 亿吨，实现“十二连增”；2016 年，我国粮食产量略微下降，为 6.16 亿吨；2017 年，我国粮食产量小幅增长至约 6.18 亿吨[①]。2018 年中国粮食产量近 6.6 亿吨，比 1996 年的 5 亿吨增产 30% 以上，比 1978 年的 3 亿吨增产 116%，是 1949 年 1.1 亿吨的近 6 倍；中国粮食产量波动幅度基本稳定在合理区间，除少数年份外，一般保持在 ±6% 的范围之内[②]。但在目前的科技水平下，中国粮食生产受到水资源、耕地资源和生态环境的硬约束，增产乏力。

以水稻、小麦和玉米三大谷物产量为例。《中国粮食年鉴》数据显示：中国稻谷产量从 2008 年的 19 190 万吨增至 2013 年的 20 361 万吨、2016 年的 20 708 万吨；小麦产量从 2008 年的 11 246 万吨增至 2013 年的 12 193 万吨、2016 年的 12 885 万吨；玉米产量从 2008 年的 16 591 万吨增至 2013 年的 21 849 万吨、2016 年的 21 955 万吨[③]。《中国的粮食安全》白皮书指出：2017 年稻谷、小麦、玉米的每公顷产量分别为 6 916.9 公斤、5 481.2 公斤、6 110.3 公斤，较 1996 年分别增长 11.3%、46.8%、17.4%，比世界平均水平分别高 50.1%、55.2%、6.2%[④]。在三大谷物中，近年来玉米播种面积过大，产量严重供过于求。鉴于这种情况，2015 年 11 月，农业部制定《“镰刀弯”地区玉米结构调整的指导意见》，提出到 2020 年调

① 李蕾、张帅：《国家经济安全视角下的粮食安全：“十三五”前期监测和后期预警》，《兰州大学学报（社会科学版）》，2018 年第 5 期，第 132-141 页。

② 中华人民共和国国务院新闻办公室：《中国的粮食安全》白皮书（2019 年 10 月），人民出版社，2019，第 5 页。

③ 蒋和平、杨东群、王晓君：《新时代我国粮食安全导向的变革与政策调整建议》，《价格理论与实践》，2018 年第 12 期，第 34-39 页。

④ 中华人民共和国国务院新闻办公室：《中国的粮食安全》白皮书（2019 年 10 月），人民出版社，2019，第 3-4 页。

减玉米面积 5 000 万亩以上，调减的重点是东北冷凉区、北方农牧交错区、西北风沙干旱区、太行山沿线区及西南石漠化区。这些地区将少种玉米，而改种豆类、饲草、青储玉米、经济林果等适宜种植的植物。2017 年中央一号文件提出，稳粮、优经、扩饲，加快构建粮经饲协调发展的三元种植结构。2015—2017 年，我国粮食作物播种面积从 11 896.3 万公顷降至 11 798.9 万公顷，减少 97.4 万公顷；而玉米播种面积从 4 496.8 万公顷降至 4 239.9 万公顷，缩减 256.9 万公顷[①]。

（二）粮食生产的地区布局

国家粮食和物资储备局主编的《2018 中国粮食发展报告》，以多种标准划分“粮食生产地区布局”：从南北区域看，分成北方 15 省（区、市）和南方 16 省（区、市）；从东西区域看，分成东部 10 省（市），中部 6 省，西部 12 省（区、市），东北 3 省；从生态区域看，分成东北 4 省（区），西北 6 省（区），黄淮海 7 省（市），长江中下游 5 省（市），华南 4 省（区），西南 5 省（区、市）；从产销区域看，分成主产区 13 省（区），主销区 7 省（市），产销平衡区 11 省（区、市）[②]。需要指出的是，目前我国粮食主产区中，黑龙江、吉林、辽宁、内蒙古、河北、山东、河南位于北方，江苏、安徽处在华北平原和长江中下游平原交界，江西、湖北、湖南和四川位于南方。“目前，全国 75% 以上的粮食产量、80% 以上的商品粮、90% 左右的粮食调出量来自 13 个主产省区，其中北方主产区贡献度不断提高。”[③] 由此可见，中国粮食生产地域格局出现剧变，南粮北调变成北粮南调。北方晴天较多、地形平坦，光照和地形条件较好，但水热条件较差，东北地区积温不足，华北地区严重缺水，内蒙古水热条件都很差。但是，北方耕地面积更广，粮食产量更高；南方人口更为稠密，粮食需求较旺；因此，与“南水北调”路径相反的“北粮南调”规模呈扩大之势，导致虚拟水“北水南调”，给中国粮食安全和水资源利用带来巨大挑战。有研究者估算，“北粮南运”引发的“北水南调”虚拟水量，从 20 世纪 90 年代的年均约 238 亿立方米，升至 21 世纪头十

---

① 国家粮食和物资储备局主编《2018 中国粮食发展报告》，经济管理出版社，2018，第 146 页。

② 国家粮食和物资储备局主编《2018 中国粮食发展报告》，经济管理出版社，2018，第 5-6 页。

③ 习近平：《在中央农村工作会议上的讲话》（2013 年 12 月 23 日），载中共中央文献研究室编《十八大以来重要文献选编》（上），中央文献出版社，2014，第 665-666 页。

年的年均约 530 亿立方米[①]。

二、粮食生产政策

2017 年 12 月 28 日习近平总书记在中央农村工作会议上强调，保障粮食安全“关键是要保粮食生产能力”，确保需要时能“产得出、供得上”；因此，中国必须守住耕地红线，建设好高标准农田，搞好农田水利，提升现代种业、农业机械等技术装备水平，划好建设好粮食生产功能区，落实“藏粮于地、藏粮于技战略”[②]。守住耕地红线，把高标准农田建设好，这是耕地方面；搞好农田水利，这是水利方面；提升现代种业、农业机械等技术装备水平，这是科技方面；划好建设好粮食生产功能区，这又涉及政策。简而言之，“粮食生产根本在耕地，命脉在水利，出路在科技，动力在政策”[③]。

本书第四章已阐述耕地方面的政策，第八章第二节将论及水利方面的政策。政策对耕地面积影响极大，水利仰赖科技，因此可以合并论述耕地与政策，可以统筹考虑科技与水利，四者大体上可被概括为“藏粮于地、藏粮于技战略”。此外，粮食生产要兼顾数量和质量，要关注农产品质量安全问题。综上所述，笔者在此将主要讨论科技、政策与农产品质量安全。

（一）藏粮于技——科技支撑单位面积产量

在耕地资源稀缺的背景下，若要提高粮食产量，必须加强农业科技创新和推广。农业科技创新，涉及农业机械化和信息化。农业科技推广，离不开县乡两级农业技术机构和队伍。

农业科技创新，重点是推进农业机械化和信息化。农业机械化和信息化能够压缩农民的劳动时间，继而延长其剩余时间，使农民有更多时间从事多种经营，尤其是发展农村二三产业以及进城打工经商，增收致富。因此，农业机械化和信息化不仅可以提升单位面积产量和总产量，而且具有

---

① 吴普特、赵西宁、操信春等：《中国“农业北水南调虚拟工程”现状及思考》，《农业工程学报》，2010 年第 6 期，第 1-6 页。

② 习近平：《走中国特色社会主义乡村振兴道路》（2017 年 12 月 28 日），载《论坚持全面深化改革》，中央文献出版社，2018，第 401 页。

③ 习近平：《在河南考察时的讲话》（2014 年 5 月 9 日、10 日），载中共中央党史和文献研究院编《习近平关于“三农”工作论述摘编》，中央文献出版社，2019，第 84 页。

强烈正向的溢出效应。

农业技术推广主要仰赖县乡两级农业技术机构和队伍，然而形势不容乐观。以我国农业大省兼产粮大省河南为例。一方面，乡级农业技术机构单一，人员严重匮乏。近年来，乡镇一级的农业技术机构仅有农业综合服务中心或服务站，通常仅包括一两名在编农业技术人员和几名合同工，人员编制严重不足。有研究者在调研时发现，河南省信阳市息县八里岔乡农业综合服务站的 9 名工作人员中，只有 1 名事业编制农业技术人员①。即便这一两名在编农业技术人员，也承担着过量行政事务，分身乏术，技术推广精力明显不足。另一方面，县级农业技术机构众多，人员编制亦充足，但其中农业技术人员太少而且青黄不接，技术推广能力极其有限。县级农业技术机构，一般包括农业种子站、植保站、畜牧兽医站、土肥站、农业技术推广站，等等。

习近平总书记曾指出，要把民族种业搞上去，培育具有自主知识产权的优良品种，从源头上保障国家粮食安全②。中共中央、国务院下发的《乡村振兴战略规划（2018—2022 年）》明确提出，深入实施现代种业提升工程，开展良种重大科研联合攻关，培育具有国际竞争力的种业龙头企业，推动建设种业科技强国。良种培育固然重要，良种推广同样重要，县级农业种子站责无旁贷。但是有研究者发现，河南省信阳市息县农业种子站有 17 名工作人员，只有站长一人是种子技术人员而且即将退休③。中共十九大前夕，有研究者对河南省 14 个地级市 17 个县区的 25 个村庄调查后发现，约 88% 的被调查者对当地农业科技服务不满④。

---

① 杨东群、王克军、蒋和平：《粮食减产影响我国粮食安全的分析与政策建议》，载《经济学家》，2018 年第 12 期，第 71-80 页。

② 习近平：《在中央农村工作会议上的讲话》（2013 年 12 月 23 日），载中共中央文献研究室编《十八大以来重要文献选编》（上），中央文献出版社，2014，第 664 页。

③ 杨东群、王克军、蒋和平：《粮食减产影响我国粮食安全的分析与政策建议》，载《经济学家》，2018 年第 12 期，第 71-80 页。

④ 乔俊峰：《基于需求导向的农村公共服务调查及完善对策》，载《经济纵横》，2017 年第 8 期，第 99-103 页。该文提到，被调查农户平均拥有耕地 1.53 亩，家庭平均人口为 4.43 人；男性占 58.1%，女性占 41.9%；年龄呈正态分布，其中 30~50 岁占总数的 67%，30 岁以下占 18.9%，50 岁以上占 14.2%；受教育程度方面，文盲占 3.5%，小学文化程度占 15.3%，初中文化程度占 46%，高中文化程度占 17.4%，中专以上文化程度占 17.7%；家庭年收入在 5 000~30 000 元之间者占被调查对象的 92.4%。

（二）藏粮于地——通过扶持政策和耕地保护来确保种植面积

1. 通过提高粮价和农业补贴等扶持政策来确保种植面积

农业生产旨在提高全要素生产率，即提高土地生产率、劳动生产率和资金生产率。粮食生产也要尽量做到三个提高。提高土地生产率即单位面积产量，提高劳动生产率即农业劳动力人均粮食产量，还要提高资金生产率即农业产值与投入比。提高资金生产率是当前粮食生产的难点。“农民是粮食的微观供给主体，地方政府是基层粮食供给管理主体。如果不能充分调动他们的生产积极性和管理积极性，粮食安全将变成空中楼阁。”[①] 因此，发展粮食生产，必须让农民种粮有利可图、让主产区地方政府抓粮有积极性，最起码不让种粮农民在经济上吃亏、不让种粮大县在财政上吃亏。农民是否愿意种地、种粮，主要取决于农业收入和种粮收益是否不低于打工收益和其他作物收益；地方政府是否愿意抓粮食生产，主要取决于抓农抓粮带来的国内生产总值与财政收入是否超过抓其他作物与抓工商业。因此，只有提高粮食的经济效益，才能提高粮农的生产积极性和粮食主产区政府的管理积极性。如何才能提高粮食生产的经济效益呢？改革开放以来，中国的粮食生产和其他作物生产一样，既是经济再生产又是自然再生产，既受市场波动的影响，也仰赖特定的自然条件与政府的支持保护。因此，粮食生产的经济效益提高，既需要市场这只看不见的手，也需要政府这只看得见的手。中央政府对粮食生产和粮农的支持保护，主要表现在提高粮价和提供农业补贴两个方面。粮食价格支持和农业补贴等各项扶持政策，力图通过提高种粮经济效益来确保种植面积。

（1）通过提高粮价确保种植面积

粮食是人类生活必需品，粮价是劳动力价格和产品价格的基础，粮食供求关系和粮食价格具有强大传导力。粮价一头连着生产者，一头连着消费者。过高的粮价会抬高劳动力价格和产品价格，降低普通消费者生活水平；过低的粮价则会挫伤农民的积极性，进而可能导致粮食减产。因此，必须将粮价保持在合理水平，兼顾好生产者和消费者利益。

从 21 世纪初起，我国开始实施粮食最低收购价政策，主要覆盖稻谷和小麦等主粮、口粮。目前的主要问题不是粮价过高，也不是粮食最低收购价低于世界粮价，而是国内粮食生产成本太高，粮价上涨幅度低于农资

---

① 陈锡文主编《走中国特色社会主义乡村振兴道路》，中国社会科学出版社，2019，第 89-90 页。

等生产要素价格涨幅，导致种粮比较效益低，粮食生产者积极性不高。习近平总书记到一些地方调研时，基层干部群众反映，化肥、种子等农资价格上涨幅度快于粮价上涨幅度，种粮比较效益越来越低，种一亩粮的收入还比不上外出打几天工①。

2011—2016年，中国稻谷、小麦和玉米的亩均净利润呈现下降趋势，而净亏损则呈上升势头。以2016年为例，当年每亩稻谷净利润仅141.96元，比2011年减少61.8%；每亩小麦净亏损为82.2元，而2013年这个数字仅为12.8元；每亩玉米从2011年的净利润263.09元变为2016年的净亏损近300元②。国家粮食和物资储备局主编的《2018中国粮食发展报告》数据显示：2017年我国稻谷、小麦和玉米每亩平均成本1 081.6元，其中种子费62.4元、化肥费130.9元、机械作业费145.7元、人工费428.8元、土地成本215.6元；每亩净利润，稻谷是132.6元、小麦仅为6.1元、玉米为净亏损175.8元，三种粮食作物每亩平均净亏损12.5元③。以产粮大省兼小麦大省河南为例，有研究者调查后发现，若不考虑麦农本人人工费和农业补贴款，2018年，河南省小麦农每亩净收益仅100~150元，种麦大户每亩亏损450~650元④。小麦农净收益低下，主要是因为农资价格增幅快于粮价增幅；而种粮大户的净收益远远不及小农，甚至出现巨额净亏损，在一定程度上是由于土地流转费和人工费增长太快。以土地成本为例，河南省信阳市息县柳家村的土地流转费，已从2009年的每亩300元升至2014年的每亩700~800元；再以人工费为例，种粮大户农业雇工的人工费经测算已高达种粮总成本20%~30%⑤。而同期粮价并无大的波动。由此可见，许多农民种粮的比较效益低下，甚至收不抵支。

若要调动粮食生产者的积极性，就要照顾其利益，防止粮贱伤农。从短期看，具体做法是继续执行粮食最低收购价政策并适当提高价格水平，

① 习近平：《在中央农村工作会议上的讲话》（2013年12月23日），载中共中央文献研究室编《十八大以来重要文献选编》（上），中央文献出版社，2014，第664页。

② 杨东群、王克军、蒋和平：《粮食减产影响我国粮食安全的分析与政策建议》，《经济学家》，2018年第12期，第71-80页。

③ 国家粮食和物资储备局主编：《2018中国粮食发展报告》，经济管理出版社，2018，第7-10页。

④ 杨东群、王克军、蒋和平：《粮食减产影响我国粮食安全的分析与政策建议》，《经济学家》，2018年第12期，第71-80页。

⑤ 蒋和平、杨东群、王晓君：《新时代我国粮食安全导向的变革与政策调整建议》，《价格理论与实践》，2018年第12期，第34-39页。

使粮价增幅不低于农资等生产要素价格增幅，以保障农民种粮收益，稳定和提高其积极性，进而确保种粮面积。但是上述举措属于“黄箱”支持政策范畴，意味着政府直接干预农产品价格形成过程，在世界贸易组织现行框架内不能长期延续。今后中国应根据“市场定价、价补分离”原则，探索实行“目标价格”政策，即价格低时补生产者，价格高时补低收入消费者的粮食价格形成机制①。

（2）通过农业补贴确保粮食种植面积

2001 年中国加入世界贸易组织后，农业遭遇世界农业强国的激烈挑战，粮食生产亟须获得政府的支持和保护。与此同时，中国农业产值在 GDP（国内生产总值）和 GNP（国民生产总值）中的比重、农业税在全国财政收入中的比重、农业人口和农村常住人口所占比重大幅下降。在这种情况下，以工业反哺农业、城市反哺乡村的必要性和可能性都已具备，中国政府既有责任也有能力提取非农产业和城市的税收向农业和农村提供补贴。从 21 世纪初开始直至 2015 年，中国政府向农业用地承包户提供三项补贴，即农作物良种补贴、粮食直补、农业生产资料综合补贴。三项补贴每年各自发放，以种粮农民为补贴对象，以承包户的耕地面积为补贴依据。三项补贴有助于增加承包户收入，有助于推广良种并扩大粮食作物播种面积，有助于提高粮食产量，受到农村耕地承包户欢迎和官方肯定。习近平总书记表示，现行农业补贴政策效果好，广大农民持欢迎态度，所以今后“大的方向不能变”②。

但是不可否认的是，现行农业补贴政策也确实存在一定程度的吃大锅饭现象③，补贴的精准性和指向性较差。具体表现在以下方面。

首先，三项补贴总额虽大，但摊薄在特定承包户上就显得很少，再加上每年各自发放，承包户的获得感并不强，不可能大幅度提高承包户的种粮积极性。据统计，“三项补贴”占农民人均收入的比重，从 2004 年的

① 习近平:《在中央农村工作会议上的讲话》（2013 年 12 月 23 日），载中共中央文献研究室编《十八大以来重要文献选编》（上），中央文献出版社，2014，第 664 页。

② 习近平:《在中央农村工作会议上的讲话》（2013 年 12 月 23 日），载中共中央文献研究室编《十八大以来重要文献选编》（上），中央文献出版社，2014，第 664 页。

③ 习近平:《在中央农村工作会议上的讲话》（2013 年 12 月 23 日），载中共中央文献研究室编《十八大以来重要文献选编》（上），中央文献出版社，2014，第 664 页。

0.7%升至2010年的3.0%，继而降至2015年的2.2%[①]。鉴于上述弊端，2015—2016年，中国先在部分地区后在全国范围改革农业补贴制度，把“三项补贴”合并为用于地力保护的“农业支持保护补贴”，每年一次性及时发放。总体而言，2016年农业补贴制度改革后，农户的获得感的确有所增强，但增强到什么程度还很难讲，毕竟农资价格涨幅通常高于粮价与农业补贴的涨幅，而且不断提高的土地流转费与人工费也在考验着种粮大户与农业企业的积极性。就在2016年，有研究者调查河南、安徽、江西、湖南、广西和海南等省乡村后发现，有些种粮大户因怕种粮亏损，不惜单方面终止转包合同，撂荒耕地[②]。

其次，三项补贴以种粮农民为补贴对象，在实际操作中主要补贴稻谷、小麦和玉米三大谷物生产者，导致两大弊病。一方面，造成玉米播种面积偏大、产量偏高、供过于求、库存压力增大，而国内亟须的大豆、牧草播种面积不足、产量偏低、供不应求、进口耗资巨大，造成农业产量结构性过剩或短缺，不利于农业供给侧结构性调整。针对这一弊端，2016年4月《财政部 农业部关于全面推开农业“三项补贴”改革工作的通知》规定，将补贴对象从种粮农民改为种地农民。这一规定有助于缩减玉米播种面积和产量，有助于优化农业播种结构与产量结构，有助于推进农业供给侧结构性调整。粮改豆、粮改饲、粮改草、粮改经（果、花、菜、药）等种植结构调整，旨在提高经济效益并减少玉米库存压力。但习近平总书记强调，在调整种植结构时要严格控制耕地非粮化规模。不能把耕地都变成果园、花卉地和菜地，否则虽然能够提高经济效益，但是无法保谷物、保口粮[③]。另一方面，三项补贴重视“黄箱”而忽视“绿箱”。“绿箱”支持政策大多是政府对农业科技、农田水利、农业生态环境的投资，通常不直接影响农资和农产品价格；“黄箱”支持政策指政府对农业生产资料和农产品价格的直接补贴。近年来中国政府偏向运用“黄箱”支持政策，不断提高稻谷、小麦等主粮、口粮的最低收购价，极易引发中外贸易纠纷。针对这

① 何蒲明、魏君英、贺亚亚：《粮食安全视阈下地力保护补贴问题研究》，《农村经济》，2018年第9期，第49-54页。

② 杨东群、王克军、蒋和平：《粮食减产影响我国粮食安全的分析与政策建议》，《经济学家》，2018年第12期，第71-80页。

③ 习近平：《坚持和完善农村基本经营制度》（2013年12月23日），载《论坚持全面深化改革》，中央文献出版社，2018，第75页。

一弊端，2015 年 10 月 12 日《中共中央 国务院关于推进价格机制改革的若干意见》指出，调整改进“黄箱”支持政策，扩大“绿箱”支持政策实施规模和范围①。2016 年 12 月 14 日，习近平总书记强调，应及时把农业补贴转向“绿箱”政策②，用以改善农业生产条件、生态环境并提高农民收入。

最后，三项补贴以承包户的耕地面积为补贴依据，造成三种脱钩或弊端。一是三项补贴与播种面积脱钩，忽视一年一茬与一年多季在播种面积上的实际差异，无法阻止农民的季节性撂荒。例如，有研究者发现，安徽省霍邱县农田一般一年两熟，种植水稻和冬小麦，但近年来部分承包户只种利润较多的水稻，不种利润很低甚至亏损的冬小麦③。针对这一弊端，2016 年 4 月《财政部 农业部关于全面推开农业“三项补贴”改革工作的通知》提出，补贴依据可以是二轮承包耕地面积、计税耕地面积、确权耕地面积或粮食种植面积等，具体以哪一种类型面积或哪几种类型面积，由省级人民政府结合本地实际自定。但是，有研究者调查发现，多个省份为了减少核查工作量，一般仍以耕地面积作为补贴依据④。因此，这一弊端仍然没有获得解决。二是三项补贴与产量高低脱钩，忽视相同面积耕地上单位面积产量的差异，无法刺激农民对土地追加投资以提高单产，在水旱田兼备、平坡地齐全之地无法防止农民撂荒旱田和坡地。2016 年，有研究者调查河南、安徽、江西、湖南、广西和海南等省（自治区）乡村后发现，旱地比水田、山区坡地比低地平坝撂荒更严重。三是三项补贴与土地经营权脱钩，在土地经营权流转越来越频繁的情况下会挫伤经营权流入方（通常是专业大户、农业企业、家庭农场和农业合作社等新型农业经营主体）改良土地的积极性，而且无法阻止部分承包户将耕地非粮化、非农化甚至彻底撂荒。有研究者在 2016 年调查部分产粮大省或大县后发现，在河南省固始县，有近 7% 的耕地面积撂荒；在江西省萍乡市，约 30% 的耕地面

---

① 中共中央文献研究室编《十八大以来重要文献选编》（中），中央文献出版社，2016，第 708 页。

② 习近平：《关于深化供给侧结构性改革》（2016 年 12 月 14 日），载《论坚持全面深化改革》，中央文献出版社，2018，第 304-305 页。

③ 杨东群、王克军、蒋和平：《粮食减产影响我国粮食安全的分析与政策建议》，《经济学家》，2018 年第 12 期，第 71-80 页。

④ 何蒲明、魏君英、贺亚亚：《粮食安全视阈下地力保护补贴问题研究》，《农村经济》，2018 年第 9 期，第 49-54 页。

积撂荒；在广西横县，有近8%的耕地面积撂荒；海南省农业部门调查数据显示，该省撂荒满两年的耕地面积多达18.14万亩，其中儋州4.37万亩，海口2.35万亩，文昌2.16万亩，屯昌1.97万亩，澄迈1.58万亩，东方1.48万亩，昌江1.47万亩①。

针对农业补贴的上述弊端，中国应调整优化补贴方式、提高补贴的“精准性和指向性”②，形成“覆盖全面、指向明确、重点突出、措施配套、操作简便”的农业支撑保护制度③。今后一段时间，指向明确和重点突出最为紧要。具体而言，指向明确，指探索形成农业补贴同粮食生产挂钩机制；重点突出，指强化对主产省和主产县的财政奖补力度，逐步建立并健全对主产区的利益补偿机制。

2. 通过保护耕地来确保粮食种植面积

（1）耕地的萎缩趋势

改革开放以来，中国工业和服务业迅速发展，城市建设用地不断扩张，农民收入水平和宅基地面积扩大，加上退耕还林还草还湖还湿力度较大，导致耕地萎缩形势比较严重。1978—1985年，中国耕地净减少330万公顷，年均减少47.14万公顷；1987—1995年，中国耕地净减少310.38万公顷，年均减少34.49万公顷；1998—2003年，中国耕地净减少662.25万公顷，年均减少110.37万公顷④。2013年12月23日习近平总书记在中央农村工作会议上指出，水田和水浇地是中国的“保命田”，但是近十几年来仅东南沿海五省的水田面积就减少1 798万亩，相当于减掉一个福建省的全部水田面积⑤。

习近平总书记所说的“近十几年”间，城镇建设用地扩张非常明显，

① 杨东群、王克军、蒋和平：《粮食减产影响我国粮食安全的分析与政策建议》，《经济学家》，2018年第12期，第71-80页。

② 习近平：《在中央农村工作会议上的讲话》（2013年12月23日），载中共中央文献研究室编《十八大以来重要文献选编》（上），中央文献出版社，2014，第664页。习近平：《关于深化供给侧结构性改革》（2016年12月14日），载《论坚持全面深化改革》，中央文献出版社，2018，第304-305页。

③ 习近平：《在农村改革座谈会上的讲话》（2016年4月25日），载《论坚持全面深化改革》，中央文献出版社，2018，第260页。

④ 陈锡文、罗丹、张征：《中国农村改革40年》，人民出版社，2018，第433-434页。

⑤ 习近平：《在中央农村工作会议上的讲话》（2013年12月23日），载中共中央文献研究室编《十八大以来重要文献选编》（上），中央文献出版社，2014，第663页。

“摊大饼”问题突出。2000—2012 年，中国城镇建设用地增长约 70%[①]，多地遍布大马路、大广场、大绿地、大园区，城镇建成区人口大幅度下降，土地利用率很低。之所以出现上述情况，主要是由于多数中小城镇的人口出生率和自然增长率低位徘徊，顽固的城乡二元户籍制度使农民很难进城定居落户；分税制改革后，地方政府仰赖土地拍卖收入，借助征地制度，将城郊农村集体所有的大片耕地和宅基地转为国有城镇建设用地。只要上述生育状况、户籍制度、财税体制和征地制度不改变，就很难遏制大量城镇建成区人口密度下降的趋势。因此，2013 年中央城镇化会议和农村工作会议后，中国耕地面积继续缩减，只是幅度有所降低。2013—2017 年，中国耕地面积从 13 515.84 万公顷降至 13 488.12 万公顷，年均净减少 5.544 万公顷[②]。2015—2017 年，我国新增建设用地 152.91 万公顷，通过土地整治新增耕地面积只有 54.13 万公顷；根据《2015 年度全国土地变更调查》《2016 中国国土资源公报》和《2017 中国土地矿产海洋资源统计公报》，我国耕地 2015、2016、2017 年分别净减少 5.95 万公顷、4.35 万公顷和 6.09 万公顷[③]。

（2）如何应对耕地萎缩

总体原则是守住耕地数量与质量红线。我国人多地少、耕地稀缺，所以必须“实行最严格的耕地保护制度”[④]，要像保护文物甚至大熊猫那样保护耕地[⑤]，农村改革不论怎么改也“不能把耕地改少了”[⑥]。这就需要守住耕地红线，“耕地红线不仅是数量上的，而且是质量上的”[⑦]。习近平总书记强

① 习近平：《在中央城镇化工作会议上的讲话》（2013 年 12 月 12 日），载中共中央文献研究室编《十八大以来重要文献选编》（上），中央文献出版社，2014，第 596 页。

② 国家统计局编《2018 中国统计年鉴》，中国统计出版社，2018，第 259 页。

③ 杨东群、王克军、蒋和平：《粮食减产影响我国粮食安全的分析与政策建议》，《经济学家》，2018 年第 12 期，第 71-80 页。

④ 习近平：《就做好耕地保护和农村土地流转工作作出的指示》（2015 年 5 月），载中共中央党史和文献研究院编《习近平关于“三农”工作论述摘编》，中央文献出版社，2019，第 57-58 页。

⑤ 习近平：《在中央农村工作会议上的讲话》（2013 年 12 月 23 日），载中共中央文献研究室编《十八大以来重要文献选编》（上），中央文献出版社，2014，第 663 页。

⑥ 习近平：《在中央农村工作会议上的讲话》（2017 年 12 月 28 日），载中共中央党史和文献研究院编《习近平关于“三农”工作论述摘编》，中央文献出版社，2019，第 63 页。

⑦ 习近平：《在中央农村工作会议上的讲话》（2013 年 12 月 23 日），载中共中央文献研究室编《十八大以来重要文献选编》（上），中央文献出版社，2014，第 663 页。

调，不能突破（指数量），也不能变通突破（指质量）这条红线[①]。

具体做法有两个：限制耕地非农化规模并搞好耕地占补平衡。

耕地被占用前，中央限制耕地非农化规模。中国如果耕地都非农化了，“赖以吃饭的家底就没有了”[②]。因此必须防止土地用途发生根本性变化，不能“挂羊头卖狗肉”，不能以土地改革、城乡一体化为名行增加城镇建设用地之实[③]。如果公司和企业租赁农地，只能种地搞农业，不能改变用途，不能违规搞非农建设，例如不能搞旅游度假村、高尔夫球场、农家乐，不能盖房子搞别墅、私人会所[④]。现行《中华人民共和国土地管理法》明确规定，国家实行永久基本农田保护制度，任何单位和个人不得擅自占用或者改变永久基本农田的用途[⑤]。

耕地被占用之后，中央强调要实行耕地占补平衡政策，它包括数量和质量两个方面。现行《中华人民共和国土地管理法》规定，省级政府必须确保本行政区域内耕地总量不减少、质量不降低，占用耕地与开发复垦耕地必须“数量平衡、质量相当”。耕地总量减少的，由国务院责令在规定期限内组织开垦与所减少耕地的数量与质量相当的耕地；耕地质量降低的，由国务院责令在规定期限内组织整治[⑥]。习近平总书记多次指出，耕地占补平衡中，普遍存在着“补充数量不到位、补充质量不到位问题”[⑦]。补充数量不到位，主要是占多补少[⑧]。补充质量不到位即占优补劣或曰占好补差，后果最为严重，并有多种表现，包括占水田补旱地、占近补远（占城

① 习近平：《在中央城镇化工作会议上的讲话》（2013 年 12 月 12 日），载中共中央文献研究室编《十八大以来重要文献选编》（上），中央文献出版社，2014，第 596 页。

② 习近平：《在中央农村工作会议上的讲话》（2013 年 12 月 23 日），载中共中央文献研究室编《十八大以来重要文献选编》（上），中央文献出版社，2014，第 662 页。

③ 习近平：《在中央城镇化工作会议上的讲话》（2013 年 12 月 12 日），载中共中央文献研究室编《十八大以来重要文献选编》（上），中央文献出版社，2014，第 598 页。

④ 习近平：《坚持和完善农村基本经营制度》（2013 年 12 月 23 日），载《论坚持全面深化改革》，中央文献出版社，2018，第 75 页。

⑤ 《中华人民共和国土地管理法》（1986 年 6 月 25 日第六届全国人大常委会第十六次会议通过，2019 年 8 月 26 日第三次修正文本），中国法制出版社，2019，第 22-23 页。

⑥ 《中华人民共和国土地管理法》（1986 年 6 月 25 日第六届全国人大常委会第十六次会议通过，2019 年 8 月 26 日第三次修正文本），中国法制出版社，2019，第 18-22 页。

⑦ 习近平：《就做好耕地保护和农村土地流转工作作出的指示》（2015 年 5 月），载中共中央党史和文献研究院编《习近平关于“三农”工作论述摘编》，中央文献出版社，2019，第 57-58 页。

⑧ 习近平：《在中央农村工作会议上的讲话》（2013 年 12 月 23 日），载中共中央文献研究室编《十八大以来重要文献选编》（上），中央文献出版社，2014，第 663 页。

郊补山沟）、占平地补坡地、占熟地补生地，等等。有学者指出：如果从粮食综合生产力角度评估，在最初两年，两亩以上补充地的粮食产量才能大致与一亩良田持平[①]。习近平总书记也指出，山沟里平整出的一两亩地，比不上被占的一亩城郊高产田，两者“质量相差甚远”[②]。他强调，上述占补平衡的错误做法，是“玩虚的”“滥竽充数”和“自欺欺人”[③]，是“狸猫换太子”，“是很危险的，总有一天会出事”[④]。2021 年 1 月中央一号文件指出，要坚决遏制耕地“非农化”、防止“非粮化”，永久基本农田重点用于粮食特别是口粮生产，一般耕地主要用于粮食和棉、油、糖、蔬菜等农产品及饲草饲料生产[⑤]。

（三）确保农产品质量安全

为什么要确保农产品质量安全？因为党和政府有责任让人民吃得饱、吃得好、吃得放心[⑥]，其中吃得饱是数量要求，吃得放心是质量要求，吃得好既有数量要求又有质量要求。但是近年来，抛开农业供给侧结构性问题不谈，农产品数量问题基本解决，但农产品质量问题引人注目。毒奶粉、地沟油、假羊肉、镉大米、毒生姜、染色脐橙等事件，都曾引起国民愤慨。因此要在保障数量供给的同时更加注重农产品质量和食品安全，坚持数量质量并重。

怎样确保农产品质量安全？安全农产品和食品既是产出来的，也是管出来的[⑦]。因此，若要确保农产品质量安全，必须注重生产源头治理和产销全程监管。目前，还有人在生产源头冒天下之大不韪制售黑心食品，就是

---

① 杨东群、王克军、蒋和平：《粮食减产影响我国粮食安全的分析与政策建议》，《经济学家》，2018 年第 12 期，第 71-80 页。

② 习近平：《在中央农村工作会议上的讲话》（2013 年 12 月 23 日），载中共中央文献研究室编《十八大以来重要文献选编》（上），中央文献出版社，2014，第 663 页。

③ 习近平：《在中央城镇化工作会议上的讲话》（2013 年 12 月 12 日），载中共中央文献研究室编《十八大以来重要文献选编》（上），中央文献出版社，2014，第 596 页。

④ 习近平：《在中央农村工作会议上的讲话》（2013 年 12 月 23 日），载中共中央文献研究室编《十八大以来重要文献选编》（上），中央文献出版社，2014，第 663 页。

⑤ 《中共中央国务院关于全面推进乡村振兴加快农业农村现代化的意见》（2021 年 1 月 4 日），载《人民日报》2021 年 2 月 22 日第 1 版。

⑥ 习近平：《在中央经济工作会议上的讲话》（2013 年 12 月 10 日），载中共中央党史和文献研究院编《习近平关于“三农”工作论述摘编》，中央文献出版社，2019，第 68 页。

⑦ 习近平：《走中国特色社会主义乡村振兴道路》（2017 年 12 月 28 日），载《论坚持全面深化改革》，中央文献出版社，2018，第 402 页。

因为管理还有漏洞、执法还不严格、惩罚不够严厉、违法成本太低。针对上述弊病，习近平总书记提出“四个最严”，即用“最严谨的标准、最严格的监管、最严厉的处罚、最严肃的问责”确保国民“舌尖上的安全”①。

第四节　粮食流通形势与风险

一、粮食流通形势

（一）粮食储备形势

中国具有设立常平仓的传统，用以稳定市场、预防灾荒。近年来，我国粮食储备和应急体系逐步健全，粮食物流能力大幅提升。2019 年 10 月国务院新闻办发布的《中国的粮食安全》白皮书指出：目前政府粮食储备数量充足、质量良好、储存安全，大中城市和价格易波动地区已建立起 10~15 天的应急成品粮储备；粮食物流骨干通道全部打通，公路、铁路、水路多式联运格局基本形成，原粮散粮运输、成品粮集装化运输比重大幅提高，粮食物流效率稳步提升。在这种情况下，粮食应急储备、加工和配送体系基本形成，应急供应网点遍布城乡街道社区，在应对重大自然灾害和公共突发事件等方面发挥重要作用。

粮食储备要妥善处理中央和地方、政府和民间的关系。一方面，中央和地方储备粮职能定位不同。中央储备粮是国家粮食安全的“压舱石”，主要用于在全国范围守底线、应大灾、稳预期；地方储备粮是国家粮食安全的“第一道防线”，主要用于区域市场保应急、稳粮价、保供应②。另一方面，为了提高“性价比”和“效率效益”，政府必须调动市场主体收储粮食的积极性，有效利用民间仓储设施储备粮食。

中央之所以要调动地方政府和社会仓储的积极性，主要是由于近年来国粮入库导致中央财政负担沉重。2008 年以来，我国粮食生产成本呈上升趋势，国家为保障粮农积极性而提高稻谷、小麦等主粮的最低收购价，导

① 习近平：《在中央农村工作会议上的讲话》（2013 年 12 月 23 日），载中共中央文献研究室编《十八大以来重要文献选编》（上），中央文献出版社，2014，第 673-676 页。

② 中华人民共和国国务院新闻办公室：《中国的粮食安全》白皮书（2019 年 10 月），人民出版社，2019，第 16-17 页。

致最低收购价已超过国际市场价，低价进口主粮畅销国内。而根据“价高者得”的市场交易法则，国家则成为国产主粮的最终买家。大批国产粮食入库，粮食储备耗费急剧上升。这些负担或耗费种类多样。一是银行贷款本息与收购大量新粮带来的耗费。有学者测算发现，2017 年黑龙江省粳稻最低收购价为每斤 1.5 元或每吨 3 000 元；收购费源自银行贷款，若以 6% 利率计算，平摊到每吨粳米上的年利息为 180 元①。二是兴建、维修和改造大批粮仓带来的支出。近年来，国家规划建设一批现代化新粮仓，维修改造一批老粮库，仓容规模进一步增加。2018 年全国共有标准粮食仓房仓容 6.7 亿吨，简易仓容 2.4 亿吨，有效仓容总量比 1996 年增长 31.9%②。三是保管入库粮食带来的耗费。有学者测算发现，2017 年黑龙江省每吨入库粳稻的保管费为 90 元左右。四是陈粮因出芽、霉变、虫蛀、仓鼠、火灾、失窃出现数量损耗和质量降级，粮库在粮食存储到期前夕亏本销售陈粮。通常来说，在较为干燥的江北，稻谷入库后存储期限为 2~3 年，小麦为 3~5 年，玉米为 2~3 年，豆类为 1~2 年；在较为潮湿的江南，稻谷入库后存储期限为 2~3 年，小麦为 3~4 年，玉米和豆类为 1~2 年③。五是腐败官员的折腾糟蹋。习近平总书记指出，近年来国家粮库里“出的案子不少”，决不能任由“粮耗子”折腾糟蹋粮库④。

为了减轻粮食储备压力，中央除了要调动地方政府和民间的积极性，还要在农业结构性调整方面下功夫。国粮库存压力源于粮食产量结构性过剩，特别是玉米严重供大于求，库存积压较多。产量结构性过剩是当前农业面临的突出矛盾，玉米等粮食去库存是当前紧迫任务。

（二）粮食外贸形势

2001 年中国加入世界贸易组织之后，粮食进口量呈现上升趋势，中国迅速成为粮食净进口国。2017 年，中国粮食进口量达 13 062 万吨，比 1978 年的 883 万吨增长近 14 倍，粮食进口量与国内粮食产量的比值从 2.9% 上升到 21.1%；2017 年，中国粮食净进口量达 12 782 万吨，比 1978

---

① 陈锡文、罗丹、张征：《中国农村改革 40 年》，人民出版社，2018，第 333 页。

② 中华人民共和国国务院新闻办公室：《中国的粮食安全》白皮书（2019 年 10 月），人民出版社，2019，第 6-7 页。

③ 陈锡文、罗丹、张征：《中国农村改革 40 年》，人民出版社，2018，第 333 页。

④ 习近平：《在中央农村工作会议上的讲话》（2013 年 12 月 23 日），载中共中央文献研究室编《十八大以来重要文献选编》（上），中央文献出版社，2014，第 665 页。

年的 695 万吨增长 17 倍多，粮食净进口量与国内粮食产量的比值从 2.3% 上升到 20.7%①。

大豆等食用植物油籽及大豆油等植物油，在近年来中国的进口粮食中占有举足轻重的地位。2017 年中国食用植物油进口量总计 742.8 万吨，其中棕榈油 507.9 万吨，大豆油 65.3 万吨，菜籽油 75.7 万吨，葵花油和红花油 74.5 万吨；2017 年中国食用植物油籽进口量为 10 197.4 万吨（折油量 2 010 万吨），其中大豆 9 552.6 万吨，油菜籽 474.8 万吨。2017 年中国大豆进口来源地为巴西（53%）、美国（34%）和阿根廷（7%）②。

稻谷是我国最主要的口粮。近些年国内稻米供应充裕，但由于国内外进口价差存在，进口大米流入成为常态③。《中国粮食年鉴》数据显示：2008 年，中国稻谷产量为 19 190 万吨，出口 97 万吨，进口 33 万吨，总计新增供给 19 125 万吨；2013 年，中国稻谷产量为 20 361 万吨，出口 48 万吨，进口 227 万吨，总计新增供给 20 541 万吨；2016 年，中国稻谷产量 20 708 万吨，出口 48 万吨，进口 356 万吨，总计新增供给 21 016 万吨④。2016 年，全球大米出口量中，印度（26.20%）、泰国（24.22%）、越南（13.53%）、巴基斯坦（7.50%）、美国（7.04%）和缅甸（6.98%）合计占比 85.47%⑤。2017 年中国进口大米 399 万吨，来源地主要是越南（226 万吨，56.72%）、泰国（112 万吨，22.98%）和巴基斯坦（27 万吨，6.83%）⑥。

近年来，世界小麦价格低位徘徊，中国优质小麦价格偏高，国内外小麦价差扩大，不少面粉企业增加小麦进口量，用以制售高档面粉或专用面粉。《中国粮食年鉴》数据显示：2008 年，中国小麦产量为 11 246 万吨，出口 31 万吨，进口 4 万吨，总计新增供给 11 220 万吨；2013 年，中国小

---

① 王永春、王秀东：《改革开放 40 年中国粮食安全国际合作发展及展望》，《农业经济问题》，2018 年第 11 期，第 70-77 页。国家粮食和物资储备局主编《2018 中国粮食发展报告》，经济管理出版社，2018，第 163 页。

② 国家粮食和物资储备局主编《2018 中国粮食发展报告》，经济管理出版社，2018，第 23-24 页。

③ 国家粮食和物资储备局主编《2018 中国粮食发展报告》，经济管理出版社，2018，第 16-17 页。

④ 蒋和平、杨东群、王晓君：《新时代我国粮食安全导向的变革与政策调整建议》，《价格理论与实践》，2018 年第 12 期，第 34-39 页。

⑤ 王帅：《粮食的"地理可获得性"与粮食安全》，《农业经济问题》，2018 年第 6 期，第 38-48 页。

⑥ 国家粮食和物资储备局主编《2018 中国粮食发展报告》，经济管理出版社，2018，第 16-17 页。

麦产量为 12 193 万吨，出口 28 万吨，进口 554 万吨，总计新增供给 12 718 万吨；2016 年，中国小麦产量 12 885 万吨，出口 11 万吨，进口 341 万吨，总计新增供给 13 215 万吨[①]。2016 年小麦出口前六强是美国（16.18%）、俄罗斯（15.26%）、欧盟（14.99%）、澳大利亚（12.10%）、加拿大（11.11%）和乌克兰（9.94%），六国小麦出口量占全球小麦出口总量的 79.58%，如果加上阿根廷（6.74%）和哈萨克斯坦（3.98%），八国小麦出口量占比高达 90.30%[②]。2017 年中国小麦进口来源地为澳大利亚（43%）、美国（35%）、加拿大（12%）[③]。

近年来，国产玉米严重供过于求，库存压力沉重。但是，由于国产玉米成本居高不下，国产玉米价格高于世界市场上的玉米价格，中外玉米价差导致中国成为玉米净进口国。《中国粮食年鉴》数据显示：2013 年，中国玉米产量为 21 849 万吨，出口 8 万吨，进口 327 万吨，总计新增供给 22 168 万吨；2016 年，中国玉米产量 21 955 万吨，出口 0.4 万吨，进口 317 万吨，总计新增供给 22 272 万吨[④]。2016 年玉米出口中排名前四的国家是美国（39.21%）、阿根廷（16.20%）、乌克兰（15.06%）和巴西（13.97%），占全球出口总量 84.44%[⑤]。2017 年中国玉米进口来源地为乌克兰（64%）和美国（27%）[⑥]。

根据近年来世界上稻谷、小麦和玉米生产与出口情况，可以得出初步结论：小麦出口率 20%~25%，玉米出口率 10%~15%，稻米出口率仅 7% 左右；玉米生产规模大、市场规模也比较大，小麦生产规模中等但市场规模却最大，稻米生产规模相对较小而市场规模最小；小麦最容易流通，玉米流通性较高，而稻米流通性很小，中国从世界市场获取稻米的难度最

---

① 蒋和平、杨东群、王晓君：《新时代我国粮食安全导向的变革与政策调整建议》，《价格理论与实践》，2018 年第 12 期，第 34-39 页。

② 王帅：《粮食的“地理可获得性”与粮食安全》，《农业经济问题》，2018 年第 6 期，第 38-48 页。

③ 国家粮食和物资储备局主编《2018 中国粮食发展报告》，经济管理出版社，2018，第 23-24 页。

④ 蒋和平、杨东群、王晓君：《新时代我国粮食安全导向的变革与政策调整建议》，《价格理论与实践》，2018 年第 12 期，第 34-39 页。

⑤ 王帅：《粮食的“地理可获得性”与粮食安全》，《农业经济问题》，2018 年第 6 期，第 38-48 页。

⑥ 国家粮食和物资储备局主编《2018 中国粮食发展报告》，经济管理出版社，2018，第 23-24 页。

大[1]。2013 年 12 月 23 日习近平总书记在中央农村工作会议上提到，当时国际市场上大米贸易量约 700 亿斤，仅相当于我国大米消费量的 25%[2]。

二、粮食流通风险

（一）粮食进口风险

进入 21 世纪，大豆是中国对外依存度最高的粮食，也是进口额最大的粮食，而且短期内中国大豆的对外依存度和进口额还将呈现上升趋势。中国大豆具有自给率很低、来源国集中、运输线单一三大特征，因此中国进口大豆时除应考虑经济安全和政治安全外，还须顾及“地理可获得性”问题，必须充分估计进口风险。

一是大豆自给率很低。中国大豆自给率极低，且进口量是小麦、玉米和大米三大主粮进口量之和的 8.28 倍。二是大豆来源国集中。美国农业部统计数据显示，2016 年全球大豆出口量中，巴西占 42.82%，美国占 40.12%，合计占比 82.94%，如果加上阿根廷（4.76%）、巴拉圭（4.16%）和加拿大（3.24%），则出口量合计占全球比例 95.10%。据中国海关总署数据统计，2016 年中国从美国进口大豆 3 417 万吨，占进口总量的 40.7%，从巴西进口大豆 3 821 万吨，占比 45.5%，合计占比 86.2%[3]。2017 年中国大豆进口来源地为巴西（53%）、美国（34%）和阿根廷（7%）[4]。三是运输线单一。美国和巴西是中国进口大豆的主要来源国，其大豆生产均高度集中于主产区，大豆运输遵循较固定的运输线。美国中西部主产区的大豆，首先通过铁路和公路被运往密西西比河流域沿岸粮库，然后经由内河航运系统被运往墨西哥湾港口，再经由巴拿马运河和马六甲海峡被送往中国华东港口。巴西大豆主产区的大豆，首先通过公路被运往巴西南部港口，再经由马六甲海峡被运往中国港口。由此可见，中国大豆进口日益依赖巴拿

---

① 杨万江、林斌、刘琦、李祺：《中国粮食安全新战略：“保口粮”“稻米安全”与“一带一路”》，《世界农业》，2018 年第 6 期，第 208-214 页。笔者认为，保口粮的关键在于，通过利用一带一路，确保“稻米安全”。

② 习近平：《在中央农村工作会议上的讲话》（2013 年 12 月 23 日），载中共中央文献研究室编《十八大以来重要文献选编》（上），中央文献出版社，2014，第 662 页。

③ 王帅：《粮食的“地理可获得性”与粮食安全》，《农业经济问题》，2018 年第 6 期，第 38-48 页。

④ 国家粮食和物资储备局主编《2018 中国粮食发展报告》，经济管理出版社，2018，第 23-24 页。

马运河和马六甲海峡。据世界粮农组织统计，经由巴拿马运河出口到中国的大豆占中国大豆总消费量的比重从2000年的27%升至2013年的34%，经由马六甲海峡出口到中国的大豆占中国大豆总消费量的比重从2000年的8%升至2013年的42%[①]。

（二）如何应对粮食进口风险

在国内粮食生产确保谷物基本自给、口粮绝对安全的前提下，为了减轻国内农业资源环境压力、弥补部分国内农产品供求缺口，中国有必要适当增加进口和加快农业走出去步伐。据测算，中国通过国际贸易和合作，已经在国外利用相当于7亿亩播种面积的土地生产粮食和大豆、棉花、糖料等农作物[②]；今后中国仍要积极稳妥利用国际农产品市场和国外农业资源。一方面，要利用国际农产品市场，适当增加进口短缺的粮食品种，但不能突然大幅增加进口，这样必然引起全球粮价暴涨，而且在政治上和外交上得不偿失。另一方面，要利用国外农业资源，尝试租地、买地或搞合作开发，加快农业走出去，但要充分研判经济、技术乃至政治上的风险。

第五节　粮食消费形势与节约粮食工作

一、重视节约粮食

食物浪费尤其是粮食浪费，是全世界的普遍现象，中国是重灾区之一。世界粮农组织提供的数据显示，每年全世界有45%的蔬菜水果，35%的水产品，30%的谷物，1/5的肉类和1/5的奶制品被浪费，总量达到2.9万亿磅，约合13亿吨，约占世界食物总产量的1/3。有相当多的粮食浪费发生在中国，且出现在多个环节。有学者统计，中国粮食从收获到储粮，损耗125亿公斤；从储粮到储运，损耗200亿公斤；从储运到加工，损耗75亿公斤；从加工到消费，损耗75亿公斤；消费时浪费200亿公斤。总计浪费675亿公斤，约占每年中国粮食总产量的11%。消费环节的浪费本

① 王帅：《粮食的“地理可获得性”与粮食安全》，《农业经济问题》，2018年第6期，第38-48页。

② 习近平：《在中央农村工作会议上的讲话》（2013年12月23日），载中共中央文献研究室编《十八大以来重要文献选编》（上），中央文献出版社，2014，第666-667页。

来可以避免，却占比最高。习近平总书记指出，中国在粮食生产、流通、加工、消费环节存在大量浪费现象，餐桌上的浪费尤为惊人，“这与社会上存在的讲面子、讲排场的陋习有关”。有研究者在调查2013—2015年北京、上海、成都、拉萨的餐饮环节后发现，四座城市人均每餐浪费食物约93克，其中蔬菜、大米、水产品和小麦浪费量分列第一至第四位；据中国科学院地理科学与资源研究所课题组2013—2015年的调查结果显示，当时中国仅城市餐饮业的食物浪费量就达每年1 700万~1 800万吨，约合4 300万~4 600万吨粮食，相当于3 000万~5 000万人全年口粮①。据调查，中国在餐桌上浪费的食物高达年均2 000亿元，相当于两亿多人一年的口粮②。

针对中国各个环节特别是餐饮环节的粮食浪费，习近平总书记表示，必须坚决刹住浪费粮食的不良风气，高度重视节约粮食。一方面，他提出要注重解决粮食在收储、销售、加工过程中的浪费。另一方面，他强调遏制餐桌上的浪费，主张从餐桌抓起，从每个家庭抓起，从娃娃抓起，从各级各类学校抓起③。节约粮食更要遏制公款吃喝。2013年1月17日习近平总书记在新华社《国内动态清样》第227期《网民呼吁遏制餐饮环节“舌尖上的浪费”》上批示：“严格执行公务接待制度，严格落实各项节约措施，坚决杜绝公款浪费现象。”同年2月22日他在人民日报《专家学者对遏制公款吃喝的分析和建议》等材料上批示，“以刚性的制度约束、严格的制度执行、强有力的监督检查、严厉的惩戒机制”遏制公款消费中的违规违纪违法现象④。根据习近平总书记的批示，2013年11月18日，中共中央、国务院印发《党政机关厉行节约反对浪费条例》，严厉打击包括公款吃喝

---

① 成升魁、李云云、刘晓洁，王灵恩、鲁春霞、谢高地、刘爱民：《关于新时代我国粮食安全观的思考》，《自然资源学报》，2018年第6期，第911-926页；成升魁、汪寿阳、刘旭、刘晓洁、吴良：《新时期我国国民营养与粮食安全》，《科学通报》，2018年第18期，第1764-1774页。

② 习近平：《在中央农村工作会议上的讲话》（2013年12月23日），载中共中央文献研究室编《十八大以来重要文献选编》（上），中央文献出版社，2014，第667-668页。

③ 习近平：《在中央农村工作会议上的讲话》（2013年12月23日），载中共中央文献研究室编《十八大以来重要文献选编》（上），中央文献出版社，2014，第667-668页。

④ 习近平：《厉行勤俭节约，反对铺张浪费》（2013年1月17日、2月22日），载中共中央文献研究室编《十八大以来重要文献选编》（上），中央文献出版社，2014，第119-120页。

在内的多种奢侈浪费现象①。2020年12月底习总书记在中央农村工作会议上强调："要坚持不懈制止餐饮浪费。"② 2021年1月中央一号文件强调："开展粮食节约行动，减少生产、流通、加工、存储、消费环节粮食损耗浪费。"①

二、粮食消费形势

中国加入世界贸易组织之后，经济总量得到迅速提升、城乡居民收入大幅提高，加之人口总数上升与城镇人口比重提高，中国人均全口径粮食消费量呈现上升趋势。2013年12月23日习近平总书记在中央农村工作会议上提到，中国每年大约新增人口650万人，每年新增城镇人口约2 100万人，加上居民食物消费结构变化，粮食总需求量逐渐增加；他断言，随着人口增加、城镇化推进、人民生活水平提高，粮食需求量"将呈刚性增长趋势"④。以中国人口众多、城市化比重高、生活水平高的粮食主销区为例，根据2004—2015年《中国统计年鉴》的数据，2004—2013年粮食主销区人口由2.27亿增至2.68亿、占全国人口的比重由17.5%升至19.7%，主销区城镇化水平由64.9%升至71.9%，主销区粮食缺口越来越大。有研究者测算，北京和上海为粮食极大缺口区，平均粮食产需平衡缺口率超过70%；天津和广东为较大缺口区，平均粮食产需平衡缺口率为40%~43%；浙江和福建为大缺口区；海南省为一般缺口区⑤。2015年，农业部食物与营养发展研究所的数据表明，中国包含饲料用粮和工业用粮等在内的全口径人均粮食消费量达500公斤。以饲料用粮为例，2015年饲料总产量超过2亿吨，其中配方饲料1.74亿吨，浓缩饲料1 961万吨，添加剂预混合饲料

① 中共中央文献研究室编:《十八大以来重要文献选编》(上)，中央文献出版社，2014，第555-575页。

② 《习近平在中央农村工作会议上强调 坚持把解决好"三农"问题作为全党工作重中之重 促进农业高质高效乡村宜居宜业农民富裕富足》(新华社北京2020年12月29日电)，载《人民日报》2020年12月30日第1版。

① 《中共中央国务院关于全面推进乡村振兴加快农业农村现代化的意见》(2021年1月4日)，载《人民日报》2021年2月22日第1版。

④ 习近平:《在中央农村工作会议上的讲话》(2013年12月23日)，载中共中央文献研究室编《十八大以来重要文献选编》(上)，中央文献出版社，2014，第660-661页。

⑤ 杨东群、蒋和平:《我国粮食主销区的粮食安全问题研究———基于粮食产需平衡缺口视角》，《中国农业科技导报》，2017年第7期，第1-9页。

653 万吨；主要以上述饲料为基础，2016 年中国肉类总产量达 8 540 万吨，禽蛋总产量为 3 059 万吨[①]。

改革开放以来，中国城乡居民的食物消费结构出现重大变化。《中国农产品加工业年鉴》中的数据显示：2004—2013 年，农村年人均谷物消费量从 219.3 公斤持续下降至 158.5 公斤，城市年人均谷物消费量维持在 78 公斤左右；同期农村年人均猪牛羊肉消费量从 14.8 公斤增至 16.7 公斤但有波动，城市年人均猪牛羊肉消费量从 22.9 公斤增至 25.3 公斤但也有波动；同期农村年人均家禽消费量从 3.1 公斤增至 4.7 公斤，城市年人均家禽消费量从 8.4 公斤增至 11.2 公斤；同期农村年人均水产品消费量从 4.5 公斤增至 5.5 公斤，城市年人均水产品消费量从 12.5 公斤增至 16.4 公斤；同期农村年人均食用植物油消费量从 5.3 公斤上升到 7.2 公斤，城市年人均食用植物油消费量维持在 9.3 公斤左右[②]。2013 年，中国人均消费谷物 138.9 公斤，豆类 7.5 公斤，以豆油为主体的食用植物油 9.9 公斤，各类鲜菜 94.9 公斤，薯类仅 2.3 公斤；2017 年，中国人均消费谷物 130.1 公斤，豆类 8.0 公斤，以豆油为主体的食用植物油 9.8 公斤，各类鲜菜 96.1 公斤，薯类仅 2.5 公斤[③]。国务院新闻办发布的《中国的粮食安全》白皮书指出，2018 年，中国油料、猪牛羊肉、水产品、牛奶、蔬菜和水果的“人均占有量”分别为 24.7 公斤、46.8 公斤、46.4 公斤、22.1 公斤、505.1 公斤和 184.4 公斤，比 1996 年分别增加 6.5 公斤、16.6 公斤、19.5 公斤、17 公斤、257.7 公斤和 117.7 公斤，分别增长 35.7%、55%、72.5%、333.3%、104.2% 和 176.5%。人均占有量包括储备量，显然不等于消费量；但食物消费量应构成占有量的主体，这是毫无疑问的。所以上述数据仍然能够反映出几十年来中国人均食物消费量的变化趋势。据国家卫生健康委员会监测数据显示，中国居民平均每标准人日能量摄入量 2 172 千卡[④]，蛋白质 65 克，脂肪 80 克，碳水化合物 301 克。《中国的粮食安全》白皮书得出结论，近年来中国居民人均直接消费口粮减少，动物性食品、木本食物及蔬

① 成升魁、汪寿阳、刘旭、刘晓洁、吴良：《新时期我国国民营养与粮食安全》，《科学通报》，2018 年第 18 期，第 1764-1774 页。

② 杨东群、蒋和平：《我国粮食主销区的粮食安全问题研究———基于粮食产需平衡缺口视角》，《中国农业科技导报》，2017 年第 7 期，第 1-9 页。

③ 国家统计局编《2018 中国统计年鉴》，中国统计出版社，2018，第 177 页。

④ 1 千卡 =4.19 千焦。

菜、瓜果等非粮食食物消费增加，食物更加多样，饮食更加健康。目前中国城乡居民膳食能量得到充足供给，蛋白质、脂肪、碳水化合物三大营养素供能充足，碳水化合物供能比下降，脂肪供能比上升，优质蛋白质摄入增加。

第六章　融合发展农村一二三产业，拓宽在村农民增收渠道

从中共十八大到十九大，中国在村农民人均纯收入和消费支出继续增加，恩格尔系数略有下降，生活水平总体上呈现上升趋势。《中国统计年鉴》和《中国农村统计年鉴》提供的数据显示，2013—2017 年，农民人均纯收入从 9 429.6 元增至 13 432 元；2017 年，农民经营性收入、工资性收入、转移性收入占比分别为 37.4%、40.9%、19.37%。随着农民人均纯收入的增加，农民家庭消费支出也从 2013 年的 7 485.1 元（当年食物消费支出为 2 554.4 元）增至 2017 年的 10 955 元（其中食物消费支出为 3 415 元），恩格尔系数即食物消费开支占总开支的比值，从 2013 年的 0.34 降至 2017 年的 0.31①。本章集中论述在村农民的农业收入和非农业收入。

第一节　习近平总书记关于促进农民增收的论述

一、关于促进农民增收的意义

中共十八大以来，习近平总书记多次指出，必须高度重视促进农民增收，因为增加农民收入是农业农村工作的“关键”、是“三农”工作的“中心任务”，农民收入是否增加是“检验农村工作实效的一个重要尺度”、是农民是否达到小康生活水平的“关键”。2014 年 12 月 13 日、14 日，习近平在江苏调研时强调，要更加重视促进农民增收，“一个都不能少，一户都不能落”②。2016 年 4 月 25 日，习近平在农村改革座谈会上指出，农民小康不小康，关键看收入；“农民的钱袋子鼓起来没有”，是检验农村工

① 陈锡文、罗丹、张征：《中国农村改革 40 年》，人民出版社，2018，第 358-360 页。

② 习近平：《在江苏调研时的讲话》（2014 年 12 月 13 日、14 日），载中共中央党史和文献研究院编《习近平关于“三农”工作论述摘编》，中央文献出版社，2019，第 144-145 页。

作实效的重要尺度；增加农民收入，是"'三农'工作的中心任务"①。2018年6月12日—14日，习近平在山东考察时强调，增加农民收入，是农业农村工作的"关键"②。

二、关于促进农民增收的渠道

2013年11月27日，习近平总书记在山东省农科院同有关方面代表座谈时指出，要广辟途径，建立促进农民增收的长效机制：一是提高农业生产效益，使经营农业有钱赚；二是引导农村劳动力转移就业，促进农民打工有钱挣；三是加大对农业的补贴力度；四是推进农村改革，赋予农民更多财产权利③。几年后，他的措辞发生细微变化。2016年4月25日，习近平总书记在农村改革座谈会上强调，要通过发展农村经济、组织农民外出务工经商、增加农民财产性收入等多种途径增加农民收入，构建促进农民持续较快增收的长效政策机制④。与2013年11月27日的讲话相比，2016年4月25日的讲话实际上将农业经营收入、农业补贴收入、农村非农收入三项合称农村经济收入，并将农民外出经商视为农村劳动力转移就业的一种方式。到2017年6月21日—23日，习近平总书记在山西考察工作时说，要通过发展现代农业、提升农村经济、增强农民工务工技能、强化农业支持政策、拓展基本公共服务、提高农民进入市场的组织化程度，多途径增加农民收入⑤。与2013年11月27日和2016年4月25日的讲话相比，2017年6月21日—23日的讲话没有提及增加农民财产性收入，实际上将发展现代农业、强化农业支持政策（显然包含农业补贴政策）、提升农村经济视为增加农民农业收入和在村非农收入的途径，将增强农民工务工技能视为增加农民进城非农收入的途径。

---

① 习近平：《在农村改革座谈会上的讲话》（2016年4月25日），载《论坚持全面深化改革》，中央文献出版社，2018，第262页。

② 习近平：《在山东考察时的讲话》（2018年6月12日—14日），载中共中央党史和文献研究院编《习近平关于"三农"工作论述摘编》，中央文献出版社，2019，第150-151页。

③ 习近平：《在山东省农科院同有关方面代表座谈时的讲话要点》（2013年11月27日），载中共中央党史和文献研究院编《习近平关于"三农"工作论述摘编》，中央文献出版社，2019，第141页。

④ 习近平：《在农村改革座谈会上的讲话》（2016年4月25日），载习近平：《论坚持全面深化改革》，中央文献出版社，2018，第262页。

⑤ 习近平：《山西考察工作时的讲话》（2017年6月21—23日），载中共中央党史和文献研究院编《习近平关于"三农"工作论述摘编》，中央文献出版社，2019，第148-149页。

本章第二节论述如何增加在村农民的农业收入，第三节论述如何增加在村农民的非农收入特别是旅游收入。第七章集中论述如何通过重塑城乡关系，提高进城农民工的非农收入，并实现进城务工农民的市民化。

第二节　推进农业结构调整，提高农业生产效益

中国历来是世界农业大国，农业总产量长期位居世界前列。改革开放以来，中国农业的总量扩张非常明显，成功解决了国民温饱问题。然而，近年来，中国农业在总量扩张的同时，农业结构不合理、农产品质量不高、“大而不强”情形频频出现，农业总量扩张并未有效转化为农业收入增加。在这种情况下，为提高农民的农业收入，必须进行农业供给侧结构性调整，走质量兴农之路，提高农业生产效益，增加在村农民的农业收入。习近平总书记强调：农业供给侧结构性改革“最为紧迫的任务”，就是尽快实现农业由“总量扩张”到“质量提升”的转变；必须加快推进农业由“增产导向”转向“提质导向”，实现由“农业大国”向“农业强国”的转变[①]。

一、为什么进行农业供给侧结构性改革

农业收入是在村农民的重要收入来源。只有提高农业生产效益，才能增加农民收入。农业供给侧结构性调整，则是提高农业生产效益的途径之一。近年来，中国农业的主要矛盾由总量不足转变为结构性矛盾、矛盾的主要方面在供给侧，集中表现在供不应求和供过于求同时存在。供不应求，主要表现在大豆和优质农产品方面。供过于求，主要表现为玉米等大宗农产品总量过剩，库存积压严重。国产粮食成本与价格双高，国产陈粮积压与损耗严重，国产新粮入库与入市困难，进口粮食数额大销量大，形成高成本、高价格、高损耗、高库存、高进口局面。在这种形势下，推进农业供给侧结构性改革进而提高农业综合效益和竞争力，是当前和今后一

① 习近平：《走中国特色社会主义乡村振兴道路》（2017年12月28日），载《论坚持全面深化改革》，中央文献出版社，2018，第400-401页。

个时期我国农业政策改革和完善的“主要方向”① 以及农业农村工作的“主线”②。

二、怎样进行农业供给侧结构性改革

通过农业供给侧结构性改革促进农民增收，其实质是通过提高农产品市场化程度或商品率来增加农民的农业收入。农产品市场化仰赖相对特殊的自然条件和规模消费的区位因素，因此气候土壤条件适宜地区、沿海沿边开放地区、大中城市郊区在播种结构和农产品贸易结构方面不要追求面面俱到进而丧失区域特色。农产品市场化耗资较大，因此应该通过优惠贷款和转移支付等手段，加大对农业的融资力度。农业种植技术比较复杂，而且耗水较多，因此应该继续推广农业技术，补齐农田水利建设短板。部分农产品的采摘极其费工而且产品不易储运，因此应该精心培育农业社会化服务体系，着力改善运输条件。农产品市场化仰赖国内外两种市场，因此应该努力提高农业对外开放水平。但农产品市场化的众多环节极易受到发达国家和跨国公司的控制，因此在发展外向型农业的同时，政府必须妥善处理与外国政府和经营主体的关贸纠纷，确保政府和经营者成为市场化的主要受益者。

（一）资源禀赋是定位器

推进农业供给侧结构性改革，需要各地发挥区域比较优势，“资源禀赋是定位器”③。中国应着力加强建设东北稻谷、玉米、大豆优势产业带，形成黄淮海平原小麦、专用玉米和高蛋白大豆规模生产优势区；打造长江经济带双季稻和优质专用小麦生产核心区；提高西北优质小麦、玉米和马铃薯生产规模和质量；重点发展西南稻谷、小麦、玉米和马铃薯种植；扩大东南和华南优质双季稻和马铃薯产量规模。

---

① 习近平：《在参加十二届全国人大四次会议湖南代表团审议时的讲话》（2016 年 3 月 8 日），载中共中央党史和文献研究院编《习近平关于“三农”工作论述摘编》，中央文献出版社，2019，第 93-94 页。

② 习近平：《在中央政治局常委会会议上的讲话》（2016 年 12 月），载中共中央党史和文献研究院编《习近平关于“三农”工作论述摘编》，中央文献出版社，2019，第 95 页。

③ 习近平：《加快转变农业发展方式》（2014 年 12 月 9 日），载中共中央党史和文献研究院编《习近平关于“三农”工作论述摘编》，中央文献出版社，2019，第 91-92 页。

（二）市场需求是导航灯

实现质量兴农，既要产得出、产得优，也要卖得出、卖得好①。如果说发挥区域比较优势主要目的是“产得出、产得优”，那么满足市场需求才能“卖得出、卖得好”。推进农业供给侧结构性改革，应以市场需求为生产导向，“市场需求是导航灯”②。

一方面，要解决供过于求的问题。近年来，玉米播种面积过大，产量供过于求，加大库存积压，增加财政负担。为解决上述问题，应利用近年来玉米价格低位运行的形势，调减玉米播种面积，扩大生态脆弱区域轮作休耕规模。另一方面，要解决供不应求的问题。扩大大豆播种面积，提高大豆产量，提高大豆自给率；应明确大食物观和大农业观，在保护野生动物、维护生态平衡、减少环境污染等前提下，统筹耕地、草原、山地、森林、海洋、河湖的开发利用，多渠道生产食物，满足国民的多样化需求；应加强农产品产后分级、包装、仓储、物流、营销，特别是要补上冷链物流等短板，推进农产品流通现代化，提高农产品附加值。

（三）以科学技术为支撑

习近平总书记指出，推进农业供给侧结构性改革，要“以科技为支撑”③。若要发展农业科技，就必须实施农业科技创新驱动发展战略，加强农业科技自主创新和推广能力④。

（四）以家庭农场和农民合作社为抓手

发展适度规模经营是中国农业发展的必由之路和农业供给侧结构性改革的重要支撑。但在多种新型农业经营主体中，农民合作社与家庭农场尤为重要。在中共十八大前夕，陈锡文提出，要注重农民家庭在农业经营中的主体地位，注重支持农民的合作组织⑤。中共十八大以来，习近平总书记

---

① 习近平：《走中国特色社会主义乡村振兴道路》（2017 年 12 月 28 日），载《论坚持全面深化改革》，中央文献出版社，2018，第 401-402 页。

② 习近平：《加快转变农业发展方式》（2014 年 12 月 9 日），载中共中央党史和文献研究院编《习近平关于“三农”工作论述摘编》，中央文献出版社，2019，第 91-92 页。

③ 习近平：《在参加十二届全国人大四次会议湖南代表团审议时的讲话》（2016 年 3 月 8 日），载中共中央党史和文献研究院编：《习近平关于“三农”工作论述摘编》，中央文献出版社，2019，第 93-94 页。

④ 详见本书第五章第三节。

⑤ 陈锡文：《把握农村经济结构、农业经营形式和农村社会形态变迁的脉搏》，《开放时代》，2012 年第 3 期，第 112-115 页。

多次强调，在多种类型农业经营主体中，要重点发展家庭农场和农民合作社。2016 年 3 月 8 日习近平在参加十二届全国人大四次会议湖南代表团审议时指出，推进农业供给侧结构性改革，要“以家庭农场和农民合作社为抓手”，发展农业适度规模经营[①]。2016 年 12 月 14 日他强调，要重视扶持“普通农户和新型农民合作组织”[②]。2018 年 9 月 21 日他在十九届中央政治局第八次集体学习时明确指出，当前和今后一个时期，要“突出抓好农民合作社和家庭农场两类农业经营主体发展”[③]。

农民合作社是发展现代农业并促进农民增收的有效组织形式，因此要“把合作社进一步办好”[④]。2016 年年底，土地股份合作社有 102 736 个，入股土地共 2 916 万亩[⑤]。2018 年 6 月底，农民专业合作社有 207.6 万家，入社农户占全国农户总数近一半[⑥]。近年来有研究者在河南舞钢市调研发现，当地云辉农业合作社带动散户土地 4 万亩，集中种植有机红薯；润农养殖专业合作社，养羊 1 000 只并带动 17 户农家养羊[⑦⑧]。

近年来，在粮食等大田作物生产方面，适度规模经营的家庭农场，加上比较完备的农业社会化服务体系，催生了“耕种收靠社会化服务、日常田间管理靠家庭成员”的经营样式[⑨]。2013 年，农业部《关于开展家庭农场调查工作的通知》把家庭农场界定为“以家庭成员为主要劳动力，从事

---

① 习近平:《在参加十二届全国人大四次会议湖南代表团审议时的讲话》（2016 年 3 月 8 日），载中共中央党史和文献研究院编《习近平关于“三农”工作论述摘编》，中央文献出版社，2019，第 93-94 页。

② 习近平:《关于深化供给侧结构性改革》（2016 年 12 月 14 日），载《论坚持全面深化改革》，中央文献出版社，2018，第 304-305 页。

③ 习近平:《在十九届中央政治局第八次集体学习时的讲话》（2018 年 9 月 21 日），载中共中央党史和文献研究院编《习近平关于“三农”工作论述摘编》，中央文献出版社，2019，第 64 页。

④ 习近平:《在黑龙江考察调研时的讲话》（2016 年 5 月 23 日—25 日），载中共中央党史和文献研究院编《习近平关于“三农”工作论述摘编》，中央文献出版社，2019，第 86 页。

⑤ 农业部农村经济体制与经营管理司，农业部农村合作经营管理总站编《中国农村经营管理统计年报》（2016），中国农业出版社，2017，第 42 页。

⑥ 陈锡文、罗丹、张征:《中国农村改革 40 年》，人民出版社，2018，第 363 页。

⑦ 徐勇、邓大才、任路、史亚峰等:《中国农民状况发展报告 2015（经济卷）》，北京大学出版社，2018，第 314 页、320 页。

⑧ 习近平:《在中央农村工作会议上的讲话》（2013 年 12 月 23 日），载中共中央文献研究室编《十八大以来重要文献选编》（上），中央文献出版社，2014，第 667-668 页。

⑨ 习近平:《坚持和完善农村基本经营制度》（2013 年 12 月 23 日），载《论坚持全面深化改革》，中央文献出版社，2018，第 71-72 页。

农业规模化、集约化、商品化生产经营，并以农业收入为家庭主要收入来源的新型农业经营主体”。2016 年年底，农业部门认定的家庭农场有 444 885 个，经营土地合计 9 571 万亩[①]。

关付新把家庭农场的基本特征归纳为三个方面：一是规模化经营，以此区别于小规模经营的小农户和兼业农户；二是以家庭劳动力为主，以区别于雇工经营的农业公司和专业大户；三是家庭主要收入来自农业（种植和养殖），以区别于非农化的从事农产品加工和流通的农村工商户，以及以非农收入为主要收入的兼业户[②]。关付新的概括与农业部的界定并无分歧。

近年来有研究者在河南省舞钢市调研家庭农场后发现，当地家庭农场就具有类似特点。首先，当地注册的 18 家农场流转土地平均面积为 685 亩，其中 15 家流转面积在 500 亩以上，这就是规模化经营的特点。其次，家庭农场的家庭成员都参与劳动，甚至亲戚也会帮工；一位农场主在生产中发现，家庭成员和亲戚作为农业所得的享有者，比仅赚取日工资的雇农更有工作动力，劳动效率要高得多，这就是以家庭劳动力为主的特点[③]。最后，在大规模经营并充分调动家庭成员和亲戚的情况下，家庭农场的家庭成员很难获得非农收入，也就是说家庭农场一般以农业收入作为其主要收入来源。家庭农场经营具有明显优势。还有研究者在河南省舞钢市调研家庭农场后发现，亩均成本低是其优势之一。当地海润宝联合家庭农场亩均小麦生产资料成本比普通农户低 10 元，主要是由于家庭农场主是大客户，所以种子、化肥、农药等多种农业生产资料的经销商，愿意以批发价销售农资，而农机拥有者也乐意在家庭农场的大块耕地上作业，免去对照地标的麻烦[④]。

农业经营规模过大，的确可以降低单位面积成本，却有可能降低土地

---

① 农业部农村经济体制与经营管理司、农业部农村合作经营管理总站编《中国农村经营管理统计年报》（2016），中国农业出版社，2017，第 31 页。

② 关付新：《华北平原种粮家庭农场土地经营规模探究——以粮食大省河南为例》，《中国农村经济》，2018 年第 10 期，第 22-38 页。该文所用数据，来自 2014 年 7 月国家统计局河南调查总队对尉氏、孟津、安阳县、卫辉、襄城、舞阳、唐河、虞城、项城和光山等 10 个县或县级市开展的家庭农场调查。

③ 徐勇、邓大才、任路、史亚峰等著：《中国农民状况发展报告 2015（经济卷）》，北京大学出版社，2018，第 304-313 页。

④ 徐勇、邓大才、任路、史亚峰等著：《中国农民状况发展报告 2015（经济卷）》，北京大学出版社，2018，第 307-309 页。

生产率和单位面积产量，进而降低单位面积收益。有学者根据2018年对河南小麦生产经营情况的调查，按平均亩产700斤，不计算粮农本人劳务费和耕地补贴款情况下，种粮小户每亩净收益100~150元，种粮大户每亩亏损450~650元①。有学者研究发现，经营2.5亩土地的散户，其粮食（小麦和玉米）单产为1 200公斤/亩；经营40亩土地的农户，其粮食单产为1 000公斤/亩;经营670亩土地的大户，其粮食单产为900公斤/亩②。从种粮收益看，经营670亩土地的大户，其每亩利润为200~300元；经营土地面积缩小到100亩后，每亩利润可达500元③。因此，中国农业经营规模不可过大。

黄宗智认为，20~50亩的小规模家庭农场，最符合中国国情。其理由是：这类农场既能够像大规模农场一样采用机械作业进行机耕、机播、机收（但不全是用自家所有的机械，而是雇用机械作业服务），又能够辅之以廉价、精密的自家管理（包括施肥、浇水、施药、除草等，实现充分就业）④。几年前农业部调查数据表明，如果中国一年一熟地区户均耕种100~120亩，一年两熟地区户均耕种50~60亩，从中国资源禀赋和城乡居民收入差距角度来审视，就能产生规模效益⑤。

（五）富裕农民、提高农民、扶持农民，解决“谁来种地”的问题

党和政府无论重视哪类新型农业经营主体，不管在多大程度上发展适度规模经营，都需要高素质的农业经营者和劳动者，都必须解决“谁来种地”的问题。近年来农村人口预期寿命延长和出生率下降，导致农村人口呈现快速老龄化态势。与此同时农业生产效益低下，导致农村青壮年劳动力大量外流。2016年4月至2017年1月四川成都市郫都区安龙村村民向研究人员表示，由于打工比种菜更能“来钱”，所以“年轻人都出去打

---

① 杨东群、王克军、蒋和平:《粮食减产影响我国粮食安全的分析与政策建议》,《经济学家》,2018年第12期，第71-80页。

② 张志龙:《种地多大规模才算“适度”？——山东一大户种粮面积从670亩减少到182亩引发的思考》,《农村经营管理》，2015年第5期，第36-37页。

③ 曹东勃:《适度规模：趋向一种稳态成长的农业模式》,《中国农村观察》，2013年第2期，第29-36页。

④ 黄宗智:《“家庭农场”是中国农业的发展出路吗？》,《开放时代》，2014年第2期，第176-194页。

⑤ 习近平:《在中央农村工作会议上的讲话》（2013年12月23日），载中共中央文献研究室编《十八大以来重要文献选编》（上），中央文献出版社，2014，第678-679页。

工”“他哪个来种你这个菜”①。在这种情况下，农村“三留守”问题越发严重。在河南南部的李村，种植面积在100~300亩的“小大户”有12家，其土地主要通过经营权流转而获得，构成专业大户农业劳动力主体的雇工大多是五六十岁的留守妇女②。这种情况具有相当的普遍性。2017年7月，有研究者在河南省固始县、息县两个产粮大县调查发现，在110户190个主要留在村里种粮的劳动力中，年龄最大的77岁，年龄最小的34岁。从年龄构成上看，其中60岁以上的占27.4%；50~59岁的占42.1%；40~49岁的占24.2%；34~39岁的占6.3%。从性别构成上看，其中女性占63.7%，男性占36.3%。下田劳动的农民，大约1/4是老年男性，3/4是妇女③。习近平总书记到一些农村调研时发现，当地青壮年男性寥寥无几，“留在农村的是‘三八六一九九’部队”。他感叹道：“出去的不愿回乡干农活，留下的不安心搞农业，再过10年、20年，谁来种地？”④

2013年12月23日习近平总书记在中央农村工作会议上指出，“谁来种地”这个问题，说到底，是“愿不愿意种地、会不会种地、什么人来种地、怎样种地的问题”。他强调，要通过“富裕农民、提高农民、扶持农民”，让农业经营有效益，让农业成为有奔头的产业，让农民成为体面的职业，让农村成为安居乐业的美丽家园⑤。

1. 通过“富裕农民”，解决“愿不愿意种地”问题

2012年农民人均纯收入中，来自农业（种植业）的收入比重已降到26.6%，农业收入对不少农户而言正在变成“副业”。若要提高在村农民的农业收入及其在农民人均纯收入中的比重，就必须发展适度规模经营。如果有了适度规模经营，就能产生规模效益，这样农业就有了吸引力，愿意种地的青壮年就会多起来。“富裕农民，就要提高种地集约经营、规模经

---

① 陈卫平：《乡村振兴战略背景下农户生产绿色转型的制度约束与政策建议———基于47位常规生产农户的深度访谈》，《探索》，2018年第3期，第136-145页。

② 张明皓、万文凯：《“共生式积累”：乡村内生资本积累形态研究——以豫南李村“小大户”土地经营实践为例》，《现代经济探讨》，2017年第3期，第50-54页。

③ 杨东群、王克军、蒋和平：《粮食减产影响我国粮食安全的分析与政策建议》，《经济学家》，2018年第12期，第71-80页。

④ 习近平：《在农村改革座谈会上的讲话》（2016年4月25日），载《论坚持全面深化改革》，中央文献出版社，2018，第262页。

⑤ 习近平：《在中央农村工作会议上的讲话》（2013年12月23日），载中共中央文献研究室编《十八大以来重要文献选编》（上），中央文献出版社，2014，第678页。

营、社会化服务水平，增加农民务农收入。”①

2. 通过“提高农民”，解决“会不会种地、什么人来种地”问题

“提高农民，就要提高农民素质，培养造就新型农民队伍。培养有文化、懂技术、会经营的新型农民。”②提高农民，其实质是优化农业从业者的知识结构和能力结构。职业技能培训，则是提高农业从业者素质的重要途径。在中共十九大前夕，有研究者对河南省 14 个地级市 17 个县区 25 座村庄调查后发现，约 94% 的被调查者对当地劳动力技能培训状况不满③。针对上述问题，2018 年秋中共中央、国务院印发的《乡村振兴战略规划（2018—2022 年）》明确规定，要实施“新型职业农民培育工程”，支持新型职业农民通过弹性学制参加中高等农业职业教育；探索田间课堂、网络教室等培训方式，支持农民专业合作社、专业技术协会、龙头企业等主体承担培训；鼓励各地开展职业农民职称评定试点；引导符合条件的新型职业农民参加城镇职工养老、医疗等社会保障制度。

3. 通过“扶持农民”，解决“怎样种地”问题

农业面对着自然灾害和市场波动的双重风险，必须有国家支持保护。习近平总书记指出：“扶持农民，就要强化政府对农业的支持保护，创造良好务农条件和环境。”④从总体上讲，农业支持保护措施包括财政手段和金融手段两类。

通过财政手段扶持农民⑤。财政再困难也要优先保证农业支出，开支再压缩也不能减少“三农”投入；不仅不能减少“三农”投入，还要加大农业投入力度。一方面，各级政府的公共财政应向“三农”工作适度倾斜，改善农村基础设施和公共服务，支持农民参加农业保险和发展绿色农业⑥。

① 习近平：《在中央农村工作会议上的讲话》（2013 年 12 月 23 日），载中共中央文献研究室编《十八大以来重要文献选编》（上），中央文献出版社，2014，第 678-679 页。

② 习近平：《在中央农村工作会议上的讲话》（2013 年 12 月 23 日），载中共中央文献研究室编《十八大以来重要文献选编》（上），中央文献出版社，2014，第 679 页。

③ 乔俊峰：《基于需求导向的农村公共服务调查及完善对策》，《经济纵横》，2017 年第 8 期，第 99-103 页。

④ 习近平：《在中央农村工作会议上的讲话》（2013 年 12 月 23 日），载中共中央文献研究室编《十八大以来重要文献选编》（上），中央文献出版社，2014，第 679-680 页。

⑤ 提高粮食最低收购价以及提供农业补贴，也属于财政手段范畴，相关内容详见本书第五章。

⑥ 习近平：《在中央农村工作会议上的讲话》（2013 年 12 月 23 日），载中共中央文献研究室编《十八大以来重要文献选编》（上），中央文献出版社，2014，第 679-680 页。习近平总书记当天指出：“农业保险一定要搞好，财政要支持农民参加保险。”

另一方面，中央要支持地方政府发行一般债券用于支持乡村振兴领域公益性项目，要鼓励地方政府试点发行项目融资和收益自平衡的专项债券，支持符合条件、有一定收益的乡村公益性建设项目①。

通过金融手段扶持农民。目前中国的农村金融体系大体上包括以下几类金融机构：国家开发银行与中国农业发展银行等政策性金融机构，中国农业银行、中国邮政储蓄银行等商业性金融机构以及农村信用合作社、农村商业银行等农村合作性金融机构。据统计，截至2016年年底，中国已有54.2万个行政村被基础金融服务覆盖，覆盖率高达95%。但是，中国现行农村金融体系存在诸多弊病。政策性金融机构主要关注粮食收储等政策性信贷任务，其涉农贷款能力并未充分发挥；商业性金融机构重视“虹吸”农村存款，却不愿发放风险较高的涉农贷款，导致农村的外流资金数额远远超过农业贷款；农村合作金融机构中，农村信用社最为重要，却未能妥善处理省联社与县级行社的关系，从而严重制约其涉农贷款能力②。多数农户无法及时获得足额抵押贷款，其贷款需求并未得到满足，主要是由于农民不能抵押宅基地、房产、承包的农用地，缺乏农业贷款的有效抵押物。即便农户能够抵押上述财产，也很难获得金融机构特别是商业银行的贷款。因为宅基地为农村集体所有，即便“地随房走”，通常只能被转让给本村其他农民，流通性差，很难变现；农民当然可以将承包地经营权流转给外村居民，但耕地用途受到严格管制、只能农用，耕作收益同时受气候变化、作物生长、价值规律、交通状况的制约，流转期限还受到农村集体不定期耕地调整习惯的制约，安全性低。如何解决金融支农难题呢？一方面，应落实农民的财产性权利，使农民拥有更为广泛与可靠的贷款抵押物③。2018年秋中共中央、国务院下发的《乡村振兴战略规划（2018—2022年）》明确规定，推进农村承包土地经营权、农民住房财产权、集体经营性建设用地使用权抵押贷款试点；探索县级土地储备公司参与农村承包土

---

① 中共中央、国务院《乡村振兴战略规划（2018—2022年）》，人民出版社，2018，第95页。

② 陈锡文、罗丹、张征：《中国农村改革40年》，人民出版社，2018，第223-227页。张洁妍，陈玉梅：《乡村振兴战略背景下我国农村金融改革路径研究》，《学习与探索》，2018年第12期，第156-161页。张洁妍和陈玉梅认为，当前我国农村金融发展过程中面临着农村金融机构与“三农”发展不平衡、农村金融的供给规模和效率发展不充分、农村金融信用生态环境培育不充分、农村金融管理及配套机制构建不充分等问题。

③ 关于农民的财产性权利，详见本书第四章以及第六章第三节。

地经营权和农民住房财产权“两权”抵押试点工作。另一方面，应改革现行农村金融体系。应开展农民合作金融试点，建立适合农业农村特点的金融体系。

第三节　发展乡村休闲旅游业，增加在村农民的非农收入

一、乡村休闲旅游业的作用及发展

习近平总书记曾将当今乡村的功能和价值概括为四个方面：即从事农业功能和经济价值、生态涵养功能和生态价值、休闲观光功能和社会价值、文化体验功能和文化价值①。改革开放以来特别是2002年国家旅游局发表《全国农业旅游示范点》检查标准后，乡村具有的上述独特功能和价值，使其成为休闲旅游业重点区域。国家旅游局统计数据显示：2016年，中国乡村接待游客24亿人次，占国内游客总人次的54.4%；中国乡村休闲旅游业营业总收入为4 800亿元，占国内旅游总收入的12.2%。2016年，陕西省咸阳市礼泉县烟霞镇袁家村休闲旅游业收入约3.5亿元，村民人均收入7.6万元②。国家农业农村部统计数据显示，2017年全国乡村休闲旅游业从业人员达900万人，带动700万户农民从中受益③。2017年，山东省淄博市博山区池上镇中郝峪村休闲旅游收入达2 800万元，村民人均年收入3.8万余元；当年中央电视台三次报道中郝峪村旅游致富经验即所谓的“中郝峪模式”④。由此可见，近年来乡村旅游蓬勃兴起，为农民创业就业、增加收入创造了条件。

乡村振兴背景下的产业兴旺不仅仅是农业“一业兴旺”，而是一二三

① 习近平：《走中国特色社会主义乡村振兴道路》（2017年12月28日），载《论坚持全面深化改革》，中央文献出版社，2018，第402-403页。习近平总书记当天指出：现如今“乡村不再是单一从事农业的地方，还有重要的生态涵养功能，令人向往的休闲观光功能，独具魅力的文化体验功能。”“乡村的经济价值、生态价值、社会价值、文化价值日益凸显。”

② 王晨光：《集体化乡村旅游发展模式对乡村振兴战略的影响与启示》，《山东社会科学》，2018年第5期，第34-42页。

③ 银元、李晓琴：《乡村振兴战略背景下乡村旅游的发展逻辑与路径选择》，《国家行政学院学报》，2018年第5期，第182-186页。该文主要分析乡村旅游与“乡村振兴战略”的关系。

④ 王晨光：《集体化乡村旅游发展模式对乡村振兴战略的影响与启示》，《山东社会科学》，2018年第5期，第34-42页。

产业融合发展的乡村经济“百业兴旺”；乡村休闲旅游业是乡村非农产业以及一二三产业融合发展的重要体现。正是由于乡村休闲旅游业可以增加部分在村农民的非农收入，习近平总书记多次强调要发展该产业。2016年12月14日，他提出要发展“休闲农业、乡村旅游等新产业新业态”[①]；2017年12月28日，他在中央农村工作会议上指出，要发展乡村休闲旅游、文化体验、养生养老、农村电商等，鼓励在乡村地区兴办环境友好型企业，实现乡村经济多元化[②]；2018年4月11日—13日，他在旅游业发达的海南考察工作时强调，鼓励和扶持农民群众立足本地资源发展乡村旅游、庭院经济，多渠道增加农民收入[③]。同年秋，中共中央、国务院下发的《乡村振兴战略规划（2018—2022年）》提出，要实施休闲农业和乡村旅游精品工程，改造一批生态农业村庄道路、供水、停车场、厕所等设施，培育一批美丽休闲乡村、休闲村庄（园）、休闲观光园区、国家森林步道、康养基地、森林人家、乡村民宿、乡村旅游区（点）等精品。

二、赋予农民更多财产权利以增加其财产性收入

通常来讲，农民从乡村休闲旅游业中所能获得的非农收入，除经营性收入外，主要包括工资性收入和财产性收入。由于工资性收入和财产性收入的涉及面比经营性收入广得多，习近平总书记强调，农村一二产业融合关键是完善利益联结机制，要通过就业带动、保底分红、股份合作等多种形式，让农民合理分享全产业链增值收益[④]。就业带动，指的是工资性收入；保底分红、股份合作，则指的是财产性收入。乡村休闲旅游区的耕地、湿地、温泉、山地、林地、草地、古迹、住房和宅基地等，都可能为农民带来财产性收入。

农民的财产性收入来源，特指农民私人所有的住宅和集体所有的资

① 习近平：《关于深化供给侧结构性改革》（2016年12月14日），载《论坚持全面深化改革》，中央文献出版社，2018，第304页。

② 习近平：《走中国特色社会主义乡村振兴道路》（2017年12月28日），载《论坚持全面深化改革》，中央文献出版社，2018，第402-403页。

③ 习近平：《在海南考察时的讲话》（2018年4月11日—13日），载中共中央党史和文献研究院编《习近平关于“三农”工作论述摘编》，第150页，中央文献出版社，2019。

④ 习近平：《走中国特色社会主义乡村振兴道路》（2017年12月28日），载《论坚持全面深化改革》，中央文献出版社，2018，第402-403页。

产，后者主要指“三块地”，即属于农用地的耕地、属于建设用地的宅基地和农村集体经营性建设用地。笔者将上述财产性收入来源合称“一座房三块地”，即“一座房”主要建在“三块地”中的宅基地上，两者密切相关。现行《中华人民共和国土地管理法》第六十二条规定，国家允许进城落户的农村村民依法自愿有偿退出宅基地，鼓励农村集体经济组织及其成员盘活利用闲置宅基地和闲置住宅①。这个新增条款既涉及“三块地”中的宅基地，又涉及农民私人所有的住宅，比原土地管理法相比，扩大了农民的相关财产性权利。

赋予农民更多财产权利，是增加其财产性收入的前提。中共十八大以来，习近平总书记多次强调，要赋予农民更多关于集体资产的财产性权利，以增加其财产性收入。2014 年 9 月 29 日他在中央全面深化改革领导小组第五次会议上提出，应探索集体所有制有效实现形式，赋予农民更多财产权利，保障农民集体经济组织成员权利②。2016 年 4 月 25 日他在农村改革座谈会上指出，推进农村集体资产“确权到户和股份合作制改革”，赋予农民更多财产权利③。2016 年 12 月 14 日他强调要深化农村产权制度改革，既要明晰农村集体产权归属，又要“赋予农民更加充分的财产权利”。具体到“三块地”改革，他提出在坚持土地用途管制和分类管理原则的基础上统筹推进“农村土地征收、集体经营性建设用地入市、宅基地制度改革试点”④。2017 年 12 月 28 日他在中央农村工作会议上强调，要稳步推进农村集体产权制度改革，进行“身份确认、股份量化”，确保集体资产保值增值和农民受益⑤。

---

① 《中华人民共和国土地管理法》（1986 年 6 月 25 日第六届全国人大常委会第十六次会议通过，2019 年 8 月 26 日第三次修正文本），中国法制出版社，2019，第 31-32 页。

② 习近平：《在中央全面深化改革领导小组第五次会议上的讲话》（2014 年 9 月 29 日），载中共中央党史和文献研究院编《习近平关于“三农”工作论述摘编》，中央文献出版社，2019，第 143-144 页。

③ 习近平：《在农村改革座谈会上的讲话》（2016 年 4 月 25 日），载《论坚持全面深化改革》，中央文献出版社，2018，第 260 页。

④ 习近平：《关于深化供给侧结构性改革》（2016 年 12 月 14 日），载《论坚持全面深化改革》，中央文献出版社，2018，第 305 页。

⑤ 习近平：《走中国特色社会主义乡村振兴道路》（2017 年 12 月 28 日），载《论坚持全面深化改革》，中央文献出版社，2018，第 399 页。

第七章　重塑城乡关系[①]

在中国现代化进程中特别是自改革开放以来，进城打工构成农村剩余劳动力转移的主要途径。本章主要阐述农村人口进城打工和定居的问题。

第一节　农村剩余劳动力进城打工的原因

人身自由化和随之而来的人口流动性加快，农业从业人口比重下降和整个物质资料生产部门从业人口比重下降而服务业从业人口比重上升，农村人口比重下降即城市人口比重提高，是经济社会现代化的重要组成部分。《国家新型城镇化规划（2014—2020 年）》也指出，城镇化是伴随工业化发展，非农产业在城镇聚集、农村人口向城镇集中的自然历史过程，是人类社会发展的客观趋势，是国家现代化的重要标志[②]。改革开放以来，中国的工业和服务业持续发展，进城打工的乡村人口数量呈现上升趋势。中国人户分离人数，在 2000 年为 1.44 亿，到 2012 年激增为 2.79 亿，到 2017 年上升到 2.91 亿；以务工农民为主的流动人口数量，在 2000 年为 1.21 亿，到 2012 年激增为 2.36 亿，到 2017 年上升到 2.44 亿[③]。在这种形势下，中国城市常住人口所占比重随之逐渐提高。

成就动机和求变心理则构成中国农村剩余劳动力转移的深层心理基础。正如美国著名学者西里尔・E. 布莱克所言，尽管人的心理因不同时空不同族群不同阶层而有所差别，而且传统社会中人类的心理并非一成不变，但是成就动机、求变心理以及打破简单循环的生活方式却是现代化进

---

① 相关代表性论著主要有以下几个。周其仁：《城乡中国》（修订版），中信出版社，2017。周书在回顾中外城市的起源、功能和特点基础上，重点探讨中国改革开放以来城乡土地制度和城市化的关联。陈锡文、罗丹、张征：《中国农村改革 40 年》，人民出版社，2018，第 246-265 页。《中国农村改革 40 年》一书侧重论述新中国成立后特别是改革开放后中国党和政府关于农民外出务工政策的阶段性演变，进城农民工的流向、职业、收入等方面的阶段性特征。

② 《国家新型城镇化规划（2014—2020 年）（节选）》（2014 年 3 月 12 日），载中共中央文献研究室编《十八大以来重要文献选编》（上），中央文献出版社，2014，第 880 页。

③ 国家统计局编《2018 中国统计年鉴》，中国统计出版社，2018，第 32 页。

程中人类社会的重要特征[①]。人口流出地的推动、劳动力流入地的吸引、交通条件的优劣等客观条件，则是影响中国农村剩余劳动力转移的主要因素。通常而言，根据村民是否出于自愿，可以分为主动型与被动型。在改革开放时期，随着政治控制的渐趋松弛、区域经济的差异扩大以及村民观念的逐步开化，主动型的村民流动成为主流，众多村民力图摆脱封闭状态和贫困生活。

一、农业剩余劳动力的出现和增加

农业剩余劳动力的出现和增加既是发展的结果，也是对发展的挑战。农业剩余劳动力出现和增加的原因有以下几个方面。

首先，乡村人口数量和劳动力供给增加。医疗条件的改善、农业生产的进步、政治秩序的稳定等因素使乡村人口增速一度加快，人口数量不断增加，农业劳动力供给相对充裕。

其次，农业劳动力需求的增速不及乡村劳动力供给的增速，导致农业劳动力需求出现相对减少甚至绝对下降。人口的迅猛增长使人均耕地面积和播种面积呈现下降趋势，加之农业机械化水平的持续提高，使农业劳动力需求相对减少甚至绝对下降。

再次，乡村劳动力供给增加，农业劳动力需求相对减少，使乡村出现大量隐性或显性的剩余劳动力，这些剩余劳动力客观上需要转至乡村的非农产业或者城市或者国外，否则会使农业劳动生产率持续下降进而使乡村居民收入水平增速放缓甚至不断下滑。

二、城乡发展水平差距

城乡政治地位具有明显的高下之别。城乡政治地位的巨大差距，对国家在投资和税收等方面的政策导向具有重大影响。投资差距和税收差距进而扩大了城乡居民的就业和收入差距，恶化了乡村农业领域的投资环境，并扩大了城乡在基础设施和公共服务领域的差距。习近平总书记指出，改革开放以来，中国城乡二元结构“没有根本改变”，城乡发展差距不断拉

---

① 西里尔·E. 布莱克：《现代化的动力》，段小光译，四川人民出版社，1988，第 34-36 页。

大的趋势“没有根本扭转”[①]。城乡二元结构主要表现在城乡居民的户籍及其附属福利存在显著差距。附属福利包括养老低保医疗等社保、医疗、教育、安保、救灾、公园等公共服务，交通、用电、饮水、天然气、厕所、网络等基础设施，住房、就业机会和收支水平，等等。以就业机会和收支水平为例，2015 年 11 月至 2016 年初研究人员对山东 50 个县（市、区）的 200 个村（居）进行随机问卷调查。当被问及“城市最吸引您的方面是什么”时，被调查者选择“好找工作”者占 14.4%，选择“子女有前途”者占 20.0%[②]。国家统计局统计资料显示：2017 年年底，全国总人口 13.9 亿，乡村人口 5.766 亿，后者所占比重为 41.5%（请注意统计口径：这个比重是常住人口比重，如果是户籍人口比重会更高）；与此同时，全国就业人员 7.76 亿，其中城镇就业人员 4.25 亿，城镇登记失业人员 0.97 亿，计算出农村就业人员约 2.54 亿，占全国就业人员的 32.7%；2017 年 GDP 为 82.71 万亿元，其中农业产值仅为 6.55 亿，占 7.92%；2017 年城乡居民人均可支配收入分别为 36 396 元和 13 432 元[③]。由此可见，农业劳动生产率极低，农业经济效益极差，城乡收入差距相当大，这成为农村剩余劳动力流向城市的重要动力。中国城乡居民收入比，在 1978 年为 2.57，到 1990 年扩大到 2.74，到 2000 年为 2.72，到 2017 年缩小为 2.71；城乡居民消费支出比，在 1978 年为 2.9，到 1990 年缩小为 2.2，到 2000 年扩大到 3.7，到 2017 年缩小为 2.7[④]。缩小城乡区域发展差距，不仅意味着缩小城乡国内生产总值总量和增速差距，而且包含着缩小城乡居民收入水平、基础设施通达水平、基本公共服务均等化水平、人民生活水平等方面的差距等多层次内容。

三、改革开放以来农民人身自由度扩大

改革开放以来，家庭联产承包责任制的广泛推行和人民公社体制的瓦解，使村民的人身束缚趋于瓦解，乡村居民得以摆脱制度羁绊流入城市。

---

① 习近平：《关于〈中共中央关于全面深化改革若干重大问题的决定〉的说明》（2013 年 11 月 9 日），载《论坚持全面深化改革》，中央文献出版社，2018，第 35 页。

② 林聚任、刘佳、梁亮：《乡风文明与当前农村新型社区建设———以山东省“乡村文明行动”为例》，《中国农业大学学报（社会科学版）》，2018 年第 3 期，第 103-110 页。

③ 国家粮食和物资储备局主编《2018 中国粮食发展报告》，经济管理出版社，2018，第 165 页。

④ 国家统计局编《2018 中国统计年鉴》，中国统计出版社，2018，第 15 页、79 页。

例如，1984年元旦《中共中央关于1984年农村工作的通知》首次规定，当年各省、自治区、直辖市可选若干集镇进行试点，“允许务工、经商、办服务业的农民自理口粮到集镇落户”①。这份中央一号文件，一方面承认当时部分农民有落户城镇的愿望和事实，另一方面肯定这种愿望和事实的合理性，从而为农村剩余劳动力松绑，成为改革开放初期官方推动农村剩余劳动力向小城镇转移的里程碑式重大举措。现行《中华人民共和国农村土地承包法》第二十七条规定，国家保护进城农户的土地承包经营权；不得以退出土地承包经营权作为农户进城落户的条件。承包期内，承包农户进城落户的，引导支持其按照自愿有偿原则依法在本集体经济组织内转让土地承包经营权或者将承包地交回发包方，也可以鼓励其流转土地经营权②。上述规定使进城农民的后顾之忧大大减轻，使得部分进城成功的农民通过流转土地经营权以及交回承包地获得一定收益，使得部分进城失败的农民可以返村务农。

第二节　当前城乡关系的地位与弊病

一、习近平总书记关于城乡关系重要地位的论述

中共十八大以来，习近平总书记多次强调城乡关系和城乡协调发展的重大意义。2012年12月7日—11日，习近平总书记在广东考察工作时指出，实现城乡协调发展不仅是国土空间均衡布局发展的需要，而且是走共同富裕道路的要求③。2015年4月30日，他在十八届中央政治局第二十二次集体学习时强调，推进城乡发展一体化，是工业化、城镇化、农业现代化发展到一定阶段的必然要求，是国家现代化的重要标志④。2017年12月28日，他在中央农村工作会议上指出，能否处理好城乡关系，“关乎社会

① 中共中央文献研究室编《十二大以来重要文献选编》(上册)，人民出版社，1986，第435页。

② 《中华人民共和国土地承包法》(2002年8月29日第九届全国人大常委会第二十九次会议通过，2018年12月29日第二次修正文本)，中国法制出版社，2018，第10-22页。

③ 习近平:《在广东考察工作时的讲话》(2012年12月7日—11日)，载中共中央党史和文献研究院编《习近平关于“三农”工作论述摘编》，中央文献出版社，2019，第29页。

④ 习近平:《在十八届中央政治局第二十二次集体学习时的讲话》(2015年4月30日)，载中共中央党史和文献研究院编《习近平关于“三农”工作论述摘编》，中央文献出版社，2019，第33页。

主义现代化建设全局”①。2018 年 9 月 21 日他在十九届中央政治局第八次集体学习时强调，在现代化进程中，如何处理好工农关系、城乡关系，在一定程度上“决定着现代化的成败”②。由此可见，习近平总书记认为，城乡关系不仅涉及区域关系，而且与农业现代化、工业化、城镇化这三个现代化领域密切相关；推进城乡发展一体化，是现代化和社会主义现代化建设的内在要求与重要标志。

二、当前城乡关系的弊病

改革开放以来，中国依靠农村提供的劳动力、土地、资金等生产要素，快速推进工业化、城镇化进程。这一时期，农村劳动力要素及全体进城农民逐渐成为经济社会发展的重要支撑。农民工为城市提供廉价劳动力、商品和服务，并可通过商品和服务出口赚取外汇；农民工利用打工收入养家糊口，将自身和家人作为商品和服务市场，继而使自身及家人成为维护社会稳定的重要力量。农村土地要素的意义表现在，地方政府通过低价征地，将农村部分集体土地转变为城镇建设用地，既获得招商引资、房产开发和基础设施建设用地，又通过高价拍卖获得巨额财政收入。农村资金要素的意义表现在两个方面：一是在 21 世纪初农村税费改革以前，国家通过征收农业税和农业特产税，直接获得大量资金，用于城镇建设、工业投资和行政管理；二是涉农金融机构大量吸收农民存款，用于在工商业领域和城镇地区放贷。

但是，不容否认的是，由于“欠账过多、基础薄弱”，我国城乡发展不平衡不协调的矛盾“依然比较突出”③。

（一）我国的城市化水平实际上仍然很低

国家统计局提供的数据显示：改革开放以来，中国城市化水平呈现上升趋势，城镇人口在全国人口中的比重，从 1978 年的 17.9% 升至 1990 年

① 习近平：《走中国特色社会主义乡村振兴道路》（2017 年 12 月 28 日），载《论坚持全面深化改革》，中央文献出版社，2018，第 395 页。

② 习近平：《在十九届中央政治局第八次集体学习时的讲话》（2018 年 9 月 21 日），载中共中央党史和文献研究院编《习近平关于“三农”工作论述摘编》，中央文献出版社，2019，第 42 页。

③ 习近平：《在十八届中央政治局第二十二次集体学习时的讲话》（2015 年 4 月 30 日），载中共中央党史和文献研究院编《习近平关于“三农”工作论述摘编》，中央文献出版社，2019，第 33 页。

的 26.4%，到 2000 年上升到 36.2%，到 2017 年为 58.5%[①]。但是不容否认的是，中国的城市化速度依然过慢，水平仍然过低。

第一，城市化率是衡量真实城市化水平的主要指标，而我国通常将高于城市化率的城镇化率视为城市化率，这就容易使人误解中国的真实城市化水平。《国家新型城镇化规划（2014—2020 年）》提供的数据显示，2013 年，我国城市数量为 658 座，建制镇有 20 113 个，城镇人口合计 7.3 亿，城镇化率为 53.7%[②]。城市化率只统计 658 座城市的常住人口，而城镇化率还将 2 万个镇的 2.2 亿常住人口统计为市民；如果从城镇人口中扣除 2.2 亿镇民，我国的城市化率只有 42.4%。

第二，我国城市和镇的户籍人口所占比重低于常住人口所占比重。中国政府一般将城镇常住人口所占比重视为城镇化率，但这个数字比城镇户籍人口所占比重要高得多。《国家新型城镇化规划（2014—2020 年）》提供的数据显示，2013 年，我国常住人口城镇化率为 53.7%，但户籍人口城镇化率仅有 36% 左右；受城乡分割的户籍制度影响，被统计为城镇人口的 23 400 万农民工及其随迁家属，未能在教育、就业、医疗、养老、保障性住房等方面享受城镇居民的基本公共服务[③]。由此可见，进城农民工和其他常住人口并未真正融入城市，“玻璃门”现象仍然非常普遍。

第三，近年来我国统计的城市化水平，包含较多水分。有学者认为，近年来中国城镇户籍人口增额巨大，但“绝大部分是来自整建制的转移”，即县改市、镇改区、村委会改居委会[④]。其中相当多的农转非情况违反农民的意愿。习近平总书记指出，有些地方政府“以城吞乡、逼民上楼”，错误地理解城镇化和城乡一体化，严重损害农民利益[⑤]。为什么县乡两级政府热衷于撤村并镇、驱赶农民上楼？第一，可以将部分农村集体土地转变为国有土地，获得城镇建设用地，进而通过拍卖谋取利益，也就是土地财

---

① 国家统计局编《2018 中国统计年鉴》，中国统计出版社，2018，第 12 页。

② 《国家新型城镇化规划（2014—2020 年）（节选）》（2014 年 3 月 12 日），载中共中央文献研究室编《十八大以来重要文献选编》（上），中央文献出版社，2014，第 882 页。

③ 《国家新型城镇化规划（2014—2020 年）（节选）》（2014 年 3 月 12 日），载中共中央文献研究室编《十八大以来重要文献选编》（上），中央文献出版社，2014，第 880、884 页。

④ 蔡继明：《乡村振兴战略应与新型城镇化同步推进》，《学术前沿》，2018 年第 5 期下，第 76-79 页。

⑤ 习近平：《在中央城镇化工作会议上的讲话》（2013 年 12 月 12 日），载中共中央文献研究室编《十八大以来重要文献选编》（上），中央文献出版社，2014，第 605 页。

政。“因为土地一转让每亩可以产生几百万、上千万元的利润，在自己这一任中就能体现出效益来，而种地种一百年也没有这样的效益，有人就会想，凭什么要用这些地搞农业？”[①] 第二，可以迫使农民耗费多年积蓄购买城镇商品房，提升 GDP（国内生产总值）并增加财政收入。第三，可以提高城镇化水平，谋取政绩，进而晋升。针对县乡两级政府驱赶农民上楼、强迫农民落户等做法，习近平总书记强调，推进农业转移人口市民化，要坚持“自愿、分类、有序”。其中“自愿”就是要充分尊重农民的意愿或选择，不能逼农民进城，也不能让农民工“‘被落户’‘被上楼’”[②]。

（二）乡村“三留守”问题十分严重

改革开放后特别是中国加入世贸组织以来，中国逐渐融入国际劳动分工和世界贸易体系，为东部沿海地区带来海量就业需求。在这种情况下，为获得就业岗位、拓展收入渠道并提高生活水平，农村人口特别是中西部农村人口大量外流，前往城镇特别是东部沿海大中城市务工。农村常住人口比重降低，城市常住人口比重上升，这无疑符合城镇化和现代化的总体趋势。但是，由于二元户籍制度及福利制度的阻隔，尚未成为劳动力的农村儿童难以在城镇获得平等教育机会，暂时丧失劳动力的农村孕妇、产妇和哺乳期妇女无法在城镇就业，已经丧失劳动力的农村老人难以在城镇享受养老和医疗保障，已经成为劳动力的农村青壮年在丧失劳动力后也必须返乡养老、就医。因此，近年来农村常住人口远少于户籍人口，农村人口的年龄结构畸形化，农村空心化[③]和“三留守”问题（尤其是老龄化问题）非常严重。农民形容这种现象为“外面像个村，进村不是村，老屋没人住，院荒杂草生”。以河北省张家口市为例，2015 年，全市有 181 个乡镇为人口净流出地，在全市 211 个乡镇中占比 86%；在原宣化县王家湾乡的 31 个行政村中，有 26 个行政村的外流人口过半，2015 年农村户籍人口

---

① 习近平：《在中央城镇化工作会议上的讲话》（2013 年 12 月 12 日），载中共中央文献研究室编《十八大以来重要文献选编》（上），中央文献出版社，2014，第 596-597 页。

② 习近平：《在中央城镇化工作会议上的讲话》（2013 年 12 月 12 日），载中共中央文献研究室编《十八大以来重要文献选编》（上），中央文献出版社，2014，594 页。

③ 习近平总书记曾提到，“一些村庄缺人气、缺活力、缺生机，到村里一看，农宅残垣断壁，老弱妇孺留守，房堵窗、户封门，见到的年轻人不多，村庄空心化、农户空巢化、农民老龄化不断加剧”。习近平：《在中央农村工作会议上的讲话》（2017 年 12 月 28 日），载中共中央党史和文献研究院编《习近平关于“三农”工作论述摘编》，中央文献出版社，2019，第 8-9 页。

7 428 人，农村常住人口仅 2 348 人，4/5 的常住人口年满 60 岁[①]。2016 年 4 月至 2017 年 1 月一位农民向研究人员表示："今年腿摔着了，在家待着，以前不在家的。现在村里也没什么劳动力，都出去打工什么的。就是在家种地的人，他们打了药就不用在家维持了，闲的时候去打工了。我腿好完以后，也还得出去。"[②]

第三节　重塑城乡关系，走城乡融合发展之路[③]

新中国成立以来，城乡发展不平衡不协调，是我国经济社会发展中的突出矛盾，是现代化进程中的重大问题；若要从根本上解决这些问题，必须推进城乡发展一体化。以城带乡、以乡促城，是城乡一体化发展的重要内涵。推进城乡发展一体化，必须从实际出发，这个实际就是我国的自然禀赋、历史文化传统和制度体制，就是城乡发展不平衡不协调和二元结构的现实。从实际出发，重塑城乡关系，走城乡融合发展之路，就必须以人为本，即以城乡居民为本。城镇化应以人为核心，促进有能力在城镇稳定就业和生活的常住人口有序实现市民化。城镇化如何做到"以人为本"呢？笔者提出以下三项建议。

一、让农民自由转移至非农产业

改革开放之初，中国是一个落后的农业国，农业科技水平不高，农业劳动生产率很低，农业从业人口和农业产值比重很高，农业收入构成农民收入的主体。进入 21 世纪，农业从业人口人均产值依旧远远低于工业人口人均产值，但农业从业人口比重与农业产值比重均有大幅度下降。农业产值占国内生产总值的比重，在 1978 年高达 27.7%，到 1990 年降至 26.6%，到 2000 年降至 14.7%，到 2017 年仅为 7.9%；农业从业人口所占比重，在 1978 年高达 70.5%，到 1990 年降至 60.1%，到 2000 年降至

① 王玉虎、张娟：《乡村振兴战略下的县域城镇化发展再认识》，《城市发展研究》，2018 年第 5 期，第 1-6 页。

② 陈卫平：《乡村振兴战略背景下农户生产绿色转型的制度约束与政策建议——基于 47 位常规生产农户的深度访谈》，《探索》，2018 年第 3 期，第 136-145 页。

③ 习近平：《走中国特色社会主义乡村振兴道路》（2017 年 12 月 28 日），载《论坚持全面深化改革》，中央文献出版社，2018，第 395 页。

50.0%，到2017年为27%[①]。农民家庭经营性收入（以农业收入为主）占农民总收入的比重，从改革开放之初的80%左右，降至2013年的不到50%，到2017年降至不足40%[②]。1987年3月27日邓小平指出："总不能老把农民束缚在小块土地上，那样有什么希望？"[③]2016年4月至2017年1月山东临沂蒙阴县蒋家庄村民向研究人员表示："家里的主要经济来源靠种地肯定不行嘛，出去打工。"[④]

推动农民进城打工和定居，有助于减少农业人口、农村常住人口和农村户籍人口，推动耕地使用权的流转和集中，促进农业的规模经营，提高在村农户的农业收入、人均收入和消费水平[⑤]。陈锡文在调查上海市松江区农村时发现，随着农村劳动力的大量转移，一些愿意继续留在村里务农的农户通过土地流转耕作的田地达到了百余亩，在比较完善的社会化服务体系支持下，他们通过水稻和小麦或油菜的两季耕作以及为畜牧公司育肥生猪，年纯收入可以达到12万元以上，堪比城镇中产阶层[⑥]。如果人为阻挠农民从事非农产业，会使农民固着于耕地和农业，造成不充分就业和隐性失业，导致农民长期处在贫困状态。

因此，中国必须加快推进户籍制度改革，逐步让农业转移人口在城镇"进得来、住得下、融得进、能就业、可创业"[⑦]。让农业转移人口在城镇进得来、住得下、融得进，就要改革户籍制度及附属其上的诸多福利。让农业转移人口在城镇能就业、可创业，就要加强对农民工的职业培训。2012—2017年，接受职业培训的外出农民工占全部农民工的比重，从30.8%升至32.9%，仍然不足1/3，这严重影响农民工的就业机会和收入水

---

① 国家统计局编《2018中国统计年鉴》，中国统计出版社，2018，第12页。

② 陈锡文、罗丹、张征：《中国农村改革40年》，人民出版社，2018，第377-378页。

③ 中共中央文献研究室编《邓小平年谱（1975—1997）》，中央文献出版社，2004，第1174页。

④ 陈卫平：《乡村振兴战略背景下农户生产绿色转型的制度约束与政策建议——基于47位常规生产农户的深度访谈》，《探索》，2018年第3期，第136-145页。

⑤ 《国家新型城镇化规划（2014—2020年）（节选）》指出："随着农村人口逐步向城镇转移，农民人均资源占有量相应增加，可以促进农业生产规模化和机械化，提高农业现代化水平和农民生活水平。"《国家新型城镇化规划（2014—2020年）（节选）》（2014年3月12日），载中共中央文献研究室编《十八大以来重要文献选编》（上），中央文献出版社，2014，第881页。

⑥ 陈锡文：《把握农村经济结构、农业经营形式和农村社会形态变迁的脉搏》，《开放时代》，2012年第3期，第112-115页。

⑦ 习近平：《在十八届中央政治局第二十二次集体学习时的讲话》（2015年4月30日），载中共中央党史和文献研究院编《习近平关于"三农"工作论述摘编》，中央文献出版社，2019，第35页。

平。针对上述情况，应实施新生代农民工职业技能提升计划[①]。

二、让农民自由迁移至城市定居

农村富余劳动力和农村人口向城镇转移，是城镇化最基本的趋势。为顺应和加速这一趋势，《国家新型城镇化规划（2014—2020年）》提出，到2020年中国常住人口城镇化率达到60%左右，户籍人口城镇化率达到45%左右，努力实现1亿左右农业转移人口和其他常住人口在城镇落户[②]。这个目标意义重大。从供给看，在劳动年龄人口总量减少的情况下，对稳定劳动力供给和工资成本、培育现代产业工人队伍具有重要意义。从需求看，对扩大消费需求、稳定房地产市场、扩大城镇基础设施和公共服务设施投资具有重要意义[③]。

农民工已从农业领域转移至工商业领域，但是多数未能定居城市，主要障碍在于户籍制度及其附属的福利制度。户籍制度形成于20世纪50年代，以城乡户口的划分和登记为主要内容，与粮食统购统销制、城乡二元就业制度、社会保障制度、教育制度、住房制度、医疗制度等社会福利紧密相关，成为阻碍农民自由迁移的主要因素。户籍制度将农民工与当地市民隔绝开来，使其无法享受与户籍挂钩的系列公共服务和就业机会。因此必须逐步放开户籍限制，使农民工及其家属可以在城市定居。目前哪些因素阻碍农民工举家定居城市呢？就业难，全家劳动力不易充分就业，即便充分就业也很难获得优质岗位；待遇低，全家收入很难满足金钱需求，尤其是很难满足购房需求；户籍制度及附着其上的诸多社会福利，造成城乡社会隔离，集中体现在教育和社保两个方面，民工子女不易进入公办学校接受优质教育，民工全家无法享受城市低保、医保、养老保障。因此常住城镇的两亿多农民工和其他人员，实际处于两栖状态或“半市民化”状

① 习近平：《在党的十八届六中全会第一次全体会议上关于中央政治局工作的报告》（2016年10月24日），载中共中央党史和文献研究院编《习近平关于“三农”工作论述摘编》，中央文献出版社，2019，第147页。

② 《国家新型城镇化规划（2014—2020年）（节选）》（2014年3月12日），载中共中央文献研究室编：《十八大以来重要文献选编》（上），中央文献出版社，2014，第890页。

③ 习近平：《关于〈中共中央关于制定国民经济和社会发展第十三个五年规划的建议〉的说明》（2015年10月26日），载中共中央文献研究室编《十八大以来重要文献选编》（中），中央文献出版社，2016，第799页。

态。综合考虑交通便捷性，人脉稳定性，政策一致性，口语接近性，风俗同一性，气候适应性、遏制传染病等因素，党和政府应优先鼓励农民在省内流动并落户城镇。

三、向在村农民提供较好的公共服务和基础设施

针对那些不愿或不能定居城市的农民，政府应向农村提供较好的公共服务和基础设施，使在村农民能够过上有尊严的生活。

目前，中国城乡基础设施和公共服务水平存在显著差距。公共服务方面。2015 年 11 月至 2016 年初，研究人员对山东 50 个县（市、区）的 200 个村（居）进行随机问卷调查，其中 91% 是村委会、9% 是居委会，其中多数分布于农村和小镇、比例分别为 63.8% 和 22.1%。当被问及“城市最吸引您的方面是什么”时，被调查者选择最多的是“教育和医疗条件好”（占 32.9%）①。如基础设施方面，《2016 年城乡建设统计公报》显示，燃气普及率在县城约为 78%，在乡建成区仅为 22%；人均公园绿地面积，在县城约为 11 平方米，在乡建成区仅有约 1 平方米②。针对城乡在公共服务和基础设施方面的巨大差距，习近平总书记提出，“要推动城镇基础设施向农村延伸，城镇公共服务向农村覆盖”③。通过基础设施延伸和公共服务覆盖，使不愿或不能定居城市的农村常住人口，特别是农村留守儿童、留守妇女、留守老年人（“三留守”），在基本生活保障、教育、就业、卫生健康、思想情感等方面享受有效服务，能够过上有尊严的生活。

---

① 林聚任、刘佳、梁亮：《乡风文明与当前农村新型社区建设——以山东省“乡村文明行动”为例》，《中国农业大学学报（社会科学版）》，2018 年第 3 期，第 103-110 页。

② 王玉虎、张娟：《乡村振兴战略下的县域城镇化发展再认识》，《城市发展研究》，2018 年第 5 期，第 1-6 页。

③ 习近平：《在河南省兰考县委常委扩大会议上的讲话》（2014 年 3 月 18 日），载中共中央党史和文献研究院编《习近平关于“三农”工作论述摘编》，中央文献出版社，2019，第 31-32 页。

第八章　消除贫困，改善民生，实现农村生活富裕

中国特色社会主义进入新时代后，实现农村“生活富裕”，在相互联系的两个方面表现尤为突出：一是打赢精准脱贫攻坚战，消除贫困；二是加强农村基础设施和公共服务建设，改善民生。

第一节　打赢精准脱贫攻坚战，消除贫困

从中华人民共和国成立到改革开放以前，绝大多数中国农民收入微薄，生活水平低下，尚未解决温饱问题，几乎全体农户都是贫困户，整个农村都是贫困区域，所以当时并无针对少量农民的扶贫工作。改革开放初期，随着家庭联产承包责任制的广泛推行和人民公社体制的瓦解，农民的生产积极性空前提高，中国农业产量大幅增加，乡镇企业非常活跃，农民人均收入和平均生活水平迅速提高，农村贫困人口大幅减少并成为农民中的少数群体，真正意义的扶贫工作至此出现。1986 年 5 月，“国务院贫困地区经济开发领导小组”成立并下设领导小组办公室，设在农牧渔业部。5 月 14 日领导小组召开首次全体会议，确定扶贫基本方针，即区域扶贫和开发式扶贫。所谓区域扶贫，指依据年人均纯收入确定贫困县名单；所谓开发式扶贫，指通过发展当地经济等方式扶持贫困县。1988 年，领导小组与三西（河西、定西、西海固）地区农业建设领导小组合并，仍称“国务院贫困地区经济开发领导小组”，并将领导小组办公室设在农业部。1993 年 12 月底，“国务院贫困地区经济开发领导小组”改称“国务院扶贫开发领导小组”，下设领导小组办公室，并在县级以上政府设立对应机构；全国扶贫开发工作行政系统终于建立起来。接下来，中共中央、国务院出台《国家八七扶贫攻坚计划（1994—2000 年）》《中国农村扶贫开发纲要（2001—2010 年）》《中国农村扶贫开发纲要（2011—2020 年）》等先后相

继的大型减贫计划，并取得显著成就[①]。但是，从20世纪80年代起至中共十八大前，中国扶贫工作存在两大难题，一是每当贫困人口降至3 000万左右“就减不动”，二是戴帽贫困县“越扶越多”[②]。中共十八大以来，如何消除绝对贫困现象并实现贫困县全部摘帽，成为摆在以习近平同志为核心的党中央面前的突出任务。

中国特色社会主义进入新时代以来，以习近平同志为核心的中共中央关于扶贫、脱贫的重要论述或政策，其基本思路如下：到2020年必须打赢脱贫攻坚战，实现农村贫困人口全部脱贫，实现“两不愁，三保障”以及“两个确保”；要实现“六个精准”的“精准脱贫”，就要解决扶持谁、谁来扶、怎么扶、如何退等“四个问题”；通过实施“五个一批”工程，解决“四个问题”中的“怎么扶”。

一、到2020年必须打赢脱贫攻坚战，实现农村贫困人口全部脱贫

中国在全面建成小康社会的过程中，最突出的短板在于农村还有部分贫困人口，因此最艰巨的任务是在农村实现脱贫攻坚。正是从上述意义上讲，到2020年前打赢脱贫攻坚战、实现农村贫困人口全部脱贫，是全面建成小康社会、实现第一个百年奋斗目标的标志性指标；能否实现小康，关键看贫困农民能不能脱贫。2015年11月，中共中央、国务院发出的《关于打赢脱贫攻坚战的决定》，明确规定脱贫攻坚的总体目标是“两不愁三保障”以及“两个确保”。[③]

（一）“两不愁三保障”

“两不愁三保障”特指“到2020年，稳定实现农村贫困人口不愁吃、不愁穿，义务教育、基本医疗和住房安全有保障”[④]。解决区域性整体贫困，

---

① 陈锡文、罗丹、张征：《中国农村改革40年》，人民出版社，2018，第392-400页。

② 习近平：《在决战决胜脱贫攻坚座谈会上的讲话》（2020年3月6日），《人民日报》2020年3月7日，第2版。

③ 《中共中央、国务院关于打赢脱贫攻坚战的决定》（2015年11月29日），载中共中央党史和文献研究院编《十八大以来重要文献选编》（下），中央文献出版社，2018，第53-54页。

④ 《中共中央、国务院关于打赢脱贫攻坚战的决定》（2015年11月29日），载中共中央党史和文献研究院编《十八大以来重要文献选编》（下），中央文献出版社，2018，第53-54页。

使贫困人口实现“两不愁三保障”，就是消除“绝对贫困”[①]。消除绝对贫困，应立足于中国现行脱贫标准。现行脱贫标准特指中国官方确定的2017年年人均收入2 952元人民币，此前的脱贫标准则是2010年年人均收入2 300元人民币。若依据购买力平价指数换算，2017年的中国脱贫线为每人每天2.19美元，高于世界银行在2015年更新的国际低贫困线（生存贫困线）每人每天1.9美元。若依据购买力平价指数换算，2010年的中国脱贫线是每人每天1.54美元，低于世界银行在2005年确定的国际高贫困线（发展贫困线）每人每天2美元，高于世界银行在2005年确定的国际低贫困线每人每天1.25美元[②]。2019年4月16日，习近平总书记在解决“两不愁三保障”突出问题座谈会上强调坚持“现行脱贫标准”，“既不拔高，也不降低”[③]。2013年至2019年，中国832个贫困县农民人均可支配收入由6 079元增至11 567元，年均增幅9.7%，比同期全国农民人均可支配收入增幅高2.2个百分点；全国建档立卡贫困户人均纯收入由2015年的3 416元增至2019年的9 808元，年均增幅30.2%。以现行脱贫标准衡量，中国农村贫困人口总数已从2012年年底的9 899万人减少到2019年年底的551万人，贫困发生率由10.2%降至0.6%[④]。

截至2020年春，中国贫困人口“两不愁”“质量水平明显提升”，而且“三保障”问题“基本解决”，但不易“稳定住、巩固好”[⑤]。实现义务教育有保障，主要指让贫困家庭义务教育阶段的孩子不失学辍学，但不是把学前教育、高中、大学都包起来；截至2018年年底，中国乡镇寄宿制学校建设薄弱，一部分留守儿童上学困难，全国有60多万义务教育阶段孩子辍学；截至2020年春，仍有孩子反复失学辍学。实现基本医疗有保障，主要指让所有贫困人口参加医疗保险制度，常见病、慢性病有地方看、看得起，得了大病重病后基本生活过得去，但不是由政府把所有看病的钱都

① 习近平：《走中国特色社会主义乡村振兴道路》（2017年12月28日），载《论坚持全面深化改革》，中央文献出版社，2018，第412-413页。

② 陈锡文、罗丹、张征：《中国农村改革40年》，人民出版社，2018，第415-416页。

③ 习近平：《在解决“两不愁三保障”突出问题座谈会上的讲话》（2019年4月16日），《求是》，2019年第16期，第4-12页。

④ 习近平：《在决战决胜脱贫攻坚座谈会上的讲话》（2020年3月6日），《人民日报》2020年3月7日，第2版。

⑤ 习近平：《在决战决胜脱贫攻坚座谈会上的讲话》（2020年3月6日），《人民日报》2020年3月7日，第2版。

包起来；截至2018年年底，贫困县乡村医疗设施薄弱，有的贫困村缺乏卫生室或合格村医，一些贫困人口没有参加基本医疗保险，一些贫困人口常见病、慢性病得不到及时治疗，因病致贫返贫者非常普遍；截至2020年春，村村都有卫生室和村医，但不少乡村医疗服务水平低。住房安全有保障，主要指让贫困人口不住危房，但不是要住超标准的大房子，南方住房要注重通风，北方住房要注重保暖；截至2018年年底，全国需要进行危房改造的四类重点对象大约160万户，其中建档立卡贫困户约80万户；截至2020年春，一些农村危房改造质量仍然不高。饮水安全有保障，主要指让农村人口喝上放心水，解决饮水安全问题，西北地区重点解决有水喝的问题，西南地区重点解决储水供水和水质达标问题；截至2018年年底，还有大约104万贫困人口饮水安全问题没有解决，全国农村有6 000万人饮水安全需要巩固提升；截至2020年春，有的地方安全饮水不稳定，还存在季节性缺水①。

（二）两个确保

新时期脱贫攻坚的目标，集中到一点，就是到2020年实现“两个确保”：确保农村贫困人口实现脱贫，确保贫困县全部脱贫摘帽。但是“两个确保”这个目标实现起来并不容易。概括而言，一是每年需要脱贫的农村贫困人口太多；与此前相比，目前和今后几年的贫困人口和地区脱贫难度大；脱贫需要大量资金；农村因灾、病、学、老致贫人口不断出现；经济下行期，部分农民因就业和增收困难而难以脱贫②。

---

① 习近平：《走中国特色社会主义乡村振兴道路》（2017年12月28日），载《论坚持全面深化改革》，中央文献出版社，2018，第412-413页。习近平：《在解决“两不愁三保障”突出问题座谈会上的讲话》（2019年4月16日），《求是》，2019年第16期，第4-12页。习近平：《在决战决胜脱贫攻坚座谈会上的讲话》（2020年3月6日），《人民日报》2020年3月7日，第2版。

② 习近平总书记强调：“一是实现到2020年七千多万农村贫困人口脱贫的目标，从今年起平均每年要减贫1千多万人。二是经过多年努力，容易脱贫的地区和人口已经解决得差不多了，越往后脱贫攻坚成本越高、难度越大、见效越慢。三是按照投入2万元大体解决一个农村贫困人口的脱贫问题测算，7千多万农村贫困人口脱贫需要投入14 000亿元，如果今年脱贫1千万人，未来5年每年平均需投入2 400亿元左右。四是农村新的贫困人口还会出现，不少贫困户稳定脱贫能力差，因灾、因病、因学返贫情况时有发生。第一代农民工大多进入老龄阶段，其中相当一些人因常年在外打工积劳成疾，回到家乡后社会保障不给力，生活依旧十分困难。五是经济下行压力加大，贫困人口就业和增收难度增大，一些农民因丧失工作重新陷入贫困。”习近平：《在中央扶贫开发工作会议上的讲话》（2015年11月27日），载中共中央党史和文献研究院编《十八大以来重要文献选编》（下），中央文献出版社，2018，第33-34页。

二、要实现"六个精准"的"精准脱贫"，就要解决"四个问题"

（一）实现"六个精准"

改革开放后至中共十八大前，中国长期实施区域扶贫开发战略，在取得重大成就的同时，也存在着诸多问题①。比如，覆盖面不足，未将扶贫区域外的贫困户纳入其中；受益者偏离，贫困县等扶贫区域内的富人往往先占先得国家提供的扶贫资源；方式单一化，特定扶贫区域往往"一刀切"实施特定的扶贫政策，提供单一的扶贫资源，导致扶贫效果不佳；等等。2015 年 6 月 18 日习近平总书记将扶贫工作中出现的若干弊端称为"大水漫灌、走马观花、大而化之、手榴弹炸跳蚤"②。

鉴于上述弊端，2013 年 11 月 3 日—5 日习近平总书记在湖南考察工作时，首次提出"精准扶贫"概念，并于 12 月 10 日在中央经济工作会议上强调提高扶贫工作的"精准性"③。到 2014 年 3 月 7 日，习总书记在参加十二届全国人大二次会议贵州代表团审议时，科学阐释"精准扶贫"的含义，即对扶贫对象实行精细化管理和精准化扶持，对扶贫资源实行精确化配置，确保扶贫资源真正用在扶贫对象身上和贫困地区④。国务院扶贫办于 2014 年 4 月 2 日印发《扶贫开发建档立卡工作方案》，并于 6 月 12 日印发《扶贫开发建档立卡指标体系》，在当年识别 12.8 万贫困村、2 948 万贫困户、8 972 万贫困人口，首次建立全国统一的扶贫开发信息系统⑤。

上述"三精"阐释，实际上成为后来"六个精准"的思想源头。2015 年 6 月 18 日，习总书记在部分省区市扶贫攻坚与"十三五"时期经济社会发展座谈会上强调"精准"非常重要（贵在精准，重在精准，成败之举在于精准），并首次明确"六个精准"的具体内容即扶持对象精准、项目安排精准、资金使用精准、措施到户精准、因村派人精准、脱贫成效

---

① 关于改革开放 40 年中国扶贫政策的演进特点，详阅：汪三贵、曾小溪：《从区域扶贫开发到精准扶贫——改革开放 40 年中国扶贫政策的演进及脱贫攻坚的难点和对策》，《农业经济问题》，2018 年第 8 期，第 40-49 页。

② 中共中央党史和文献研究院编《习近平扶贫论述摘编》，中央文献出版社，2018，第 58 页。

③ 中共中央党史和文献研究院编《改革开放四十年大事记》，人民出版社，2018，第 93 页。

④ 中共中央党史和文献研究院编《习近平扶贫论述摘编》，中央文献出版社，2018，第 58 页。

⑤ 陈锡文、罗丹、张征：《中国农村改革 40 年》，人民出版社，2018，第 412 页。

精准[①]。

（二）解决“四个问题”

“六个精准”与“四个问题”紧密相关。2015 年 11 月 27 日，习近平在中央扶贫开发会议上指出，要做到“六个精准”，就要重点解决好“四个问题”，即扶持谁、谁来扶、怎么扶、如何退[②]。2019 年 4 月 16 日，习近平总书记在解决“两不愁三保障”突出问题座谈会上强调，精准是脱贫攻坚的要义，要坚持“六个精准”，解决好“四个问题”[③]。解决好“四个问题”旨在“做到扶真贫、真扶贫、脱真贫、真脱贫”[④]。

1. 解决好“扶持谁”的问题

一方面，扶贫必先识贫。应提高统计数据质量，既不要遗漏真正的贫困人口，也不要把非贫困人口纳入扶贫对象。另一方面，应认清贫困人口的贫困程度和致贫原因，做到因户因人施策，扶贫措施精准到户到人[⑤]。要防止假扶贫、扶假贫，比如“锦上添花、肥上加膘”的“扶富不扶贫”或者“不分贫富平均扶持”都是如此。

2. 解决好“谁来扶”的问题

要形成“中央统筹、省（自治区、直辖市）负总责、市（地）县抓落实的扶贫开发工作机制”。党中央、国务院主要负责统筹制定脱贫攻坚大政方针，出台重大政策举措，规划重大工程项目，统筹协调全局性重大问题、全国性共性问题，考核省级党委和政府扶贫开发工作成效。省级党委和政府对辖区内脱贫攻坚工作负总责，抓好目标确定、项目下达、资金投放、组织动员、监督考核等工作，确保辖区内贫困人口如期全部脱贫、贫困县如期全部摘帽。市（地、州、盟）党委和政府要做好上下衔接、域内协调、督促检查工作，把精力集中在贫困县如期摘帽上。县级党委和政府承担主体责任，县委书记和县长是第一责任人，做好精准识别、进度安

---

① 中共中央党史和文献研究院编《习近平扶贫论述摘编》，中央文献出版社，2018，第 58 页。

② 中共中央党史和文献研究院编《十八大以来重要文献选编》（下），中央文献出版社，2018，第 38-45 页。

③ 习近平：《在打好精准脱贫攻坚战座谈会上的讲话》（2018 年 2 月 12 日），载中共中央党史和文献研究院编《习近平关于“三农”工作论述摘编》，中央文献出版社，2019，第 177-178 页。

④ 《中共中央、国务院关于打赢脱贫攻坚战三年行动的指导意见》（2018 年 6 月 15 日），载中共中央党史和文献研究院编《十九大以来重要文献选编》（上），中央文献出版社，2019，第 480-481 页。

⑤ 习近平：《在中央扶贫开发工作会议上的讲话》（2015 年 11 月 27 日），载中共中央党史和文献研究院编《十八大以来重要文献选编》（下），中央文献出版社，2018，第 38-39 页。

排、项目落地、资金使用、人力调配、推进实施等工作[①]。为解决好“谁来扶”的问题，截至2020年春，全国累计选派25.5万个驻村工作队、290多万县级以上党政机关和国有企事业单位干部参加驻村帮扶，到贫困村、软弱涣散村担任第一书记或驻村干部，目前在岗91.8万人[②]。一线扶贫力量显著增强，已经打通精准扶贫“最后一公里”。

3. 解决好“怎么扶”的问题

开对药方才能拔掉穷根，要按照贫困地区和贫困人口的具体情况，实施“五个一批”工程，即发展生产脱贫一批，异地搬迁脱贫一批，生态补偿脱贫一批，发展教育脱贫一批，社会保障兜底一批[③]。实施“五个一批”工程，旨在解决好“怎么扶”问题，总的精神是因地因人制宜，缺什么就补什么，能干什么就干什么，扶到点上扶到根上[④]。

4. 解决好“如何退”的问题

精准扶贫与精准脱贫是手段和目的的关系。“如何退”就是要通过精准扶贫，建立贫困县、贫困户退出机制，努力做到精准脱贫。一是要设定时间表，实现有序退出；二是要留出缓冲期，在一定时间内实行摘帽不摘政策；三是要实行严格评估，按照摘帽标准验收；四是要实行逐户销号，做到脱贫到人[⑤]。2020年3月6日，习近平总书记在决战决胜脱贫攻坚座谈会上指出，全国832个贫困县中已有601个宣布摘帽，179个正在进行退出检查，区域性整体贫困“基本得到解决”[⑥]。

---

① 习近平：《在中央扶贫开发工作会议上的讲话》（2015年11月27日），载中共中央党史和文献研究院编《十八大以来重要文献选编》（下），中央文献出版社，2018，第39-40页。

② 习近平：《在决战决胜脱贫攻坚座谈会上的讲话》（2020年3月6日），《人民日报》2020年3月7日，第2版。

③ 中共中央党史和文献研究院编《十八大以来重要文献选编》（下），中央文献出版社，2018，第40-44页。

④ 习近平：《在解决“两不愁三保障”突出问题座谈会上的讲话》（2019年4月16日），《求是》，2019年第16期，第4-12页。

⑤ 习近平：《在中央扶贫开发工作会议上的讲话》（2015年11月27日），载中共中央党史和文献研究院编《十八大以来重要文献选编》（下），中央文献出版社，2018，第44-45页。

⑥ 习近平：《在决战决胜脱贫攻坚座谈会上的讲话》（2020年3月6日），《人民日报》2020年3月7日，第2版。截至2020年春，习近平总书记曾就打赢脱贫攻坚战召开过8次专题会议，先后是2015年在延安召开的革命老区脱贫致富座谈会、在贵阳召开的部分省区市扶贫攻坚与“十三五”时期经济社会发展座谈会，2016年在银川召开的东西部扶贫协作座谈会，2017年在太原召开的深度贫困地区脱贫攻坚座谈会，2018年在成都召开的打好精准脱贫攻坚战座谈会，2019年在重庆召开的解决“两不愁，三保障”突出问题座谈会，2020年在北京召开的决战决胜脱贫攻坚座谈会。

三、“五个一批”工程，旨在解决“四个问题”中的“怎么扶”问题

2015 年 11 月 27 日，习近平总书记在中央扶贫开发会议上指出，要按照贫困地区和贫困人口的具体情况，实施“五个一批”工程，即发展生产脱贫一批，异地搬迁脱贫一批，生态补偿脱贫一批，发展教育脱贫一批，社会保障兜底一批[①]。“五个一批”都有独特价值，发展生产扶贫是主攻方向，易地搬迁扶贫是重要补充，生态补偿扶贫是双赢之策，发展教育扶贫是治本之计，社会保障兜底扶贫是基本防线[②]。

（一）“发展生产脱贫一批”是主攻方向

支持贫困农民在本地就业或外出务工，是促进农民增收进而减少贫困人口的最有效方法，也是维护农村稳定和国家安全的重要方式。“一个人没有就业，就无法融入社会，也难以增强对国家和社会的认同。失业的人多了，社会稳定就面临很大危险。”[③]“一个人有了就业，就容易安定；一个家庭有一人就业，就增加一分稳定的力量。”[④]

贫困地区部分农民虽有健康体魄和土地，但缺乏专业技能、资金、基础设施和信息来源，此类农民应成为发展生产实现脱贫的一批，或外出务工脱贫，或就地脱贫。国务院扶贫办提供的数据表明，2019 年全国有 2 729 万建档立卡贫困劳动力在外务工，涉及 2/3 左右建档立卡贫困人口[⑤]。如果说推动贫困农民外出务工主要依托劳动力市场机制，那么实现贫困农民就地脱贫主要依赖政府帮扶机制。政府应着力改善贫困地区的公共服务以及交通、水利、电力、网络等基础设施，因地制宜扶持特色产业，

---

① 中共中央党史和文献研究院编《十八大以来重要文献选编》（下），中央文献出版社，2018，第 40-44 页。

② 习近平：《二〇一七年春节前夕赴河北张家口看望慰问基层干部群众时的讲话》（2017 年 1 月 24 日），载中共中央党史和文献研究院编《习近平扶贫论述摘编》，中央文献出版社，2018，第 74 页。

③ 习近平：《在中央民族工作会议上的讲话》（2014 年 9 月 28 日），载中共中央文献研究室编《习近平关于社会主义社会建设论述摘编》，中央文献出版社，2017，第 68 页。

④ 习近平：《在第二次中央新疆工作座谈会上的讲话》（2014 年 5 月 28 日），载中共中央文献研究室编《习近平关于社会主义社会建设论述摘编》，中央文献出版社，2017，第 67 页。

⑤ 习近平：《在决战决胜脱贫攻坚座谈会上的讲话》（2020 年 3 月 6 日），《人民日报》2020 年 3 月 7 日，第 2 版。

“宜农则农、宜林则林、宜牧则牧、宜商则商、宜游则游”①。

在“五个一批”工程中，发展生产脱贫一批显然是主攻方向。截至2020年春，全国建档立卡贫困人口中，超过九成在产业、就业方面获得扶贫支持，2/3以上主要通过外出务工和产业脱贫，贫困人口的工资性收入和经营性收入占比上升，自主脱贫能力稳步提高②。

（二）“易地搬迁脱贫一批”是重要补充

中国疆域辽阔，地形复杂，气候多样，大片山地和高原交通不便、地震和泥石流等自然灾害常见，北方干旱、半干旱地区面积广大、缺水严重。在上述自然条件恶劣、自然灾害频发的地方，通水、供气、通路、通电等成本很高，经济发展水平低下，就业机会狭窄，“一方水土养活不了一方人”，因此当地贫困农民很难实现就地脱贫，需要实施易地搬迁。上述地区在“十三五”期间将易地搬迁1 000万左右建档立卡贫困人口③，目前已有960多万贫困人口通过易地扶贫搬迁摆脱困境④，搬迁目标接近完成。今后政府还要加大易地扶贫搬迁后续扶持力度，确保搬迁人口既能搬出又能致富。

（三）“生态补偿脱贫一批”是双赢之举

中国是世界上生物多样性最为丰富的国家之一，拥有多种珍贵但脆弱的生态系统，许多地区不宜人居而当地生物和生态系统又亟须保护修复。在上述地区，应积极实施生态脱贫政策，一方面增加对贫困地区兼重点生态功能区的转移支付力度，使当地贫困农民直接受惠；另一方面以工代赈，使部分贫困农民担任护林员等生态保护人员，获得劳动报酬⑤。

（四）“发展教育脱贫一批”是治本之计

教育脱贫是“五个一批”工程中的扶智扶志之举，是脱贫致富的根本之策，具有特殊意义。2012年12月29日至30日，习总书记在河北阜平

---

① 习近平：《在中央扶贫开发工作会议上的讲话》（2015年11月27日），载中共中央党史和文献研究院编《十八大以来重要文献选编》（下），中央文献出版社，2018，第40-43页。

② 习近平：《在决战决胜脱贫攻坚座谈会上的讲话》（2020年3月6日），《人民日报》2020年3月7日，第2版。

③ 习近平：《在解决“两不愁三保障”突出问题座谈会上的讲话》（2019年4月16日），《求是》，2019年第16期，第4-12页。

④ 习近平：《在决战决胜脱贫攻坚座谈会上的讲话》（2020年3月6日），《人民日报》2020年3月7日，第2版。

⑤ 中共中央党史和文献研究院编《十八大以来重要文献选编》（下），中央文献出版社，2018，第42页。

县考察扶贫开发工作时说，把贫困地区孩子培养出来，是根本的扶贫之策[①]；2013 年 12 月 23 日习近平总书记在中央农村工作会议上强调，要紧紧扭住教育这个脱贫致富的根本之策[②]；2014 年 12 月 9 日习近平总书记在中央经济工作会议上指出，抓好教育是扶贫开发的根本大计[③]；2015 年 11 月 27 日，习总书记在中央扶贫开发会议上指出："治贫先治愚，扶贫先扶智。教育是阻断贫困代际传递的治本之策。"[④]2015 年 9 月 9 日习近平在给"国培计划（2014）"北师大贵州研修班参训教师的回信中指出："扶贫必扶智。让贫困地区的孩子们接受良好教育，是扶贫开发的重要任务，也是阻断贫困代际传递的重要途径。"[⑤]根据习近平总书记教育扶贫论述以及中央部署，2018 年 1 月 15 日，教育部和国务院扶贫办印发《深度贫困地区教育脱贫攻坚实施方案（2018—2020 年）》，推动教育新增资金、新增项目、新增举措进一步向"三区三州"倾斜，确保到 2020 年"三区三州"等深度贫困地区，实现建档立卡贫困人口教育基本公共服务全覆盖，当地教育总体发展水平显著提升。

（五）"社会保障兜底一批"是基本防线

近年来，中国坚持开发式扶贫方针，引导和支持全部有劳动能力的贫困人口依靠劳动改变自身境遇。但是，截至 2020 年春，剩余建档立卡贫困人口中，老年人、患病者、残疾人占比高达 45.7%[⑥]。他们完全或部分丧失劳动能力，很难通过其他方式实现脱贫，只能由当地社会保障体系来兜底，实现应保尽保。农村最低生活保障是贫困地区农村社会保障体系的重点，但是目前各地农村低保标准普遍低于国家扶贫标准，很难起到托底作用。今后应按照国家扶贫标准综合确定各地农村低保的最低指导标准，实

---

① 中共中央党史和文献研究院编《习近平扶贫论述摘编》，中央文献出版社，2018，第 132 页。

② 习近平：《在中央农村工作会议上的讲话》（2013 年 12 月 23 日），载中共中央文献研究室编《十八大以来重要文献选编》（上），中央文献出版社，2014，第 681-682 页。

③ 习近平：《在中央经济工作会议上的讲话》（2014 年 12 月 9 日），载中共中央文献研究室编《习近平关于社会主义社会建设论述摘编》，中央文献出版社，2017，第 32 页。

④ 中共中央党史和文献研究院编《十八大以来重要文献选编》（下），中央文献出版社，2018，第 42-43 页。

⑤ 习近平：《给"国培计划（2014）"北师大贵州研修班参训教师的回信》（2015 年 9 月 9 日），载中共中央党史和文献研究院编《习近平扶贫论述摘编》，中央文献出版社，2018，第 137-138 页。

⑥ 习近平：《在决战决胜脱贫攻坚座谈会上的讲话》（2020 年 3 月 6 日），《人民日报》2020 年 3 月 7 日，第 2 版。

现“两线合一”[1]，进而发挥农村低保标准的兜底功能。

党坚持精准扶贫，确立不愁吃、不愁穿和义务教育、基本医疗、住房安全有保障工作目标，实行军令状”式责任制，动员全党全国全社会力量，上下同心、尽锐出战，攻克坚中之坚、解决难中之难，组织实施人类历史上规模最大、力度最强的脱贫攻坚战，形成伟大脱贫攻坚精神[2]。

2021 年 1 月中央一号文件指出，脱贫攻坚任务已如期完成，现行标准下农村贫困人口全部脱贫，贫困县全部摘帽，易地扶贫搬迁任务全面完成，消除了绝对贫困和区域性整体贫困[3]。脱贫攻坚战结束后，中国提前 10 年实现联合国《2030 年可持续发展议程》规定的减贫目标，之后党和政府的扶贫工作重心，从消灭绝对贫困转向解决相对贫困，扶贫工作方式“由集中作战调整为常态推进”[4]，扶贫工作也被纳入乡村振兴战略统筹安排，逐步实现“由集中资源支持脱贫攻坚向全面推进乡村振兴平稳过渡”[5]。

第二节　加强农村基础设施和公共服务建设，改善民生

在现阶段，基础设施和公共服务差距大，是城乡差距最直观的表现。以发展水平居中的中部地区为例。在中共十九大前夕，有研究者在河南省洛阳的老城区、三门峡的卢氏和义马、焦作的武陟、新乡的长垣、安阳的内黄、濮阳的台前和南乐、商丘的虞城、周口的扶沟和项城、许昌的禹州、平顶山的湛河区、漯河的舞阳、驻马店的泌阳、南阳的西峡、信阳的浉河区等 14 个地级市 17 个县区 25 座村庄进行入户调查，被调查对象的户均人数、耕地面积、性别比例、年龄结构、文化程度以及年均收入均具

---

① 习近平：《在中央扶贫开发工作会议上的讲话》（2015 年 11 月 27 日），载中共中央党史和文献研究院编《十八大以来重要文献选编》（下），中央文献出版社，2018，第 40-43 页。

② 《中共中央关于党的百年奋斗重大成就和历史经验的决议》，《人民日报》2021 年 11 月 17 日，第 7 版。

③ 《中共中央国务院关于全面推进乡村振兴加快农业农村现代化的意见》（2021 年 1 月 4 日），《人民日报》2021 年 2 月 22 日，第 1 版。

④ 《中共中央国务院关于抓好“三农”领域重点工作确保如期实现全面小康的意见》（2020 年 1 月 2 日），《人民日报》2020 年 2 月 6 日，第 1 版。

⑤ 《习近平在中央农村工作会议上强调　坚持把解决好“三农”问题作为全党工作重中之重　促进农业高质高效乡村宜居宜业农民富裕富足》（新华社北京 2020 年 12 月 29 日电），《人民日报》2020 年 12 月 30 日，第 1 版。

有一定代表性，调查发现，当地农民普遍对教育、医疗和社保等公共服务以及道路和水利等基础设施严重不满①。在当前实施乡村振兴战略的形势下，农村的基础设施需要而且能够加强建设，而公共服务水平亟待也能够提高。

一、加强农村基础设施建设

农村基础设施建设是生活富裕的前提、表现和结果，主要涵盖农村交通、生产生活用水、用电用气、信息化建设等领域，简而言之就是路、水、能、网四字，需要着力加强、补齐短板。

在中共十八大以前，农村基础设施相对落后，从总体上看不外乎以下两点原因：一是城乡居民的聚集度、话语权和决策权差异显著，导致政府在基础设施领域的投资严重偏向城市；二是21世纪初农村税费特别是农业税与“三提五统”被取消后，村集体收入锐减，乡镇政府财政也受到影响，两级机构的基础设施投资能力严重下降。

如何应对上述难题，补齐农村基础设施建设短板呢？应积极引导社会资本参与农村公益性基础设施建设，创新农村基础设施的“决策、投入、建设、运行管护机制”②，把公共基础设施建设的重点放在农村。由此可见，除引导社会资本积极参与外，关键是完善农村基础设施建设机制并发挥政府投资的作用，也就是一靠政策、二靠金钱，两者缺一不可。

（一）改善农村交通设施条件

“要想富先修路”，必须改变部分农村“晴天一把刀，雨天一锅粥”的恶劣路况，才能加速当地经济发展和社会进步。经过多年努力，到中共十八大召开当年，全国基本实现公路村村通。2012年全国公路水路交通运输行业发展统计公报提供的数据表明，全国县道、乡道、村道等农村公路里程约368万公里，建制村中已通公路者占比高达99.55%，乡镇中已通公

① 乔俊峰：《基于需求导向的农村公共服务调查及完善对策》，《经济纵横》，2017年第8期，第99-103页。文中提到被调查农户平均拥有耕地1.53亩，家庭平均人口为4.43人；男性占58.1%，女性占41.9%；年龄呈正态分布，其中30~50岁占总数的67%，30岁以下占18.9%，50岁以上占14.2%；受教育程度方面，文盲占3.5%，小学文化程度占15.3%，初中文化程度占46%，高中文化程度占17.4%，中专以上文化程度占17.7%；家庭年收入在5 000~30 000元之间者占被调查对象的92.4%。

② 习近平：《在十八届中央政治局第二十二次集体学习时的讲话》（2015年4月30日），载中共中央党史和文献研究院编《习近平关于“三农”工作论述摘编》，中央文献出版社，2019，第35页。

路者占比高达 99.97%①。

但农村道路仍然状态不佳、问题重重，成为阻碍农村物流与生活富裕的重要因素，进而引起农民的忧虑。第三次全国农业普查提供的数据显示，2016 年有 74.9% 的农村缺乏电子商务配送站点②。阻碍农村电子商务与物流发展的原因很多，其中之一就是路况不佳。在中共十九大前夕，有研究者在河南省 14 个地级市 17 个县区的 25 座村庄调查发现，约 76% 的被调查者对当地道路建设表示不满③。

当前我国农村道路的主要问题表现在以下方面。一是施工方盲目加快建设速度并压缩建设成本，导致农村公路质量普遍较差。二是建成以后养护不佳，以至于中共中央、国务院下发的《乡村振兴战略规划（2018—2022 年)》不得不专门强调深化农村公路管理养护体制改革并完善安全防护设施，以保障农村地区基本出行条件。三是“断头路”“卡脖路”比比皆是，通行效率低下。四是水田机耕道路奇缺。一部分原机耕道路被辟为水田，现存机耕道路大多狭窄弯曲、凸凹不平且硬度不够，严重阻碍大型农机通行和作业。针对上述情况，习近平总书记强调，要加大对“农机作业配套设施等建设”的支持力度④。五是农村公路上公交比重低。即便是在位于东部沿海地区、经济比较发达的山东省，截至 2015 年年底，尚有 22.9% 的村镇不通公交，相比之下该省仅有约 2.7% 的城镇不通公交⑤。针对这一点，中共中央、国务院下发的《乡村振兴战略规划（2018—2022 年)》要求推动城市公共交通线路向城市周边延伸，鼓励发展镇村公交，实现具备条件的建制村全部通客车。

---

① 孔兆政、叶兴艺：《我国农村公共服务的供给偏好与优化策略》，《中共天津市委党校学报》，2013 年第 6 期，第 63-67 页。文使用的“生产性公共服务”和“生活和社会事业性公共服务”两个概念，基本上分别对应官方话语体系中的基础设施和公共服务。

② 习近平：《在十九届中央政治局第八次集体学习时的讲话》（2018 年 9 月 21 日），载中共中央党史和文献研究院编《习近平关于“三农”工作论述摘编》，中央文献出版社，2019，第 45 页。

③ 乔俊峰：《基于需求导向的农村公共服务调查及完善对策》，《经济纵横》，2017 年第 8 期，第 99-103 页。

④ 习近平：《在中央经济工作会议上的讲话》（2015 年 12 月 18 日），载中共中央党史和文献研究院编《习近平关于“三农”工作论述摘编》，中央文献出版社，2019，第 85-86 页。

⑤ 林聚任、刘佳、梁亮：《乡风文明与当前农村新型社区建设———以山东省“乡村文明行动”为例》，《中国农业大学学报 (社会科学版)》，2018 年第 3 期，第 103-110 页。

（二）加强农村水利基础设施建设

水利基础设施建设涵盖给水和排水两个环节，其中给水包括农业生产用水（即灌溉用水）与农村生活用水，排水与防洪减灾工作以及生活污水排放密切相关，而给排水均仰赖较为合理的产权、管理和服务体制。2006年农业税费被取消后，水利基础设施网络建设几乎成为农村基础设施最为薄弱的领域。在中共十九大前夕，有研究者对河南省14个地级市17个县区的25座村庄调查发现，约80%的被调查者对当地水利设施不满，约45%对当地饮用水不满①。

当前农村水利基础设施的主要缺陷集中表现在以下方面。

1. 排水能力不足

首先，大河、干流所获投资大、水利工程众多，小河、支流所获投资少，水利工程不足，而小河、支流恰恰与农业生产和农民生活关系最为密切。中华人民共和国成立以来，尤其是1998年大洪灾过后，政府着力强化大河与干流防洪减灾能力建设，尤其是加固堤防、疏浚河道、广泛建造控制性水库和蓄滞洪区；相比之下，中小河流的防洪减灾能力没有得到明显提高，进而成为洪灾高发区。其次，同一条河流的城区段与乡村段河堤高度不同、河道宽窄不一、河水流速和水位均不同，汛期河流在城乡接合部极易酿成决口与改道，祸害乡村。以河北省邢台市大贤村七里河洪灾为例，七里河又名顺水河或百泉河，发源于太行山并贯穿邢台市区。七里河在流经市区时河道很宽，流出市区后在大贤村口的大贤桥处迅速收窄。2016年7月20日凌晨，七里河上游来水激增，约为每秒580立方米，在流经邢台市区时因河道很宽而流速不大、水位不高，但在流出市区并流经大贤桥时，因河道突然变窄，加之部分河道被渣土和热力管阻塞，导致河道通过能力骤降为每秒40立方米，水速和水位迅速升高，决堤之后淹没村庄，酿成34人死亡、13人失踪的惨剧②。

2. 给水能力不足

给水能力不足主要表现在农民饮水安全和农田节水灌溉两个领域。

---

① 乔俊峰：《基于需求导向的农村公共服务调查及完善对策》，《经济纵横》，2017年第8期，第99-103页。

② 吴强、刘汗：《水利支撑乡村振兴战略实施的五大着力点》，《中国农村水利水电》，2018年第9期，第199-201页。该文认为，水利是产业兴旺的前提条件，生态宜居的构成要素，乡风文明的重要载体，治理有效的生动实践，生活富裕的基础保障。

第一，农村生活用水问题很多。2006 年年底第二次全国农业普查数据表明，中国农村有 5 101 万户的饮用水经过净化处理，占 23.1%；9 231 万户的饮用水为深井水，占 41.8%；6 151 万户的饮用水为浅井水，占 27.8%；619 万户的饮用水来源于江河湖水，占 2.8%；303 万户的饮用水为池塘水，占 1.4%；316 万户的饮用水来源于雨水，占 1.4%；387 万户的饮用水来源于其他水源，占 1.7%。在上述农户中，有 2 265 万农户在获取饮用水方面存在困难，占 10.3%①。十年过后，农村饮水问题有所缓解，但仍然存在诸多不足。以中部地区发展水平居中的湖南省为例，截至 2015 年，湖南省农村集中式供水受益人口比重不足 70%②。以东部沿海地区经济较为发达的山东省为例。截至 2015 年年底，山东仍有 34.9% 村镇的饮用水未经集中净化处理，相比之下城镇社区已有 91% 用户的饮用水经过集中净化处理③。到 2017 年中共十九大前后，因受水源稳定度低、农村居民实际用水量普遍偏小、缺乏合理的水费运行机制、工程维修和养护经费不足等多方面因素影响，农村供水仍存在保障不稳定、水质达标率偏低等问题，建立农村安全饮水工程长效运行机制任重而道远④。在集中连片贫困地区，饮水问题更为严重。截至 2019 年春，在饮水安全方面，还有大约 104 万贫困人口饮水安全问题没有解决，全国农村有 6 000 万人饮水安全需要巩固提升。针对上述问题，2019 年 4 月 16 日习近平总书记在解决“两不愁三保障”突出问题座谈会上，实际上把原有“两不愁三保障”脱贫标准升级为“两不愁四保障”，新增一条要求即“饮水安全有保障”。饮水安全有保障，特指解决农民的饮水安全问题，让农村人口喝上放心水，西北地区重点解决有水喝的问题，西南地区重点解决储水供水和水质达标

① 孔兆政、叶兴艺：《我国农村公共服务的供给偏好与优化策略》，《中共天津市委党校学报》，2013 年第 6 期，第 63-67 页。

② 曾福生、蔡保忠：《农村基础设施是实现乡村振兴战略的基础》，《农业经济问题》，2018 年第 7 期，第 88-94 页。该文作者将“农村基础设施”划分为“经济基础设施”（包括农田水利，农村交通，农村电力，农村供水，农村环卫，农村网络等设施。）和“社会基础设施”（包括乡村教育，医疗，文化娱乐），实际上分别对应官方话语体系中的基础设施和公共服务。

③ 林聚任、刘佳、梁亮：《乡风文明与当前农村新型社区建设———以山东省“乡村文明行动”为例》，《中国农业大学学报(社会科学版)》，2018 年第 3 期，第 103-110 页。

④ 吴强、刘汗：《水利支撑乡村振兴战略实施的五大着力点》，《中国农村水利水电》，2018 年第 9 期，第 199-201 页。

问题[①]。

第二，农业用水供给和利用问题。“有肥无水望天哭，有水无肥一半谷。”兴修农田水利，是解决传统农业靠天吃饭问题的根本之策。农业用水供给问题，在相当多的农村表现在部分耕地的水渠状况不佳或水源距离较远，引水灌溉比较困难。习近平强调：“既要重视大兴水利工程这样的‘大动脉’，也要重视田间地头的‘毛细血管’，解决好农田灌溉‘最后一公里’问题”[②]。农业用水利用问题，主要表现在农业用水量大但是节水灌溉比重较低。2016 年全国总用水量为 6 040 亿立方米，其中农业用水约占 62.4%，工业用水约占 21.6%，人工生态环境补水约占 2.4%，城乡生活用水约占 13.6%[③]。灌溉用水在全国总用水量中，三分天下有其二。但是，灌溉用水蒸发或流走严重，只有约一半水量被作物吸收，实际利用率仅为 50% 左右。国家统计局《国民经济和社会发展统计公报》和水利部《中国水资源公报》（2011—2017）中的数据显示，中国农业灌溉用水有效利用系数仅从 2011 年的 0.510 缓慢升至 2017 年的 0.548[④]。《中国水利年鉴 2016》数据表明，截至 2015 年年底，我国农业节水灌溉面积为 31 060.44 千公顷，占有效灌溉面积的 47.15%；其中喷灌和微灌面积为 9 011.57 万亩，占节水灌溉面积的 29%，明显不及以色列的 100%、瑞典和英国的 80% 多、美国的 54.4%[⑤]。在中国水资源丰富的南方部分地区，节水灌溉特别是喷灌和微灌几乎是个空白。湖北省荆州市岑河镇地处荆江大堤北岸的江汉平原西部，耕地面积 5 440 公顷，其中旱地 4 287 公顷，水田 1 153 公顷；该镇传统水渠灌溉模式仍占主导地位，使用喷灌和微灌等农田节水灌溉设施的只有 1.32%[⑥]。

---

① 习近平：《在解决“两不愁三保障”突出问题座谈会上的讲话》（2019 年 4 月 16 日），《求是》，2019 年第 16 期，第 4-12 页。

② 习近平：《在中央农村工作会议上的讲话》（2013 年 12 月 23 日），载中共中央文献研究室编《十八大以来重要文献选编》（上），中央文献出版社，2014，第 663 页。

③ 国家统计局编《2018 中国统计年鉴》，中国统计出版社，2018，第 244 页。

④ 吴强、刘汗：《水利支撑乡村振兴战略实施的五大着力点》，《中国农村水利水电》，2018 年第 9 期，第 199-201 页。

⑤ 曾福生、蔡保忠：《农村基础设施是实现乡村振兴战略的基础》，《农业经济问题》，2018 年第 7 期，第 88-94 页。

⑥ 李学婷、黄汉俞：《华中地区农村基础设施建设现状的农民满意度分析———以湖北省荆州市岑河镇为例》，载《中国农业大学学报》，2013 年第 5 期，第 205-212 页。该文所论述的农村基础设施建设，特指农村能源、交通、水利、教育、医疗卫生、休闲娱乐。

3. 体制尚存弊端

体制尚存弊端削弱水利工程的给排水能力。水利设施建成后养护不佳，极易损坏。

加强农村水利基础设施建设的总体目标，应是构建大中小微结合、骨干和田间衔接的水利基础设施网络，着力提高给排水能力。具体而言，需要从以下三个方面着手。

第一，提高排水能力。这项能力与防洪减灾密切相关。应实施水系连通和河塘清淤整治等工程建设，并加强灾后水利薄弱环节建设。

第二，提高给水能力。在农村生活用水方面，应巩固提升农村饮水安全保障水平。在灌溉用水方面，应统筹开展大中型灌区续建配套节水改造与现代化建设，有序新建一批节水型、生态型灌区，实施大中型灌排泵站更新改造；应推进中小型水源工程和抗旱应急能力建设。

第三，改革体制。主要涉及水利工程的产权制度、管理体制和服务体系，旨在加强水利工程养护进而保障给排水能力。

（三）构建农村现代能源体系

能源是能量来源或资源的简称，根据不同标准有不同分类。根据产生方式的不同，可将能源分为一次能源（或天然能源）和二次能源（或人工能源）。

我国农村可用的一次能源，通常包括不可再生的煤、石油、天然气，以及可再生且清洁性的太阳能、生物质能、水能、风能、浅层地热能。优化农村能源供给结构，应在综合考虑性价比的前提下，在不可再生能源中优先使用清洁性的天然气。但是目前农村的天然气使用尚不普遍。以东部沿海地区经济较为发达的山东省为例，2015 年 11 月至 2016 年初研究人员对山东东、中、西部 50 个县、区、市的 200 个村（居）进行随机问卷调查，其中 91% 是村委会、9% 是居委会，其中多数分布于农村和小镇，比例分别为 63.8% 和 22.1%。调查显示，到 2015 年年底，山东 98.6% 村（居）缺乏管道燃气[①]；《2016 年城乡建设统计公报》数据显示，燃气普及

① 林聚任、刘佳、梁亮：《乡风文明与当前农村新型社区建设——以山东省“乡村文明行动”为例》，《中国农业大学学报（社会科学版）》，2018 年第 3 期，第 103-110 页。

率在县城有 78%，在乡建成区仅 22%[①]。今后应推动供气设施向农村延伸，并在北方农村通过煤改气等措施实现冬季清洁取暖。此外，优化农村能源供给结构，还应因地制宜发展可再生且清洁性的太阳能、浅层地热能、生物质能、水能和风能等。

我国农村可用的二次能源，一般涵盖煤灰、焦炭、洁净煤、煤气等煤制品，汽油、柴油、机油等石油制品以及沼气、电能，等等。改革开放以来特别是进入 21 世纪后，我国农村使用的二次能源占比呈上升趋势，其中电能最为重要。中国农村年用电量从 1978 年的 253.1 亿千瓦 • 时升至 1990 年的 844.5 亿千瓦 • 时，到 2000 年增至 2 421.3 亿千瓦 • 时，2012 年的 7 508.5 亿千瓦 • 时，2017 年高达 9 524.4 亿千瓦 • 时[②]。中共中央、国务院下发的《乡村振兴战略规划（2018—2022 年）》提出，应加快新一轮农村电网升级改造，大幅提高电能在农村能源消费中的比重；应加快推进生物质热电联产、生物质供热、规模化生物质天然气和规模化大型沼气等燃料清洁化工程。当前农村电力供应依然存在诸多问题。一是农村供电容量低。2015 年，我国农业生产和农民生活的总电力装机容量仅 8 000 万千瓦，总量不到全国的 1/10；户均容量约 300 瓦，仅为上海的 10%；部分偏远贫困农村的供电卡口现象时有发生。二是农村电力设备落后。一些农村地区电力设备陈旧落后，许多变压器严重老化，能耗高、性能差，不仅影响正常用电，还易导致安全事故。沼气在部分地区也被推广使用。习近平总书记强调，支持利用畜禽养殖废弃物、秸秆、餐厨垃圾等生产沼气和提纯生物天然气[③]。与农村电力供应相比，沼气应用在部分地区已收到良好效果[④]。

（四）夯实乡村信息化基础

当前我国城乡信息化基础差距显著。习近平总书记指出，与城市相

① 王玉虎、张娟：《乡村振兴战略下的县域城镇化发展再认识》，《城市发展研究》，2018 年第 5 期，第编 1-6 页。

② 国家统计局编《2018 中国统计年鉴》，中国统计出版社，2018，第 831 页。

③ 习近平：《在中央财经领导小组第十四次会议上的讲话》（2016 年 12 月 21 日），载中共中央文献研究室编《习近平关于社会主义生态文明建设论述摘编》，中央文献出版社，2017，第 95 页。

④ 樊雅丽：《新型城镇化过程中农村生态文明建设研究》，《中国沼气》，2015 年第 4 期，第 91-95 页。该文详述山东即墨生态文明乡村示范区制造、输送和利用沼气的情况。

比，农村互联网基础设施建设是中国的“短板”①。《中国互联网络发展状况统计报告》提供的数据表明，截至 2017 年 6 月，在全国网民中，农村网民占比 26.7%，不仅低于农村户籍人口占比，而且低于农村常住人口占比；互联网普及率，农村为 34.0%，城市则高达 69%；城乡在网上支付和网上咨询方面也存在很大差别②。

今后深化电信普遍服务，应加快农村地区宽带网络和第四代移动通信网络覆盖步伐。实施新一代信息基础设施建设工程。实施数字乡村战略，加快物联网、地理信息、智能设备等现代信息技术与农村生产生活的全面深度融合，深化农业农村大数据创新应用，推广远程教育、远程医疗、金融服务进村等信息服务，建立空间化、智能化的新型农村统计信息系统。在乡村信息化基础设施建设过程中，同步规划、同步建设、同步实施网络安全工作③。

二、提高农村公共服务水平

农村公共服务，主要涉及教育、医疗、社会保障三个方面。中共十八大以来，习近平总书记指出，要不断提高农村基本公共服务的标准和水平，实现“从有到好”的转变，逐步推进城乡基本公共服务“均等化”④。这种均等化应体制化机制化。具体而言，要从经费倾斜、资源投入、服务延伸、力量下乡等方面发力。新增教育、文化、医疗卫生等社会事业经费要向农村倾斜，社会建设公共资源要向农村投放，基本公共服务要向农村延伸，城市社会服务力量要下乡支援农村，以形成农村社会事业发展的“合力”⑤。总体目标是逐步建立健全“全民覆盖、普惠共享、城乡一体”的

---

① 习近平：《在网络安全和信息化工作座谈会上的讲话》（2016 年 4 月 19 日），人民出版社，2016，第 5-6 页。

② 曾福生、蔡保忠：《农村基础设施是实现乡村振兴战略的基础》，《农业经济问题》，2018 年第 7 期，第 88-94 页。

③ 《乡村振兴战略规划（2018—2022 年）》，人民出版社，2018，第 76-79 页。

④ 习近平：《在中央农村工作会议上的讲话》（2013 年 12 月 23 日），载中共中央文献研究室编《十八大以来重要文献选编》（上），中央文献出版社，2014，第 682 页。

⑤ 习近平：《在农村改革座谈会上的讲话》（2016 年 4 月 25 日），载《论坚持全面深化改革》，中央文献出版社，2018，第 263-264 页。

基本公共服务体系[①]。简而言之，提高农村公共服务水平，应继续把国家社会事业发展的重点放在农村，促进公共教育、医疗卫生、社会保障等资源向农村倾斜，逐步建立健全“全民覆盖、普惠共享、城乡一体”的基本公共服务体系，推进城乡基本公共服务均等化。

（一）优先发展农村教育事业

教育公平是社会公平的重要内容，涉及机会公平、过程公平和结果公平。教育公平通常指每个社会成员都享有同等的教育权利与教育机会，享有同等的教育资源，享有同等的教育质量，享有同等的就业机会，并向社会弱势群体给予一定的倾斜。教育公平包括机会公平、过程公平和结果公平。从本质上看，教育的机会公平属于起点公平；过程公平强调整个过程中教育制度或安排要平等对待每一个儿童，以消除外部经济障碍和社会障碍对儿童学业的影响；结果公平则通过向儿童提供使个人的天赋得以发展的各种机会，使不同社会出身的儿童获得进步，进而获得平等的教育效果[②]。

优先发展相当滞后的农村教育事业，是教育公平的重要体现，必须兼顾机会公平、过程公平和结果公平，在学前教育、义务教育、高中教育和职业教育多个教育阶段加强软硬件建设。

在农村各级学校软硬件建设方面，应推进农村学校信息化基础设施建设，积极发展“互联网 + 教育”，优化数字教育资源公共服务体系。师资方面，应推动优质学校辐射农村薄弱学校常态化，加强城乡教师交流轮岗；落实乡村教师支持计划，继续实施农村义务教育学校教师特设岗位计划，加强乡村学校紧缺学科教师培训，落实乡村教师生活补助政策，建好建强乡村教师队伍。

在高中教育、职业教育方面，应实施高中阶段教育普及攻坚计划，提高高中阶段教育普及水平；应大力发展面向农村的职业教育，加快推进职业院校布局结构调整，加强县级职业教育中心建设，有针对性地设置专业和课程，满足乡村产业发展和振兴需要[③]。

---

① 习近平：《走中国特色社会主义乡村振兴道路》（2017 年 12 月 28 日），载《论坚持全面深化改革》，中央文献出版社，2018，第 396-397 页。

② 教育部课题组《深入学习习近平关于教育的重要论述》，人民出版社，2019，第 189-195 页。

③ 《乡村振兴战略规划（2018—2022 年）》，人民出版社，2018，第 83-87 页。

学前教育和义务教育是农村教育事业的重心，应着力保障学生就近享有有质量的教育。“就近”非常重要，近年来，一些农村撤点并校太快，导致学生上学路程变远，一些非寄宿制学生上学要起早摸黑，交通安全存在隐患[①]。针对上述问题，2021 年中央一号文件提出，保留并办好必要的乡村小规模学校[②]。

一是农村学前教育。2008 年第二次全国农业普查主要数据公报显示，我国农村仅 30.2% 的村有幼儿园、托儿所[③]。十年后，这一状况几乎没有发生任何变化。根据第三次全国农业普查数据显示，2016 年全国农村有 69.7% 的村没有幼儿园、托儿所[④]。从农村学前教育质量来看，2016 年前，有研究者发现，在中部地区发展水平居中的黑龙江省，农村幼儿园多以民用住宅为教室、以民用住宅院落为游戏区、以小学入门知识为主要教学内容，缺少基本场地、娱乐设施与先进教育理念[⑤]。发展农村学前教育，每个乡镇应至少办好一所公办中心幼儿园，完善县乡村学前教育公共服务网络。

二是农村义务教育。为解决农村师资“下不去”“留不住”“教不好”这三大突出问题，2015 年 4 月 1 日，习近平主持十八届中央全面深化改革领导小组第十一次会议，通过《乡村教师支持计划（2015—2020 年）》，规定在能力培养、生活待遇、职称评聘、城市优秀师资向农村流动等方面，支持农村教育[⑥]。为提升义务教育阶段农村学生营养水平和身体素质，截至 2016 年年底，中央财政累计投入营养膳食补助资金 1 591 亿元，惠及 3 600 多万农村义务教育阶段学生[⑦]。《中国农村教育发展报告 2017》提供的数据显示，截至 2016 年年底，全国有 37.6% 的县、市、区尚未通过

① 习近平：《在中央农村工作会议上的讲话》（2013 年 12 月 23 日），载中共中央文献研究室编《十八大以来重要文献选编》（上），中央文献出版社，2014，第 681 页。

② 《中共中央国务院关于全面推进乡村振兴加快农业农村现代化的意见》（2021 年 1 月 4 日），《人民日报》2021 年 2 月 22 日，第 1 版。

③ 孔兆政、叶兴艺：《我国农村公共服务的供给偏好与优化策略》，《中共天津市委党校学报》，2013 年第 6 期，第 63-67 页。

④ 习近平：《在十九届中央政治局第八次集体学习时的讲话》（2018 年 9 月 21 日），载中共中央党史和文献研究院编《习近平关于“三农”工作论述摘编》，中央文献出版社，2019，第 45 页。

⑤ 朱松梅、雷晓康：《城镇化进程中我国农村公共服务供求的困境与求解》，《西北大学学报（哲学社会科学版）》，2016 年第 2 期，第 165-173 页。

⑥ 教育部课题组：《深入学习习近平关于教育的重要论述》，人民出版社，2019，第 195 页。

⑦ 教育部课题组：《深入学习习近平关于教育的重要论述》，人民出版社，2019，第 192 页。

“义务教育发展基本均衡县（市、区）”督导评估认定，即使是已经通过评估认定的县、市、区也仅仅是基本均衡而远非高位均衡[①]。以中部地区发展水平居中的湖南省和河南省为例，2016年前，有研究者发现，湖南省岳阳市华容县某村的主要经济来源是劳动力输出和打工收入，几乎没有集体经济，该村义务教育阶段学生的教学设施以及用餐环境较差[②]。2017年中共十九大前夕，有研究者对河南省14个地级市17个县区的25座村庄调查发现，约66%的被调查者对当地义务教育状况不满[③]。今后，应科学推进义务教育公办学校标准化建设，全面改善贫困地区义务教育薄弱学校基本办学条件，加强寄宿制学校建设，提升乡村教育质量，实现县域校际资源均衡配置。以农村寄宿制学校为例，有的学校里一个铺上睡两三个孩子，他们架几块石头，烧起柴火，煮碗冷饭[④]。发展贫困地区义务教育事业，应坚持“义务教育有保障”和“发展教育脱贫一批”的原则。实现“义务教育有保障”，是精准脱贫攻坚战的主要目标之一。2019年4月16日习近平总书记在解决“两不愁三保障”突出问题座谈会上指出，在义务教育保障方面，全国有60多万义务教育阶段孩子辍学。乡镇寄宿制学校建设薄弱，一部分留守儿童上学困难。实现义务教育有保障主要是让贫困家庭义务教育阶段的孩子不失学辍学[⑤]。

（二）推进健康乡村建设

21世纪初“新农合”制度出台后，的确在一定程度上减轻了患病农民的负担，但自付比例和费用普遍偏高，许多农民感觉受惠并不明显。以中部地区发展水平居中的湖北省为例，湖北省荆州市岑河镇地处荆江大堤北岸的江汉平原西部，辖26个行政村、203个村民小组和1个居委会、5个

---

① 曾福生、蔡保忠：《农村基础设施是实现乡村振兴战略的基础》，《农业经济问题》，2018年第7期，第88-94页。

② 孙彩红：《农村公共服务的三元治理——以岳阳市农村公共服务为例》，载《江西师范大学学报（哲学社会科学版）》，2016年第4期，第19-25页。该文提到的“三元治理”，特指农村公共服务中以政府为主导，以村民为主体，“市场社会参与”。

③ 乔俊峰：《基于需求导向的农村公共服务调查及完善对策》，《经济纵横》，2017年第8期，第99-103页。

④ 习近平：《在中央民族工作会议上的讲话》（2014年9月28日），载中共中央文献研究室编《习近平关于社会主义社会建设论述摘编》，中央文献出版社，2017，第51页。

⑤ 习近平：《在解决“两不愁三保障”突出问题座谈会上的讲话》（2019年4月16日），《求是》，2019年第16期，第4-12页。

农业企业、1个林场，有15 088户、57 669人，其中城镇15 598人。在2012年中共十八大前后，有研究者调查表明，岑河镇每座村庄都设有公共卫生室或诊所，农民就诊非常方便，但不少村民认为农村合作医疗制度并未得到真正落实，医疗费用偏高[①]。至于重病住院的农民，因病致贫或先脱贫后返贫的现象，在全国农村更是屡见不鲜，在贫困地区尤其如此。

从中共十八大召开前夕至今，中国城乡医疗条件差距仍然令人瞠目。中国每千人口卫生技术人员数量，1980年城市为8.03农村为1.81，1990年城市为6.59农村为2.15，2000年城市为5.17农村为2.41，2012年城市为8.54农村为3.41，2017年城市为10.87农村为4.28；中国每千人口执业（助理）医师数量，1980年城市为3.22农村为0.76，1990年城市为2.95农村为0.98，2000年城市为2.31农村为1.17，2012年城市为3.19农村为1.40，2017年城市为3.97农村为1.68；每千人口注册护士，1980年城市为1.83农村为0.20，1990年城市为1.91农村为0.43，2000年城市为1.64农村为0.54，2012年城市为3.65农村为1.09，2017年城市为5.01农村为1.62[②]。中国每千人口医疗卫生机构床位数量，2012年城市为6.88农村为3.11，2017年城市为8.75农村为4.19；每千农村人口乡镇卫生院床位数量，2012年为1.24，2017年为1.35[③]。以中部地区经济发展水平居中的河南省为例。河南省是农业大省和人口大省，农村人口比例大、数量多，但农村卫生医疗条件普遍较差。国家卫生和计划生育委员会编写的《中国卫生和计划生育统计年鉴2016》数据显示：2015年河南省农村每千人口的卫生技术人员数和医疗卫生床位数分别只有3.3人和3.19张，而城市每千人口的卫生技术人员数和医疗卫生床位数分别达到10.4人和9.36张；全省村卫生室数量仅有约5.7万个，尚无法有效承担医疗服务功能。到2017年中共十九大前夕，有研究者对河南省14个地级市17个县区的25座村庄调查发现，约59%的被调查者对当地医疗卫生状况不满[④]。至于发展水平最低的贫困地区，医疗条件更差。2019年4月16日习近平总书记在解

---

① 李学婷、黄汉俞：《华中地区农村基础设施建设现状的农民满意度分析——以湖北省荆州市岑河镇为例》，《中国农业大学学报》，2013年第5期，第205-212页。

② 国家统计局编《2018中国统计年鉴》，中国统计出版社，2018，第716页。

③ 国家统计局编《2018中国统计年鉴》，中国统计出版社，2018，第720页。

④ 乔俊峰：《基于需求导向的农村公共服务调查及完善对策》，《经济纵横》，2017年第8期，第99-103页。

决“两不愁三保障”突出问题座谈会上指出，目前贫困县乡村医疗设施薄弱，有的贫困村没有卫生室或者没有合格村医[①]。其中的症结在于基层医疗卫生服务体系不健全，尤其是农村医疗机构覆盖面不足以及乡村医生业务能力低下。今后应基本实现每个乡镇都有1所政府举办的乡镇卫生院，每个行政村都有1个卫生室，每个乡镇卫生院都有全科医生；应推动乡村医生申请执业（助理）医师资格；应完善基层医疗卫生机构绩效工资制度[②]。

（三）加强农村社会保障体系建设

中共十九大前夕，有研究者对河南省14个地级市17个县区的25座村庄调查发现，约71%的被调查者对当地社会保障状况不满[③]。加强农村社会保障体系建设，应按照兜底线、织密网、建机制的要求，全面建成覆盖全民、城乡统筹、权责清晰、保障适度、可持续的多层次社会保障体系。

第一，加强农村留守儿童、妇女和老人关爱服务体系建设。2013年5月10日全国妇联发布的《我国农村留守儿童、城乡流动儿童状况研究报告》指出：全国有农村留守儿童6 102.55万，占农村儿童总数的37.7%，占全国儿童总数的21.88%；0~17岁的城乡流动儿童有3 581万，其中农村户籍儿童占80.35%[④]。2013年12月23日习近平总书记在中央农村工作会议上指出，农村留守儿童已超过6 000万，留守妇女达4 700多万，留守老年人约有5 000万[⑤]。应推动各地通过政府购买服务、设置基层公共管理和社会服务岗位、引入社会工作专业人才和志愿者等方式，为农村留守儿童和妇女、老年人以及困境儿童提供关爱服务。

第二，完善农村养老保险制度，提高农村养老金水平。根据第三次全国农业普查，2016年农村居民领取的养老金水平仅约为城镇职工养老金平

---

① 习近平：《在解决“两不愁三保障”突出问题座谈会上的讲话》（2019年4月16日），《求是》，2019年第16期，第4-12页。

② 《乡村振兴战略规划（2018—2022年）》，人民出版社，2018，第83-87页。

③ 乔俊峰：《基于需求导向的农村公共服务调查及完善对策》，《经济纵横》，2017年第8期，第99-103页。

④ 孔兆政、叶兴艺：《我国农村公共服务的供给偏好与优化策略》，《中共天津市委党校学报》，2013年第6期，第63-67页。

⑤ 习近平：《在中央农村工作会议上的讲话》（2013年12月23日），载中共中央文献研究室编：《十八大以来重要文献选编》（上），中央文献出版社，2014，第680-681页。

均水平的 5%[①]。应进一步完善城乡居民基本养老保险制度，加快建立城乡居民基本养老保险待遇确定和基础养老金标准正常调整机制。

第三，完善农村居民基本医疗保险制度和大病保险制度。应完善统一的城乡居民基本医疗保险制度和大病保险制度，做好农民重特大疾病救助工作，健全医疗救助与基本医疗保险、城乡居民大病保险及相关保障制度的衔接机制，巩固城乡居民医保全国异地就医联网直接结算。

第四，统筹协调农村扶贫标准和低保标准，统筹协调城乡低保水平，着力提高农村低保水平。一方面，要统筹协调农村扶贫标准和低保标准。目前，农村扶贫标准由国家统一确定，而农村低保标准则由地方确定，相当多地方两个标准有一定差距。要统筹协调农村扶贫标准和农村低保标准，按照国家扶贫标准综合确定各地农村低保的最低指导标准，低保标准低的地区要逐步提高到国家扶贫标准，实现“两线合一”，发挥低保线兜底作用[②]。另一方面，要统筹协调城乡低保水平。根据第三次全国农业普查，2016 年农村低保标准仅为城市低保平均标准的 66%[③]。据统计，2017 年城市低保平均标准为每人每月 541 元，而农村低保平均标准为全年每人 4 302 元[④]。应推进低保制度城乡统筹发展，健全低保标准动态调整机制。

---

① 习近平：《在十九届中央政治局第八次集体学习时的讲话》（2018 年 9 月 21 日），载中共中央党史和文献研究院编《习近平关于“三农”工作论述摘编》，中央文献出版社，2019，第 45 页。

② 习近平：《在中央扶贫开发工作会议上的讲话》（2015 年 11 月 27 日），载中共中央党史和文献研究院编《十八大以来重要文献选编》（下），中央文献出版社，2018，第 40-43 页。

③ 习近平：《在十九届中央政治局第八次集体学习时的讲话》（2018 年 9 月 21 日），载中共中央党史和文献研究院编《习近平关于“三农”工作论述摘编》，中央文献出版社，2019，第 45 页。

④ 陈锡文、罗丹、张征：《中国农村改革 40 年》，人民出版社，2018，第 285 页。

第九章　加强农村生态文明建设，实现“生态宜居”

推行绿色发展方式和生活方式，实现生态宜居，是实施乡村振兴战略的一个重要任务。欲加强农村生态文明建设，实现生态宜居和生态文明，大体上要从以下三个方面采取措施：坚持绿色发展，加强农村突出环境问题综合治理，推动乡村生态振兴[①]。本章即从以上三个方面展开论述。

第一节　推进农业绿色发展

近年来，我国绝大部分耕地利用强度过大，导致一些地方地力大幅透支，出现地下水超采、土壤污染严重、水土流失和土壤退化等问题，严重制约了农业的可持续发展。仅以土壤退化为例，2012 年年底农业部开展的全国耕地地力调查和质量评价，将全国耕地分成十等，其中一二三等的高产田仅 4.98 亿亩，占 27.3%，四五六等的中产田有 8.18 亿亩，占 44.8%，七八九十等的低产田有 5.1 亿亩，占 27.9%[②]。在这种形势下，推进农业绿色发展势在必行。

推进农业绿色发展，需要合理利用资源能源并妥善保护生态环境，这就意味着不仅要杜绝欠新账，而且要逐步还旧账。一方面要杜绝欠新账，决不能再延续只顾当下不顾后世的涸泽而渔发展方式；另一方面要逐步还旧账，节约农业资源，遏制环境污染，让已经透支的资源环境休养生息。怎样才能杜绝欠新账并逐步还旧账呢？习近平总书记指出，以绿色发展引领乡村振兴是“一场深刻革命”，这场“革命”旨在建立以绿色生态为导向的农业政策支持体系、绿色低碳循环的农业产业体系、科学适度有序的

① 习近平：《在参加十三届全国人大一次会议山东代表团审议时的讲话》（2018 年 3 月 8 日），载中共中央党史和文献研究院编《习近平关于“三农”工作论述摘编》，中央文献出版社，2019，第 115 页。

② 陈锡文、罗丹、张征：《中国农村改革 40 年》，人民出版社，2018，第 438-439 页。

农业空间布局体系这三种体系，并改变过度依赖资源消耗的原有农业发展模式[①]。具体而言，推进农业绿色发展，就必须节约农业资源特别是淡水资源，减少农业污染尤其是土壤污染。

一、节约农业资源

过度消耗农业资源，将造成农业污染并破坏农村生态。因此，节约农业资源，是减少农业污染并保护农村生态的题中之义。中国是农业大国，但人均农业资源不足，尤其是淡水资源。据统计，2014 年全国地表淡水总量为 26 263.9 亿立方米，人均地表淡水拥有量仅为 1 920.1 立方米，约为世界人均地表淡水拥有量的 1/4[②]。不仅如此，中国地表淡水的时间、空间分布严重不均，大量宝贵的淡水以夏洪形式流入大海，或以冰川形态长驻山间，无法得到有效利用。改革开放以来，东南沿海的工业化和城市化进展迅猛，去农业化程度越来越高，当地丰富的淡水资源与农业生产逐渐脱钩。相比之下，除东北平原以外的北方地区特别是华北平原，人口稠密，耕地广袤，重化工业较发达，气候越来越干旱，地表水极度不足且水质低劣，淡水资源最为短缺，地下水严重超采，出现大量承压水漏斗区。雪上加霜的是，中国大片地区农业灌溉方式普遍落后，一些缺水地区还在搞大水漫灌，淡水利用率低下，再次造成水资源流失。更为严重的是，全国大量宝贵的淡水遭受污染，无法用来灌溉农田。由于工矿业污水、城乡生活污水、禽畜粪水的排放和下渗，加之化肥农药的过量使用和低效利用，全国地表水和地下水受到严重污染，水质普遍恶劣。2017 年，全国 5 100 个水质监测点位中，优良级仅占 8.8%，良好级占 23.1%，较好级占 1.5%，较差级高达 51.8%，极差级占 14.8%[③]。

中国淡水资源总体上严重匮乏，时空上分布失衡，以及水质上污染严重，迫使我国必须减少淡水消耗并进行循环利用，发展节水农业和建设节水乡村。发展节水农业和建设节水乡村，一靠科学，二靠政策。一方面，

① 习近平：《走中国特色社会主义乡村振兴道路》（2017 年 12 月 28 日），载《论坚持全面深化改革》，中央文献出版社，2018，第 404-405 页。

② 宋洪远、金书秦、张灿强：《强化农业资源环境保护 推进农村生态文明建设》，《湖南农业大学学报（社会科学版）》，2016 年第 5 期，第 33-41 页。

③ 陈锡文、罗丹、张征：《中国农村改革 40 年》，人民出版社，2018，第 469 页。

要靠改造升级灌排泵站并运用喷灌、微灌等节水技术，推广抗旱作物，从灌溉技术和作物品种两个方面节约农业用水；另一方面，要靠完善节水激励约束机制。提高农业水价会增加种地成本，但不提价、用水成本过低，就难以实现农业节水。解决这个两难问题的最佳办法，是在适度提高水价的同时提供精准补贴，在不增加农民负担的基础上实现农业灌溉用水的总量控制。

二、减少农业污染特别是土壤污染

土地是农产品的生长载体，优质土地才能出产优质农产品。中共十九大报告指出，“强化土壤污染管控和修复，加强农业面源污染防治”①。其实这就是减少农业污染特别是土壤污染的两个方面。

（一）强化土壤污染管控和修复

2014 年 4 月，国家环保部和国土资源部联合发布的《全国土壤污染状况调查公报》显示，全国土壤总超标率为 16.1%，耕地的点位超标率为 19.4%，中东部地区已有 333.3 万多公顷耕地为中重度污染，已经不适宜种植农作物②。针对上述问题，我国要开展土壤污染治理和修复，着力解决土壤污染农产品安全和人居环境健康两大突出问题，让国民吃得放心、住得安心。在解决土壤污染农产品安全方面，要全面落实土壤污染防治行动计划，确保到 2020 年受污染耕地安全利用率达到 90% 左右，污染地块安全利用率达到 90% 以上③。

（二）加强农业面源污染防治

习近平总书记指出，要加强农业面源污染防治，实现投入品减量化、生产清洁化、废弃物资源化、产业模式生态化④。要加强农业面源污染治理，推动化肥、农药使用量零增长，提高农膜回收率，加快推进农作物秸

① 习近平：《决胜全面建成小康社会，夺取新时代中国特色社会主义伟大胜利》（2017 年 10 月 18 日），人民出版社，2017，第 51 页。

② 宋洪远、金书秦、张灿强：《强化农业资源环境保护 推进农村生态文明建设》，《湖南农业大学学报（社会科学版）》，2016 年第 5 期，第 33-41 页。

③ 《中共中央、国务院关于全面加强生态环境保护坚决打好污染防治攻坚战的意见》（2018 年 6 月 16 日），载中共中央党史和文献研究院编《十九大以来重要文献选编》，中央文献出版社，2019，第 509 页。

④ 习近平：《走中国特色社会主义乡村振兴道路》（2017 年 12 月 28 日），载《论坚持全面深化改革》，中央文献出版社，2018，第 404-405 页。

秆和畜禽养殖废弃物全量资源化利用[①]。两相对照可以发现，推动化肥、农药使用量零增长就是投入品减量化，提高农膜回收率意味着生产清洁化，加快推进农作物秸秆和畜禽养殖废弃物全量资源化利用就是废弃物资源化，如果实现以上三化，也就实现了产业模式生态化。

1. 加快推进作物秸秆综合利用

《中国资源综合利用年度报告（2014）》指出，2013 年全国农作物秸秆可收集量达 8.3 亿吨，综合利用量约 6.4 亿吨，综合利用率约 77.1%，其余废弃物已成为水土和大气的污染源[②]。这里所指的“其余废弃物”，通常是被焚烧或丢弃的秸秆。近年来，由于政府和乡村两委严控大气污染，焚烧秸秆现象受到遏制，但丢弃秸秆现象却颇为常见。2017 年 11 月湖北省荆门市某社区兼业男性说：“现在烧秸秆几乎没有了，因为不让烧，农民也不敢烧，看到地里冒烟就有村干部去调查，严重了会罚款，搞不好还拘留。”当地某社区兼业妇女说：“我们这里搞沼气的少，秸秆收割完了就丢在地里烂掉，烂不掉也没得办法，现在管得紧，一到收稻谷，村干部拿着喇叭在地里转悠，宣传不让你烧。”[③]被丢弃的秸秆尽管未能直接污染大气，却堵塞乡村沟渠和池塘，在雨季容易造成内涝。近年来，有研究者在河南省某村庄发现，小麦秸秆被随意丢弃在排水沟中，严重阻碍雨水下渗和排泄，导致绝大多数玉米被积水浸泡，因根部缺氧而死[④]。

2. 加快推进畜禽养殖废弃物处理和资源化

改革开放前，中国农耕区域的禽畜养殖业与作物种植业存在紧密关联，前者为后者提供有机肥，后者为前者提供饲料，两者都能为农户提供燃料，所以禽畜粪便与作物秸秆利用率均较高。改革开放以来，随着中国

① 习近平：《推动形成绿色发展方式和生活方式是发展观的一场深刻革命》（2017 年 5 月 26 日），载《论坚持全面深化改革》，中央文献出版社，2018，第 336 页。

② 宋洪远、金书秦、张灿强：《强化农业资源环境保护 推进农村生态文明建设》，《湖南农业大学学报（社会科学版）》，2016 年第 5 期，第 33-41 页。

③ 梁伟军、胡世文：《农民理性视角下的农村生态文明建设研究———基于荆门市 × 镇农民的调查》，《华中农业大学学报（社会科学版）》，2018 年第 4 期，第 117-127 页。该镇的“两村一社区”共 1 690 户、4 889 人，分属 18 个村民小组，占有耕地 3 276 亩。作者在 2017 年 11 月在该镇记录 15 份个案访谈资料，回收 162 份有效问卷。作者分析个案访谈和问卷资料后发现，当地样本农户在农村生态文明建设方面，除“政策认知”总体水平较高以外，在“农业清洁生产”“农民绿色生活方式”和“农村生态文明建设成效”等领域均不理想。

④ 陈柏峰：《乡村振兴战略背景下的村社集体：现状与未来》，《武汉大学学报（哲学社会科学版）》，2018 年第 3 期，第 154-163 页。

农耕区的专业化禽畜养殖业发展，作物种植业的饲料价值开始下降；随着化肥的广泛应用，禽畜养殖业的肥料价值迅速降低；随着煤炭和电能的广泛应用，种植业和养殖业的能源价值下降；在上述因素共同作用下，作物秸秆和禽畜粪便的利用率都在下降。

禽畜粪便的利用率下降，加剧其污染程度。据环保部、国家统计局、农业部 2010 年 2 月共同发布的《第一次全国污染源普查公报》，全国畜禽养殖业粪便年产生 2.43 亿吨，尿液年产生 1.63 亿吨；禽畜排泄物化学需氧量（COD）高达 1 268.26 万吨，占农业 COD 总量的 96%，占全国 COD 总量的 45%；禽畜排泄物产生总氮 102.48 万吨①。与 2010 年相比，2015 年的禽畜排泄物化学需氧量减少 132 万吨，降幅 11.5%；禽畜排泄物总氮排放量减少 10 万吨，降幅 15.4%②。我国年养殖 11 亿 6 千万头猪、1 亿 6 千万头牛、6 亿只羊、179 亿只家禽，产生粪污 38 亿吨，成为农村面源污染的主要来源，给生态环境和居民生活带来许多不利影响③。但是仍有部分村民任意排放畜禽养殖废弃物。2017 年 11 月研究者对湖北省荆门市某镇"二村一社区"调查后发现，将猪、牛、羊、鸡等粪便污水直接排放到附近沟渠里的农户占 9.3%④。

农村禽畜粪便治理和利用，涉及农民生活环境、农村能源革命、农业面源污染以及改善土壤地力等诸多方面。如何妥善治理和利用农村禽畜粪便呢？应建立规模化养殖场废弃物强制性资源化处理的制度。具体而言，要以"政府支持、企业主体、市场化运作"为方针，主要处理方向是沼气和生物天然气，主要使用方向是就地就近用于农村能源和农用有机肥，力争在"十三五"时期基本解决大规模畜禽养殖场粪污处理和资源化问题。⑤

---

① 宋洪远、金书秦、张灿强：《强化农业资源环境保护 推进农村生态文明建设》，《湖南农业大学学报 (社会科学版) 》，2016 年第 5 期，第 33-41 页。

② 陈锡文、罗丹、张征著：《中国农村改革 40 年》，人民出版社，2018，第 456 页。

③ 习近平：《在中央财经领导小组第十四次会议上的讲话》（2016 年 12 月 21 日），载中共中央文献研究室编：《习近平关于社会主义生态文明建设论述摘编》，中央文献出版社，2017，第 94-96 页。

④ 梁伟军、胡世文：《农民理性视角下的农村生态文明建设研究———基于荆门市 × 镇农民的调查》，《华中农业大学学报（社会科学版）》，2018 年第 4 期，第 117-127 页。

⑤ 习近平：《在中央财经领导小组第十四次会议上的讲话》（2016 年 12 月 21 日），中共中央文献研究室编：《习近平关于社会主义生态文明建设论述摘编》，中央文献出版社，2017，第 94-96 页。

3. 减少化肥和农药用量

为了追求高产，现在农民种地还是过量使用化肥和农药。2016 年 4 月至 2017 年 1 月福建省福州市闽侯县林柄村村民表示，“大家都这样……改变不了”，只是“用的药物不一样，用的化肥不一样，用的量也不一样”[①]。2017 年 11 月湖北省荆门市某村女性个体私营企业主说：“哪有种田不用化肥的，农药也要打，不然哪有收成。”2017 年 11 月湖北省荆门市某村男性农民说：“使用量大啊！种地不用肥料怎么行，那还有什么收成？现在用复合肥多一点，农药一到了虫害季节都会用……不然怎么搞，靠天收？”[②] 上述情况必须改变。要完善节肥、节药的激励约束机制，以期减少化肥、农药使用量。

（1）化肥

改革开放以来，中国化肥施用量呈上升趋势，过量使用的情形屡见不鲜。据统计，2007 年后，每公顷耕地的化肥施用量，河南省为 465 公斤，江苏省为 436 公斤，湖北省为 435 公斤，山东省为 435 公斤，辽宁省为 352 公斤，湖南省为 288 公斤，四川省为 259 公斤，全国粮食主产区平均为 348 公斤，均远高于世界通行的每公顷 225 公斤的化肥施用安全上限[③]。到 2013 年，中国氮肥施用量从 20 世纪 70 年代末的 500 多万吨增至 3 000 多万吨[④]。2014 年，全国施用化肥 5 996 万吨，平均每公顷施用 480 公斤以上[⑤]。2017 年，全国施用化肥 5 859.4 万吨，用量略有减少[⑥]。据农业部测算，中国稻谷、小麦和玉米三大主粮的氮肥平均利用率约为 33%，磷肥平均利用率仅为 24%，钾肥利用率平均为 42%[⑦]。化肥过量施用和低效利用，不仅会浪费资源并增大成本，而且污染水土，造成水体富营养化和土壤

---

① 陈卫平：《乡村振兴战略背景下农户生产绿色转型的制度约束与政策建议——基于 47 位常规生产农户的深度访谈》，《探索》，2018 年第 3 期，第 136-145 页。

② 梁伟军、胡世文：《农民理性视角下的农村生态文明建设研究——基于荆门市 × 镇农民的调查》，载《华中农业大学学报（社会科学版）》，2018 年第 4 期，第 117-127 页。

③ 于法稳：《绿色发展理念视域下的农村生态文明建设对策研究》，《中国特色社会主义研究》，2018 年第 1 期，第 76-82 页。

④ 成升魁、汪寿阳、刘旭、刘晓洁、吴良：《新时期我国国民营养与粮食安全》，《科学通报》，2018 年第 18 期，第 1764-1774 页。

⑤ 宋洪远、金书秦、张灿强：《强化农业资源环境保护 推进农村生态文明建设》，载《湖南农业大学学报 (社会科学版) 》，2016 年第 5 期，第 33-41 页。

⑥ 国家统计局编《2018 中国统计年鉴》，中国统计出版社，2018，第 394 页。

⑦ 陈锡文、罗丹、张征著：《中国农村改革 40 年》，人民出版社，2018，第 466 页。

板结。

鉴于化肥施用量过高导致的上述弊端，2015年农业部下发《到2020年化肥使用量零增长行动方案》，明确提出力争到2020年，主要农作物化肥施用量实现零增长。但是实现上述目标并非易事，因为诸多农民表示，必须大量施肥才能丰收，而在缺乏有机肥的情况下他们只能过量施用化肥。2016年4月至2017年1月四川省成都市郫都区安龙村村民表示："那时候家家户户喂那么多猪，挑来浇就是了。现在的人都不喂鸡鸭鹅啊、猪啊，没有粪了，没有肥源。原来也会烧灰来作肥，现在你看都进了小区了，谁来烧灰呢？"2016年4月至2017年1月山东省临沂市蒙阴县蒋家庄村民表示："没有那些粪啊，上哪儿拉粪嘛。"因此，"我说还是用化肥的这种好点儿，因为省空，省功夫。""施化肥的庄稼长得好点儿。"①

（2）农药

农药用量很大但利用率很低。从2006到2015年，我国农药使用量从153.72万吨增加到178.29万吨，增加24.57万吨，增长15.98%。尽管我国曾发布《到2020年农药使用量零增长行动方案》，该方案提出到2020年力争实现农药使用总量零增长，但是诸多农民仍在过量施用农药。2017年11月，研究者在湖北省荆门市某镇调查时发现，经常大量使用农药的农户占比33.3%②。这个数据无疑是非常保守的，因为有相当多的受访农户不愿承认自己曾大量使用农药。农药有效利用率很低。2012年我国使用各类农药181万吨，而有效利用率仅35%③。到2017年，中国农药有效利用率提高到38.8%，但与欧美发达国家50%~60%的高指标相比仍有一定差距④。

农民过量施用农药的心理基础，不外乎以下两个方面：一是认为农药可以除草杀虫，提高产量；另一方面是除草。2016年4月至2017年1月山东省临沂市蒙阴县蒋家庄村民表示，如果"不打药啊，几天就会长一茬草"。"尤其是在这个雨季啊，你除完以后，它几天就长起来了"。若要除

① 陈卫平：《乡村振兴战略背景下农户生产绿色转型的制度约束与政策建议———基于47位常规生产农户的深度访谈》，《探索》，2018年第3期，第136-145页。

② 梁伟军、胡世文：《农民理性视角下的农村生态文明建设研究———基于荆门市X镇农民的调查》，《华中农业大学学报（社会科学版）》，2018年第4期，第117-127页。

③ 习近平：《在中央农村工作会议上的讲话》（2013年12月23日），中共中央文献研究室编《十八大以来重要文献选编》（上），中央文献出版社，2014，第673页。

④ 蒋和平、杨东群、王晓君：《新时代我国粮食安全导向的变革与政策调整建议》，《价格理论与实践》，2018年第12期，第34-39页。

草就得“刨好几遍”；“用除草剂呢，打一遍就差不多了”。2016 年 4 月至 2017 年 1 月四川省成都市郫都区先锋村村民表示：“草草不准打，用扯的吗？这个胖娃儿草，怎么扯嘛？要挖根根，刀割了又要发嘛，整不出来。”另一方面是杀虫。2016 年 4 月至 2017 年 1 月福建省福州市闽侯县林柄村村民表示，人生病就要看病，同理，农作物生病“当然要用农药”，否则“没有打虫，给虫吃完了，不会长大”。二是误以为农药只能残留几天，所以对人体危害不大。2016 年 4 月至 2017 年 1 月山东省临沂市蒙阴县蒋家庄村民表示，“打药，吃了对身体没有危害，没感觉”。2016 年 4 月至 2017 年 1 月福建省福州市闽侯县林柄村村民表示，“只有五天药期……一个星期是最多的了，如果过了半个月，我看也没什么影响”。2016 年 4 月至 2017 年 1 月四川省成都市郫都区先锋村村民表示，“药有潜在期……它管不了几天……打了之后一个星期啊，农药就没有效果了”[①]。

减少或根绝农药使用，在现实生活中面临很大阻力。2016 年 4 月至 2017 年 1 月山东省聊城市东昌府区闫邵屯村民表示：“没听说过（注：不用化肥农药的），亲戚朋友没有不用的。”“旁边也没有人做这个事情（注：指绿色生产方式）。”[②]2017 年 11 月湖北省荆门市某村男性农民说：“没有你说的生态农业，就一个虾稻养殖，也是别人来我们这里承包养殖的，不是每一家都有。”[③] 造成此现象的主要原因如下。

一是绿色农业的技术服务相对匮乏，许多农户并不知晓如何摆脱农药使用进而发展绿色农业。2016 年 4 月至 2017 年 1 月，有研究者在山东省临沂市蒙阴县蒋家庄、山东省聊城市东昌府区闫邵屯、福建省福州市闽侯县林柄村、四川省成都市郫都区三座村庄（安龙村、泉水村、先锋村）的田间地头，对 47 户农民进行一对一访谈。山东省的样本农户主要种植玉米、花生、葡萄、大蒜，福建省的样本农户主要种植玉米和蔬菜，四川省的样本农户主要种植水稻、蔬菜、蘑菇、树；样本农户的农地规模大多为 3~5 亩，其中最少的为 1 亩，最多的为 10 亩。某受访样本农户表示，农药

① 陈卫平：《乡村振兴战略背景下农户生产绿色转型的制度约束与政策建议———基于 47 位常规生产农户的深度访谈》，《探索》，2018 年第 3 期，第 136-145 页。

② 陈卫平：《乡村振兴战略背景下农户生产绿色转型的制度约束与政策建议———基于 47 位常规生产农户的深度访谈》，《探索》，2018 年第 3 期，第 136-145 页。

③ 梁伟军、胡世文：《农民理性视角下的农村生态文明建设研究———基于荆门市 X 镇农民的调查》，载《华中农业大学学报（社会科学版）》，2018 年第 4 期，第 117-127 页。

的购买和配制相当方便。“你菜得啥病了，你拿过去喊卖药的，他就晓得给你配。”相比之下，绿色农业生产资料供应商很少，农户往往难以买到质量可靠的相关投入品。山东省临沂市蒙阴县蒋家庄村民表示：“无公害的那个，没有见过来推广的，不知道人家怎么整的。像（注：绿色生产）技术，咱也得不到。”[①] 习近平总书记强调：“推广农民一看就懂、一学就会、一用就见效的简单易学技术，引导农民科学合理……用药。”[②]

二是普通农户的绿色农产品产量低、成本高、价格高，获利困难。2016 年 4 月至 2017 年 1 月山东省临沂市蒙阴县蒋家庄村民表示：“（绿色生产方式）产量不行，产量低。”2016 年 4 月至 2017 年 1 月，某受访农户表示：“它们（注：指绿色农产品）那样一斤都要七八块啊，有的人很难接受这个，我们这个只要两块多点，好卖多了。”[③]

三是普通农户的绿色农产品受到部分消费者质疑，销售困难。2016 年 4 月至 2017 年 1 月山东省临沂市蒙阴县蒋家庄村民表示：“要是做那种（注：绿色生产）方式的，卖不出去啊。”2016 年 4 月至 2017 年 1 月四川省成都市郫都区安龙村村民表示：“（注：生产绿色农产品）你要使人放心嘛，就是要有这种远程的监控啊。但是从良心来说，他确实是没打药，但是好多不是这儿的人他不相信。”[④]

4. 有效治理和利用农膜

农用薄膜用量从 2006 年的 184.55 万吨升至 2015 年的 260.36 万吨，增加 75.81 万吨，增长 41.08%[⑤]。但是农膜还没有得到有效治理和利用，相当比例的农膜在用后被丢弃在田间地头。2012 年中国使用农用塑料薄膜

---

① 陈卫平：《乡村振兴战略背景下农户生产绿色转型的制度约束与政策建议——基于 47 位常规生产农户的深度访谈》，《探索》，2018 年第 3 期，第 136-145 页。

② 习近平：《在中央农村工作会议上的讲话》（2013 年 12 月 23 日），载中共中央文献研究室编《十八大以来重要文献选编》（上），中央文献出版社，2014，第 674 页。

③ 陈卫平：《乡村振兴战略背景下农户生产绿色转型的制度约束与政策建议——基于 47 位常规生产农户的深度访谈》，《探索》，2018 年第 3 期，第 136-145 页。

④ 陈卫平：《乡村振兴战略背景下农户生产绿色转型的制度约束与政策建议——基于 47 位常规生产农户的深度访谈》，《探索》，2018 年第 3 期，第 136-145 页。2016 年 4 月—2017 年 1 月，该文作者曾对山东、福建、四川 3 省 6 村 47 户从事常规农业生产的家庭进行访谈。

⑤ 于法稳：《绿色发展理念视域下的农村生态文明建设对策研究》，《中国特色社会主义研究》，2018 年第 1 期，第 76-82 页。

238 万吨，有 40% 没能回收[①]。2017 年 11 月研究者对湖北省荆门市某镇“二村一社区”调查后发现，将用完的塑料薄膜随意丢在田间地头的农户占 17.3%[②]。

残留农膜就是“白色污染”。农膜残留在土壤中，破坏土壤结构，影响作物根系生长和功能，影响水、气、肥、热渗透或传导，造成作物减产甚至绝收；农膜微粒还会被作物吸收，继而通过餐桌进入人体，造成有害物质富集。因此必须完善废旧地膜回收处理制度。

第二节　加强突出环境问题综合治理，改善农村人居环境

改善农村人居环境，是实施乡村振兴战略的“重点任务”[③]。如何改善农村人居环境，改变一些农村“脏乱差”面貌呢？一方面要做到行政村全覆盖。不管是发达地区还是欠发达地区都要整治农村环境，实现全国行政村环境整治全覆盖；标准可以有高有低，但要为农民提供干净整洁的生活环境。另一方面要聚焦重点问题。推进农村厕所革命；聚焦农村生活垃圾处理、生活污水治理、村容村貌整治。总之，要从农村实际出发，重点做好垃圾污水处理、厕所革命、村容村貌提升[④]。

一、治理农村生活垃圾

全国爱卫会、卫生部联合组织开展的全国农村饮用水与环境卫生现状调查数据表明，2006 年全国农村产生生活垃圾近 3 亿吨，人均每天产生生活垃圾 0.86 公斤，其中 1/3 的生活垃圾被随意堆放[⑤]。在中共十八大召开前后，有研究者发现，湖北省荆州市岑河镇农村的垃圾尚未被定点处理，往

---

① 习近平：《在中央农村工作会议上的讲话》（2013 年 12 月 23 日），载中共中央文献研究室编《十八大以来重要文献选编》（上），中央文献出版社，2014，第 673-674 页。

② 梁伟军、胡世文：《农民理性视角下的农村生态文明建设研究——基于荆门市 X 镇农民的调查》，《华中农业大学学报（社会科学版）》，2018 年第 4 期，第 117-127 页。

③ 习近平：《在中央经济工作会议上的讲话》（2018 年 12 月 19 日），载中共中央党史和文献研究院编《习近平关于“三农”工作论述摘编》，中央文献出版社，2019，第 117 页。

④ 习近平：《在中央经济工作会议上的讲话》（2018 年 12 月 19 日），载中共中央党史和文献研究院编《习近平关于“三农”工作论述摘编》，中央文献出版社，2019，第 117 页。

⑤ 宋洪远、金书秦、张灿强：《强化农业资源环境保护 推进农村生态文明建设》，《湖南农业大学学报（社会科学版）》，2016 年第 5 期，第 33-41 页。

往遭到随处倾倒或焚烧[①]。中共十八大以来，农村生活垃圾处理问题得到缓解。以经济发展水平居中的东北地区和两湖地区为例，2016 年前，有研究者发现，湖南省岳阳市华容县杨林乡某村利用县政府转移支付、乡镇配套资金、村庄运转经费、农户所缴纳的垃圾清运费等四种费用，依靠村内 3 名保洁员以及农户广泛参与，分类处理农村生活垃圾，取得一定效果[②]。到 2016 年年底，东北地区农村生活垃圾中，超过一半已被集中处理或部分集中处理[③]。但仍有相当多农民不懂或不愿对垃圾进行分类处理，继续丢弃或焚烧垃圾。2017 年 11 月研究者对中部地区湖北省荆门市某镇“二村一社区”调查后发现，经常大量使用一次性碗筷、塑料袋、纸杯等一次性生活用品的农民占 6.2%；在垃圾分类处理方面，4.9% 农民能够对垃圾进行严格分类，19.8% 农民根本不懂如何分类处理垃圾，故将其直接丢弃或焚烧。2017 年 11 月当地某村男性教师说：“没有分类，都是自己倒进垃圾棚子，直接在垃圾棚子里烧掉。”当地某社区兼业男性农民说：“蛇皮袋装着，自己烧，自己住的地方离垃圾池比较远。”[④]

治理农村生活垃圾，必须推行垃圾分类制度、开展“四分类”设施建设。习近平总书记提出，要普遍推行垃圾分类制度，加快建立分类投放、分类收集、分类运输、分类处理的垃圾处理系统，加强生活垃圾“四分类”处理的系统性设施建设[⑤]。推进农村生活垃圾治理，应建立健全符合农村实际、方式多样的生活垃圾收运处置体系，有条件的地区推行垃圾就地分类和资源化利用；应开展非正规垃圾堆放点排查整治。

二、治理农村生活污水以及厕所革命

全国爱卫会、卫生部联合组织开展的全国农村饮用水与环境卫生现状

---

① 李学婷、黄汉俞：《华中地区农村基础设施建设现状的农民满意度分析——以湖北省荆州市岑河镇为例》，《中国农业大学学报》，2013 年第 5 期，第 205-212 页。

② 孙彩红：《农村公共服务的三元治理———以岳阳市农村公共服务为例》，《江西师范大学学报(哲学社会科学版)》，2016 年第 4 期，第 19-25 页。

③ 曾福生、蔡保忠：《农村基础设施是实现乡村振兴战略的基础》，《农业经济问题》，2018 年第 7 期，第 88-94 页。

④ 梁伟军、胡世文：《农民理性视角下的农村生态文明建设研究———基于荆门市 X 镇农民的调查》，《华中农业大学学报（社会科学版）》，2018 年第 4 期，第 117-127 页。

⑤ 习近平：《在中央财经领导小组第十四次会议上的讲话》（2016 年 12 月 21 日），载中共中央文献研究室编《习近平关于社会主义生态文明建设论述摘编》，中央文献出版社，2017，第 93-94 页。

调查数据显示，2006 年，农村人均排放 25~100 吨灰水（做饭、洗衣、清理个人卫生等环节产生）和 0.55 吨黑水（粪便、尿液产生）①。到中共十八大前后，有研究者在湖北省荆州市岑河镇发现，当地采用雨污合流制排水体系，生活污水经化粪池处理后被排入暗沟，继而被排入下游水体②。根据第三次全国农业普查，2016 年全国农村有 46.2% 的家庭仍在使用普通旱厕，82.6% 的村生活污水未得到集中处理③。2016 年年底，完成或部分完成改厕的村庄，在东部地区（辽宁除外）超过 60%，在中西部地区约为 50%，在整个东北地区不到 30%；2016 年年底，全国生活污水集中处理的村占比不足 20%，其中中西部地区约 10%，而东北地区还不足 10%④。

习近平总书记强调，厕所问题不是小事情，直接关系农民生活品质⑤；要因地制宜做好厕所下水道管网建设和农村污水处理，不断提高农民生活质量⑥。中共中央、国务院印发的《乡村振兴战略规划（2018—2022 年）》指出，应结合各地实际普及不同类型的卫生厕所，推进厕所粪污无害化处理和资源化利用。应加强农村饮用水水源地保护，梯次推进农村生活污水治理，有条件的地区推动城镇污水管网向周边村庄延伸覆盖，逐步消除农村黑臭水体。

三、整治村容村貌

近年来，一些村庄村容村貌不佳，农房胡乱建设，道路质量较差，卫生状况堪忧，村庄绿化率低。因此，整治村容村貌，要在建筑、道路、卫

---

① 宋洪远、金书秦、张灿强：《强化农业资源环境保护 推进农村生态文明建设》，《湖南农业大学学报（社会科学版）》，2016 年第 5 期，第 33-41 页。

② 李学婷、黄汉俞：《华中地区农村基础设施建设现状的农民满意度分析———以湖北省荆州市岑河镇为例》，《中国农业大学学报》，2013 年第 5 期，第 205-212 页。

③ 习近平：《在十九届中央政治局第八次集体学习时的讲话》（2018 年 9 月 21 日），载中共中央党史和文献研究院编《习近平关于“三农”工作论述摘编》，中央文献出版社，2019，第 45 页。

④ 曾福生、蔡保忠：《农村基础设施是实现乡村振兴战略的基础》，《农业经济问题》，2018 年第 7 期，第 88-94 页。

⑤ 习近平：《走中国特色社会主义乡村振兴道路》（2017 年 12 月 28 日），载《论坚持全面深化改革》，中央文献出版社，2018，第 405 页。

⑥ 习近平：《在江苏考察工作时的讲话》（2014 年 12 月 13 日、14 日），载中共中央文献研究室编《习近平关于社会主义生态文明建设论述摘编》，中央文献出版社，2017，第 89 页。

生和绿化四个方面同时发力。一是建筑。要引导规划、建筑、园林、景观、艺术设计、文化策划等方面的设计大师、优秀团队下乡，发挥好乡村能工巧匠的作用，把乡村规划建设水平提升上去。二是道路。应加快建设通村组道路、入户道路建设，解决村民出行不便等问题；应完善村庄公共照明设施特别是路灯。三是卫生。应继续推进城乡环境卫生整洁行动。四是绿化。要突出村庄的生态涵养功能，保护好林草、溪流、山丘等生态细胞，打造各具特色的现代版“富春山居图”①。

第三节　保护与修复农村生态系统

在现代化进程中，一个国家的经济发展和生态环境保护往往构成一个矛盾的两个方面，政府必须处理好两者的关系，尤其是要看到两者的统一性。习近平总书记认为，如果农村生态环境好了，生态农业、养生养老、森林康养、乡村旅游就会“红火起来”，田园风光、湖光山色、秀美乡村就可以成为“聚宝盆”，生态就会变成“摇钱树”。因此，良好生态环境是农村最大优势和宝贵财富②。良好生态环境仰赖生态环境保护建设，而目前我国开展生态环境保护建设的必要性和可能性都已齐备。保护与修复农村生态系统，应统筹治理耕地、保护地、山体、水系、荒漠、森林、草原等生态系统。

一、加强耕地轮作，遏制水土流失

中国是世界上水土流失最严重的国家之一。2012 年环保部进行的全国水土流失遥感普查结果表明，水力侵蚀面积 129.32 万平方公里，风力侵蚀面积 165.59 万平方公里，合计水土流失面积为 294.91 万平方公里，占普查范围总面积的 31.12%。中国又是世界上耕地表土流失最严重的国家之一，集中表现在表土流失面积和流失量两个指标上。中国耕地表土流失面积，约占耕地总面积的 34.3%。水土流失面积广袤，成为耕地表土流失量

① 习近平：《在中央农村工作会议上的讲话》（2017 年 12 月 28 日），载中共中央党史和文献研究院编《习近平关于“三农”工作论述摘编》，中央文献出版社，2019，第 114-115 页。

② 习近平：《走中国特色社会主义乡村振兴道路》（2017 年 12 月 28 日），载《论坚持全面深化改革》，中央文献出版社，2018，第 403-404 页。

巨大的基础。中国耕地表土流失量每年约 33 亿吨，占世界每年耕地表土流失量的 14.35%、占全国水土流失总量的 1/3。东北地区表层黑土流失相当严重，黑土层厚度已由 20 世纪 50 年代的平均厚达 80~100 厘米降至当下的平均仅有 20~30 厘米[①]。目前，东北地区几乎没有优等地，耕地平均质量等级略高于西部地区，远低于中部地区[②]。因此，中国必须对东北黑土地实行战略性保护。

耕地水土流失严重的原因之一，就是耕地轮作不足，开发利用强度太大。清中期以后特别是中华人民共和国成立之后，中国人口大幅增长，人地关系逐渐紧张，农民为提高产量而扩大垦荒规模并提高复种指数。以复种指数为例，近几十年来中国中温带（例如东北平原大部和内蒙古）一般由一年一熟变为两年三熟甚至一年两熟，暖温带（例如华北平原大部）一般由两年三熟变为一年两熟，亚热带（例如长江中下游平原）一般由一年两熟变成一年三熟，热带则盛行一年三熟制。在降水普遍减少而积温光照变化不大的情况下，一味提高复种指数和扩大垦荒面积，导致土地无法休养生息，地力普遍下降，表层土壤逐渐变薄和板结，难以抵御风蚀水蚀，极易出现水土流失。耕地轮作指农业劳动力在特定地块，轮换实行不同复种指数，或轮换种植不同作物的一种耕作方式。实行耕地轮作休耕，以树木、草皮或其他作物取代原有作物，能改良土壤厚度和结构，抵御大风、涵养水源、固定土壤，减少耕地表土流失。

由此可见，若要保护耕地，就必须遏制水土流失。若要遏制水土流失，就应降低耕地开发利用强度，扩大轮作休耕制度试点。党的十九大报告提出，严格保护耕地，扩大轮作休耕试点[③]。

耕地轮作休耕带来的益处，绝不仅仅是在水土流失严重地区减少耕地表土流失。习近平总书记指出，安排一定面积耕地用于休耕，重点在地下

---

① 宋洪远、金书秦、张灿强：《强化农业资源环境保护 推进农村生态文明建设》，《湖南农业大学学报（社会科学版）》，2016 年第 5 期，第 33-41 页。

② 何蒲明：《基于粮食安全的耕地休耕问题研究》，《青海社会科学》，2018 年第 5 期，第 103-109 页。

③ 习近平：《决胜全面建成小康社会，夺取新时代中国特色社会主义伟大胜利》（2017 年 10 月 18 日），人民出版社，2017，第 52 页。

水漏斗区、重金属污染区、生态严重退化地区开展试点①。这是由于在地下水漏斗区实行耕地轮作休耕，可以用抗旱树木、草皮或作物取代原有作物，能够降低灌溉用水需求，进而减少地下水抽取量，提高地下水水位，缩小漏斗区面积和体积；在重金属污染区实行耕地轮作休耕，可以在休耕地上广泛种植特定植物，通过叶片吸附空气中的重金属尘埃，或通过根部吸收土壤和水分中的重金属离子，减轻空气污染、土壤污染和水污染程度；在生态严重退化地区实行耕地轮作休耕，可以退耕还林还草还湖还湿，在不同程度上恢复森林、草原、湖泊、湿地的生态系统功能。

耕地轮作休耕，还能够减少病虫害和杂草进而降低农药用量，还能够提高土壤肥力进而减少化肥用量。一方面，轮作休耕可以减少病虫害和杂草，降低农药用量。作物连作使特定的有害微生物、昆虫和杂草以特定作物为寄主肆意生长。有学者指出，作物连作使病害虫发病率上升，比如大豆连作使大豆菌核病、灰斑病发病率提高约 15%，玉米连作使玉米白苗病和大斑病发病率提高 8% 左右②；为减少甚至根绝病虫害，玉米连作农户常常在种子外涂上大量农药。作物轮作则能使有害微生物、昆虫和杂草失去特定寄主，不易繁殖。另一方面，轮作休耕有助于提高土壤肥力，减少化肥用量。特定作物需要土壤中的特定矿物质，作物连作就使土壤不断丧失此类矿物质，肥力逐渐下降，而其他矿物质则未得到有效利用；农民为了维持土壤肥力，必须对土壤追肥特别是施用大量化肥，导致土壤板结和退化。如果改为轮作休耕，情形将大不相同。例如在南方进行水稻和油菜的水旱轮作，有研究者认为，旱作的油菜有助于改善稻田土壤的结构，每季油菜散落的花、叶和还田秸秆还能为每亩稻田补充相当于 20 公斤尿素的有机肥；在上述两种因素作用下，后茬水稻往往增产 10%~15%。又如在北方进行粮豆轮作特别是玉米和大豆轮作，大豆根瘤菌有固氮功能，而玉米是喜氮作物，两者轮作能够降低玉米对氮肥的依赖程度并提高玉米产量。又如粮饲轮作，苜蓿也有固氮功能，有助于后茬作物增产；据调查，连续种植三年苜蓿的土壤，每公顷可固氮 135~225 公斤，其后茬作物可增

① 习近平：《关于〈中共中央关于制定国民经济和社会发展第十三个五年规划的建议〉的说明》（2015 年 10 月 26 日），载中共中央文献研究室编《十八大以来重要文献选编》（中），中央文献出版社，2016，第 783 页。

② 樊琦、祁迪、李霜：《玉米临时收储制度的改革与转型研究》，《农业经济问题》，2016 年第 8 期，第 74-81 页。

产 30%~50%[①]。

目前进行轮作休耕的时机较好。近几年来，国内粮食库存增加较多，仓储补贴负担较重；同期国际市场粮食价格走低，国内外市场粮价倒挂明显。因此，在部分地区实行耕地轮作休耕，既有利于耕地休养生息和农业可持续发展，又有利于平衡粮食供求矛盾、稳定农民收入、降低国家财政支出压力。

如何进行轮作休耕呢？要在部分地区先进行试点，以保障国家粮食生产能力和不影响农民收入为前提，既要确保急用之时粮食能够“产得出、供得上”，又要对休耕农民给予必要的粮食或现金补助[②]。综合考虑我国东部粮食主产区的水热光肥和地形条件，东北平原应以粮豆轮作为主要轮作方式，即玉米或水稻与大豆轮作，或者大豆与春小麦轮作；辅之以其他轮作方式，比如粮（玉米或水稻）粮（春小麦）轮作、粮（玉米或水稻）饲（青饲料）轮作、豆饲轮作（大豆与青饲料）、豆薯轮作（大豆与马铃薯）。华北平原应以粮豆轮作、粮薯（甘薯）轮作或粮饲（苜蓿等青饲料）轮作为主要轮作方式。长江流域流行一句民间谚语“三三管九，不如二五见十”，即一年三季的水稻产量不及一年两茬的产量；长江流域应实行较为有效的一年两季复种指数，但以稻油轮作、稻麦轮作、稻饲（青饲料）轮作、稻肥（绿肥）轮作为主要轮作方式[③]。

---

① 倪学志、于晓媛：《耕地轮作、农业种植结构与我国持久粮食安全》，《经济问题探索》，2018 年第 7 期，第 78-88 页。

② 习近平：《关于〈中共中央关于制定国民经济和社会发展第十三个五年规划的建议〉的说明》（2015 年 10 月 26 日），载中共中央文献研究室编《十八大以来重要文献选编》（中），中央文献出版社，2016，第 783 页。

③ 倪学志、于晓媛：《耕地轮作、农业种植结构与我国持久粮食安全》，《经济问题探索》，2018 年第 7 期，第 78-88 页。马铃薯属于薯类，与甘薯一样易被种植，单产很高，营养丰富，在谷物短缺时期可以成为口粮；它又与甘薯不同，能被制成各类菜肴。因此，马铃薯实际上是一种粮菜。倪学志和于晓媛在文中认为，东北平原的农民，应将大豆与马铃薯轮作视为诸多次要轮作方式之一。另有学者提议，耕地轮作休耕应与马铃薯主粮化战略结合，具体做法是：轮作时，以一茬马铃薯与其他作物搭配轮作；在季节性休耕地，在冬季种植一季马铃薯；在全年休耕地，只种植马铃薯。详见何蒲明：《基于粮食安全的耕地休耕问题研究》，《青海社会科学》，2018 年第 5 期，第 103-109 页。

二、加强对其他生态系统的保护与修复

（一）保护地

2017年中国自然保护区有2 750个，面积14 716.7万公顷，占国土面积的14.3%[①]。要严格落实自然保护区、风景名胜区、地质遗迹等各类保护地保护制度，支持有条件的地方结合国家公园体制试点，探索对居住在核心区域的农牧民实施生态搬迁试点。

（二）山体

应加强修复矿产资源开发集中地区特别是重有色金属矿区地质环境和生态以及损毁山体、矿山废弃地。此外，还应加强坡地退耕还草工作。习近平总书记指出，有的地区特别是平原面积小的地区，一度把很多25度以上坡地划进了基本农田。他认为这是“形而上学”[②]。

（三）水系

目前，我国近海生态环境愈益恶化，海洋污染、海洋灾害等环境问题频繁出现。在沿海地带，应加大近海滩涂养殖污染治理力度，加快近岸海域综合治理并实施蓝色海湾整治行动和自然岸线修复。内陆水系方面，一是整治农田水利系统。农业灌排水系统不仅涉及水土，而且影响生物多样性。如果裁弯取直、平整渠底，并且混凝土化沟渠两岸，固然会便利人、机器和水通行，也会导致以下弊端：沟渠无法与底部和两侧实现水交换，既不能在通水期补给土壤和地下水，也不能在枯水期获得土壤和地下水的补给，“用水时快来快去，不用水时渠干沟枯”，失去涵养水源功能；沟渠通过底部和两侧的混凝土隔断生物迁徙通道，导致“青蛙跳不出农渠”，严重影响生物多样性[③]。应改造渠化河道，重塑自然弯曲的河岸与河堤，营造天然深潭浅滩和泛洪漫滩，为生物提供多样性生态环境。二是整治河湖。2017年生态环境公报数据显示：1 940个水质断面（点位）中，优良水质（Ⅰ、Ⅱ、Ⅲ类）占67.9%，劣Ⅴ类占8.3%；112个重要湖泊（水库）

---

① 国家统计局编《2018中国统计年鉴》，中国统计出版社，2018，第265页。

② 习近平：《在中央财经领导小组第五次会议上的讲话》（2014年3月14日），载中共中央党史和文献研究院编《习近平关于“三农”工作论述摘编》，中央文献出版社，2019，第106页。

③ 张勇、汪应宏：《农村土地综合整治中乡村生态文明的审视》，《中州学刊》，2013年第4期，第29-34页。

中，优良水质（Ⅰ、Ⅱ、Ⅲ类）有 70 个，占 62.5%，劣Ⅴ类有 12 个，占 10.7%[①]。要全面推行河长制湖长制，鼓励将河长湖长体系延伸至村一级。截至 2018 年 7 月，全国 31 个省、自治区、直辖市所有江河的河长都明确到位，省（自治区、直辖市）、市、县、乡四级河长制组织体系基本建成[②]。应推进河湖饮用水水源保护区划定和立界工作，加强保护水源涵养区、蓄洪滞涝区、滨河滨湖带。在滨湖区，应制止继续围垦占用湖泊湿地的行为，对有条件恢复的湖泊湿地要退耕还湖还湿。

（四）荒漠

土地荒漠化是影响人类生存和发展的全球重大生态问题。目前中国土地荒漠化非常严重。国家林业局组织的 2015 全国第五次荒漠化和沙化监测数据显示，截至 2014 年，全国荒漠化面积 261.16 万平方公里，占总国土面积的 27.2%；沙化土地面积 172.12 万平方公里，占总国土面积的 17.9%；两者合计占国土面积的 1/3 强[③]。应完善荒漠生态保护制度，加强沙区天然植被和绿洲保护。

（五）森林

森林关系国家生态安全，但是目前我国森林覆盖率仅有 21.63%[④]，而且森林质量偏低。据统计，近年来中国森林单位面积蓄积量只有世界平均水平的 78%，森林年净生长量只有林业发达国家的 50% 左右[⑤]。应坚持数量和质量并重、质量优先，全面建设“三北”、长江等重点防护林体系，巩固和扩大退耕还林成果。

（六）草原

草原是我国面积最广的陆上生态系统，约占总国土面积的 41%。由于矿业开发、过度放牧和过度耕作，我国草原呈现“点上好转、面上退化，局部改善、总体恶化”趋势，大部分草原处于退化状态，主要表现为牧草盖度下降、牧草高度降低、草量增长乏力以及鼠害面积广泛。2017 年中国

---

① 陈锡文、罗丹、张征：《中国农村改革 40 年》，人民出版社，2018，第 468-469 页。

② 吴强、刘汗：《水利支撑乡村振兴战略实施的五大着力点》，《中国农村水利水电》，2018 年第 9 期，第 199-201 页。

③ 宋洪远、金书秦、张灿强：《强化农业资源环境保护 推进农村生态文明建设》，载《湖南农业大学学报（社会科学版）》，2016 年第 5 期，第 33-41 页。

④ 国家统计局编《2018 中国统计年鉴》，中国统计出版社，2018，第 261 页。

⑤ 陈锡文、罗丹、张征：《中国农村改革 40 年》，人民出版社，2018，第 467 页。

草原总面积为 39 283.27 万公顷，鼠害面积 2 844.60 万公顷[①]。草原退化直接导致单位面积载畜量下降，并增大牧民的饲草饲料成本，进而威胁畜牧业的可持续发展。据调查，牧民的牧草购买支出已占总支出的 2/3 以上，有 1/3 的被调查牧户因为生产成本增加而入不敷出[②]。中共中央和国务院印发的《乡村振兴战略规划（2018—2022 年）》指出，应完善草原生态监管和定期调查制度，严格实施草原禁牧和草畜平衡制度，全面落实草原经营者生态保护主体责任；稳定和扩大退牧还草实施范围，继续推进草原防灾减灾、鼠虫草害防治、严重退化沙化草原治理等工程。

① 国家统计局编《2018 中国统计年鉴》，中国统计出版社，2018，第 263 页。

② 宋洪远、金书秦、张灿强:《强化农业资源环境保护 推进农村生态文明建设》,《湖南农业大学学报(社会科学版)》，2016 年第 5 期，第 33-41 页。

第十章　推进乡村治理体系和治理能力现代化[①]

新中国成立后特别是改革开放以来，中国的农业产值比重、农业人口比重、农村户籍人口比重、农村常住人口比重逐渐下降，但农业在国民经济中的基础性地位始终没有改变，农业收入仍然构成相当数量农民的重要收入来源，农村户籍人口比重依然超过50%，农村常住人口比重依然接近50%。展望未来，在中国实现工业化并大幅提高城市化水平后，农业、农民和农村也将继续存在。上述情况表明，在新中国历史上、在改革开放进程中、在中国特色社会主义进入新时代后，乡村和由此引发的乡村治理，不仅是一种长期存在的历史、现实和趋势，而且始终具有战略意义，是全党和国家工作的“重中之重”。这是当前党和国家推进乡村治理体系和治理能力现代化时不容忽视的宏观背景，也是本章的论述起点。

第一节　乡村治理体系和治理能力现代化的内涵

2013年11月12日党的十八届三中全会通过的《中共中央关于全面深化改革若干重大问题的决定》首次明确提出，完善和发展中国特色社会主义制度、推进国家治理体系和治理能力现代化，是全面深化改革的总目标[②]。当天习近平总书记发表重要讲话，详细阐述国家治理体系和治理能力的概念。他指出，国家治理体系和治理能力是一个国家制度和制度执行能力的集中体现，国家治理体系是在党领导下管理国家的制度体系，国家治理能力则是运用国家制度管理社会各方面事务的能力；两者相辅相成，有了好的国家治理体系才能提高治理能力，提高国家治理能力才能充分发挥

① 本章主要论述“治理有效”。乡风文明与德治的实质基本相同，故在本章第三节中合并论述。

② 中共中央文献研究室编《十八大以来重要文献选编》（上），中央文献出版社，2014，第512页。

国家治理体系的效能[①]。2014 年 2 月 17 日，习近平在省部级主要领导干部学习贯彻十八届三中全会精神全面深化改革专题研讨班上发表重要讲话，继续阐释国家治理体系和治理能力的关系。一方面，两者“不是一码事”，不是国家治理体系越完善，国家治理能力自然而然就越强；甚至同一个国家在同一种治理体系下不同历史时期的治理能力也有很大差距。另一方面，治理体系和治理能力“两者相辅相成”，单靠哪一个治理国家都不行。制度起根本性、全局性、长远性作用；然而如果没有有效的治理能力，再好的制度也难以发挥作用[②]。

乡村治理体系和治理能力现代化，是继国家治理体系和治理能力现代化一词之后出现的概念，两者是种概念和属概念、局部和整体、要素与系统的关系。乡村治理体系和治理能力现代化，有广义和狭义之分，本章主要从狭义角度展开论述。

一、广义的乡村治理体系和治理能力现代化

乡村是具有自然、社会、经济特征的地域综合体，兼具生产、生活、生态、文化等多重功能，与城镇互促互进、共生共存，共同构成人类活动的主要空间。依据 2013 年 11 月 12 日和 2014 年 2 月 17 日习近平总书记关于国家治理体系和治理能力的重要讲话，本书认为：广义的乡村治理体系和治理能力是当前我国乡村制度和制度执行能力的集中体现；乡村治理体系是在党领导下管理乡村的制度体系，包括经济、政治、文化、社会、生态文明和党的建设等各领域体制机制、法律法规安排，也就是一整套紧密相连、相互协调的乡村制度；乡村治理能力则是运用乡村制度管理乡村各方面事务的能力；乡村治理体系和治理能力既相辅相成又有一定差异；乡村治理体系和治理能力现代化即上述制度体系和能力的现代化。由此可见，广义的乡村治理体系和治理能力现代化，大体上涵盖乡村经济治理体系和治理能力现代化、乡村政治治理体系和治理能力现代化、乡村文化治

---

① 习近平:《切实把思想统一到党的十八届三中全会精神上来》(2013 年 11 月 12 日)，载中共中央文献研究室编《习近平关于全面深化改革论述摘编》，中央文献出版社，2014，第 24 页。

② 习近平:《在省部级主要领导干部学习贯彻十八届三中全会精神全面深化改革专题研讨班上的讲话》(2014 年 2 月 17 日)，载中共中央文献研究室编《习近平关于全面深化改革论述摘编》，中央文献出版社，2014，第 27-28 页。

理体系和治理能力现代化、乡村社会治理体系和治理能力现代化、乡村生态治理体系和治理能力现代化，涉及乡村经济建设与物质文明、乡村政治建设与政治文明、乡村文化建设和精神文明、乡村社会建设和社会文明、乡村生态文明建设与生态文明，涉及党的十九届四中全会概括的社会主义基本经济制度，党的领导制度体系、人民当家做主制度体系、中国特色社会主义法治体系和行政体制，繁荣发展社会主义先进文化的制度，民生保障制度和社会治理制度，生态文明制度体系。广义的乡村治理体系和治理能力现代化，与党的十九大报告提出的“乡村振兴战略”总要求即“产业兴旺、生态宜居、乡风文明、治理有效、生活富裕”，实质上是一致的，均体现“五位一体”总体布局。

二、狭义的乡村治理体系和治理能力现代化

狭义的乡村治理体系和治理能力现代化，特指乡村社会治理体系和治理能力现代化，主要涉及乡村社会建设和社会文明，基本对应党的十九届四中全会强调的社会治理制度，完全对应“乡村振兴战略”总要求之一“治理有效”。依据 2013 年 11 月 12 日和 2014 年 2 月 17 日习近平总书记关于国家治理体系和治理能力的重要讲话，本书认为：狭义的乡村治理体系和治理能力是当前我国乡村社会建设制度和该制度执行能力的集中体现；乡村治理体系是在党领导下管理乡村社会建设的体制机制、法律法规安排等制度体系；乡村治理能力则是运用上述制度管理乡村社会建设的能力；乡村治理体系和治理能力既相辅相成又有一定差异；乡村治理体系和治理能力现代化即上述制度体系和能力的现代化。

第二节 推进乡村治理体系和治理能力现代化的意义

推进乡村治理体系和治理能力现代化，首先不可避免地涉及三个领域——乡村领域，治理体系和治理能力领域，现代化领域；推进乡村治理体系和治理能力现代化的意义，也不可避免地首先表现在上述三个领域。

一、实施乡村振兴战略的需要

从乡村的角度看，推进乡村治理体系和治理能力现代化是实施乡村振兴战略的需要。党的十九大报告首次提出“实施乡村振兴战略”，并将“治理有效”列为五项“总要求”之一[①]，作为社会建设与社会文明的题中之义。从以前“管理民主”到中共十九大后“治理有效”的话语转变，突出了乡村治理能力和水平的现代化取向。习近平总书记指出：“从‘管理民主’到‘治理有效’，是要推进乡村治理能力和水平现代化，让农村既充满活力又和谐有序。”[②]乡村振兴离不开和谐稳定的社会环境，推进乡村治理体系和治理能力现代化成为新时代乡村振兴的重要领域和目标。

二、坚持和完善社会治理制度、推进国家治理体系和治理能力现代化的需要

从治理体系和治理能力的角度看，推进乡村治理体系和治理能力现代化，是坚持和完善社会治理制度、推进国家治理体系和治理能力现代化的需要。党的十九届四中全会指出：社会治理是国家治理的重要方面，因此必须加强和创新社会治理；通过完善社会治理体系，并建设人人有责、人人尽责、人人享有的社会治理共同体，达到保持社会稳定、维护国家安全的目标。众所周知，社会治理的基石均在基层，弱点位于农村。习近平总书记指出，党的工作最坚实的力量支撑在基层，经济社会发展和民生最突出的矛盾和问题也在基层[③]。因此，推进乡村治理体系和治理能力现代化，是新时代社会治理的重要领域和目标，有助于推进国家治理体系和治理能力现代化。

---

① 习近平：《决胜全面建成小康社会　夺取新时代中国特色社会主义伟大胜利——在中国共产党第十九次全国代表大会上的报告》（2017 年 10 月 18 日），人民出版社，2017，第 32 页。

② 习近平：《在十九届中央政治局第八次集体学习时的讲话》（2018 年 9 月 21 日），载中共中央党史和文献研究院编《习近平关于“三农”工作论述摘编》，中央文献出版社，2019，第 22 页。

③ 习近平：《在贵州调研时的讲话》（2015 年 6 月 16 日—18 日），载中共中央文献研究室编《习近平关于社会主义社会建设论述摘编》，中央文献出版社，2017，第 131 页。

三、实现“两个一百年”奋斗目标和农业农村现代化的需要

从现代化的角度看，推进乡村治理体系和治理能力现代化，是实现“两个一百年”奋斗目标和农业农村现代化的需要。

现代化缘起于西欧与北美，继而扩展至其他地区，是一个历史过程和一种进步趋势，体现在诸多领域。现代化是从传统社会向现代社会的过渡，具有全球性、阶段性和全面性。各个国家和地区在现代化浪潮中概莫能外，因而现代化具有全球性。现代化是一个长期性的转变过程，故不可避免地带有阶段性。由于传统社会与现代社会在诸多方面尖锐对立，所以现代化又呈现出全面性。在经济层面，从农本社会向工业社会过渡即工业化，从自给自足到互通有无即市场化是其主要内涵。社会现代化则主要指城乡联系加强、闭塞状态消失、城市化进程以及职业流动。在政治层面，通常表现为民族国家的建立、官僚体制的形成、政治参与的扩大与依法治国的原则。此外，现代化还表现在意识形态和生态环境层面。

现代化理论随现代化进程的不断深入而持续发展，是一部不断继承、不断抛弃、不断创新的连续剧。中国现代化理论奠基人罗荣渠教授，曾依据国家政权在现代化中的作用大小，将现代化分成“适应型”与“赶超型”两类，而后者曾遭受西方侵略并面临严峻挑战①。他强调：“现代化又不是一个自然的社会演变过程，它是落后国家采取高效率的途径（其中包括可利用的传统因素），通过有计划地经济技术改造和学习世界先进，带动广泛的社会变革，以迅速赶上先进工业国和适应现代世界环境的发展过程。”②

新中国作为“赶超型”国家，其现代化进程具有明显的国家政权主导特点，其主流现代化理论更强调国家政权的作用和现代化的紧迫性。习近平总书记提出的“中国梦”理论，从本质上讲是一种赶超型现代化理论。推进乡村治理体系和治理能力现代化，不能不考虑上述情况。

---

① 罗荣渠：《现代化新论》（修订版），商务印书馆，2004，第 201 页。

② 罗荣渠：《现代化新论》（修订版），商务印书馆，2004，第 9-17 页。

（一）推进乡村治理体系和治理能力现代化，是实现“两个一百年”奋斗目标的需要

农村还是全面建成小康社会的短板[①]，如期实现第一个百年奋斗目标并向第二个百年奋斗目标迈进，最艰巨最繁重的任务在农村，最广泛最深厚的基础在农村，最大的潜力和后劲也在农村[②]。

（二）推进乡村治理体系和治理能力现代化，是实现农业农村现代化的需要

要在农村实现“两个一百年”奋斗目标，就必须实现农业现代化和农村现代化，坚持农业现代化和农村现代化“一体设计、一并推进”。其中农村现代化既包括“物”的现代化，也包括“人”的现代化，还包括乡村治理体系和治理能力的现代化[③]。乡村治理体系和治理能力现代化，既是农村现代化的重要内容，也是其薄弱环节，毕竟目前农村社会建设和乡村治理方面仍然“存在突出问题”[④]。

（三）推进乡村治理体系和治理能力现代化，贯穿实现“两个一百年”奋斗目标和农业农村现代化的全过程，三者呈共时性并相辅相成，共同致力于实现中华民族伟大复兴的中国梦

按照党的十九大提出的决胜全面建成小康社会、分两个阶段实现第二个百年奋斗目标的战略安排，2018年中央一号文件提出，到2020年，以党组织为核心的农村基层组织建设进一步加强，乡村治理体系进一步完善；到2035年，乡村治理体系更加完善，农业农村现代化基本实现；到2050年，乡村全面振兴，农业强、农村美、农民富全面实现[⑤]。

---

① 习近平：《在中央农村工作会议上的讲话》（2013年12月23日），载中共中央文献研究室编《十八大以来重要文献选编》（上），中央文献出版社，2014，第658页。

② 习近平：《在中央农村工作会议上的讲话》（2017年12月28日），载中共中央党史和文献研究院编《习近平关于“三农”工作论述摘编》，中央文献出版社，2019，第11页。

③ 习近平：《在十九届中央政治局第八次集体学习时的讲话》（2018年9月21日），载中共中央党史和文献研究院编：《习近平关于“三农”工作论述摘编》，中央文献出版社，2019，第45页。

④ 习近平：《在中央农村工作会议上的讲话》（2017年12月28日），载中共中央党史和文献研究院编：《习近平关于“三农”工作论述摘编》，中央文献出版社，2019，第8-9页。

⑤ 《中共中央、国务院关于实施乡村振兴战略的意见》（2018年1月2日），载中共中央党史和文献研究院编《十九大以来重要文献选编》（上），中央文献出版社，2019，第159-160页。

第三节 推进乡村治理体系和治理能力现代化的途径

党的十九届四中全会通过的《中共中央关于坚持和完善中国特色社会主义制度、推进国家治理体系和治理能力现代化若干重大问题的决定》强调，要夯实基层社会治理基础、构建基层社会治理新格局。这种基础和格局是什么呢？一言以蔽之，就是“健全党组织领导的自治、法治、德治相结合的城乡基层治理体系”①。乡村治理体系显然是基层治理体系的重要方面。2018 年 1 月 2 日，《中共中央、国务院关于实施乡村振兴战略的意见》指出：“农村基层党建存在薄弱环节，乡村治理体系和治理能力亟待强化。”② 为推进乡村治理体系和治理能力现代化，2017 年 12 月习近平总书记指出，要加强和创新乡村治理，建立健全党委领导、政府负责、社会协同、公众参与、法治保障的现代乡村社会治理体制，健全自治、法治、德治相结合的乡村治理体系③。2018 年 12 月《中国共产党农村基层组织工作条例》强调，党的农村基层组织应当“健全党组织领导的自治、法治、德治相结合的乡村治理体系”④。由此可见，健全自治、法治、德治相结合的乡村治理体系，并坚持和完善党对农村工作的领导，构成新时代乡村治理体系和治理能力现代化的核心内容。

一、深化村民自治实践

20 世纪 80 年代初，在改革开放初期，随着家庭联产承包责任制的广泛推行，政社合一的人民公社体制被废除，乡镇广泛出现，村民委员会成为基层群众性自治组织。1982 年 12 月，五届全国人大五次会议通过的新宪法，规定改变农村人民公社政社合一体制，设立乡政府作为基层政权，

① 《中共中央关于坚持和完善中国特色社会主义制度、推进国家治理体系和治理能力现代化若干重大问题的决定》（2019 年 10 月 31 日中国共产党第十九届中央委员会第四次全体会议通过），《人民日报》2019 年 11 月 6 日，第 1 版。

② 《中共中央、国务院关于实施乡村振兴战略的意见》（2018 年 1 月 2 日），载中共中央党史和文献研究院编《十九大以来重要文献选编》（上），中央文献出版社，2019，第 187-188 页。

③ 习近平：《走中国特色社会主义乡村振兴道路》（2017 年 12 月 28 日），载《论坚持全面深化改革》，中央文献出版社，2018，第 407 页。

④ 《中国共产党农村基层组织工作条例》（2018 年 12 月 28 日），党建读物出版社，2019，第 12 页。

普遍成立村民委员会作为群众性自治组织。1983 年 10 月中共中央、国务院发出《关于实行政社分开、建立乡政府的通知》，宣布废除人民公社体制，建立乡（镇）政府作为基层政权，同时成立村民委员会作为村民自治组织；到 1984 年年底，全国基本完成政社分设，建立 9.1 万个乡（镇）政府，92.7 万个村民委员会；到 1985 年春，撤社建乡（镇）工作完成，自 1958 年以来延续 27 年之久的人民公社体制至此不复存在[①]。村民委员会的广泛设立，成为村民自治实践的历史起点。

从人民公社体制被废除后到 21 世纪初农村税费改革完成前，村民自治实践的物质基础是农村土地集体所有制以及“三提五统”和“两工”制度。农业税费被取消后，村民自治实践的物质基础发生局部改变，农村土地集体所有制仍然存在，但以“谁受益谁交费”为主要特征的“一事一议”取代之前的“三提五统”和“两工”制度。农业税费改革完成后，县级及以上政府承担大型农田水利建设，乡镇政府承担防疫、植保、制种、配种等服务，村庄“一事一议”制度主要服务于小型农田水利建设[②]。农村税费改革前后，经民主选举产生的村民自治机构，都要在日常收支上体现民主决策、民主管理和民主监督。

深化村民自治实践，是健全基层群众自治制度、坚持和完善人民当家做主制度体系的重要内容，主要表现在民主选举、民主决策、民主管理、民主监督四个方面，简称“四个民主”。现行《中华人民共和国村民委员会组织法》规定，村民委员会向村民会议、村民代表会议负责并报告工作，是村民自我管理、自我教育、自我服务的基层群众性自治组织，实行民主选举、民主决策、民主管理、民主监督[③]。党的十九届四中全会指出，要健全民主制度，丰富民主形式，拓宽民主渠道，依法实行民主选举、民主协商、民主决策、民主管理、民主监督，并着力推进基层直接民主制度

---

① 中共中央党史研究室编《中国共产党的九十年：改革开放和社会主义现代化建设新时期》，中共党史出版社与党建读物出版社，2016，第 716-719 页。

② 陈柏峰：《乡村振兴战略背景下的村社集体：现状与未来》，《武汉大学学报（哲学社会科学版）》，2018 年第 3 期，第 154-163 页。

③ 《中华人民共和国村民委员会组织法》（2018 年 12 月 29 日第十三届全国人大常委会第七次会议修正），中国法制出版社，2018，第 5 页。

化、规范化、程序化[①]。习近平总书记强调，要扩大农村基层民主、保证农民直接行使民主权利，重点健全农村基层民主选举、民主决策、民主管理、民主监督的机制；村民在行使“四个民主”自治权利时，必须妥善解决外出村民和留守村民的关系、外来村民与本村居民的关系，即处理好“走出去”和“留下来”的关系、“老村民”和“新村民”的关系[②]。

二、建设法治乡村

全面依法治国，是“四个全面”战略布局的重要内容，是中国特色社会主义的本质要求和重要保障，是新时代坚持和发展中国特色社会主义的基本方略之一[③]。党的十九届四中全会强调，要坚持和完善中国特色社会主义法治体系，推进法治中国建设[④]。法治中国建设当然包括乡村，乡村治理也离不开法治。习近平总书记指出，法治是乡村治理的前提和保障，要把政府各项涉农工作纳入法治化轨道，加强农村法治宣传教育，完善农村法治服务，引导干部群众尊法学法守法用法，依法表达诉求、解决纠纷、维护权益[⑤]。当前法治乡村建设，重点在于建设平安乡村并完善信访制度。

（一）建设平安乡村

平安是老百姓解决温饱后的第一需求，是极重要的民生，也是最基本的发展环境[⑥]。建设平安乡村，主要包括两方面内容，一是健全农村公共安全体制机制，二是完善农村治安防控体系，后者是重点。

一是健全农村公共安全体制机制。近年来，涉及农村自建房、河塘、

① 《中共中央关于坚持和完善中国特色社会主义制度、推进国家治理体系和治理能力现代化若干重大问题的决定》（2019年10月31日中国共产党第十九届中央委员会第四次全体会议通过），《人民日报》2019年11月6日，第1版。

② 习近平：《在中央农村工作会议上的讲话》（2013年12月23日），载中共中央文献研究室编：《十八大以来重要文献选编》（上），中央文献出版社，2014，第685页。

③ 习近平：《决胜全面建成小康社会　夺取新时代中国特色社会主义伟大胜利——在中国共产党第十九次全国代表大会上的报告》（2017年10月18日），人民出版社，2017，第18-26页。

④ 《中共中央关于坚持和完善中国特色社会主义制度、推进国家治理体系和治理能力现代化若干重大问题的决定》（2019年10月31日中国共产党第十九届中央委员会第四次全体会议通过），《人民日报》2019年11月6日，第1版。

⑤ 习近平：《走中国特色社会主义乡村振兴道路》（2017年12月28日），载《论坚持全面深化改革》，中央文献出版社，2018，第408-409页。

⑥ 习近平：《在中央政法工作会议上的讲话》（2014年1月7日），载中共中央文献研究室编《习近平关于社会主义社会建设论述摘编》，中央文献出版社，2017，第148页。

枯井、桥梁、客运和校车等方面的安全事故时有发生。党的十九届四中全会指出，要完善和落实安全生产责任和管理制度，建立公共安全隐患排查和安全预防控制体系，完善公共安全体制机制①。

二是完善农村治安防控体系。近年来农村治安状况不容乐观，一些地方违法犯罪活动仍然不少，黑恶势力活动时有发生，邪教和利用宗教进行非法活动仍然较多存在②。要从三方面进行整治:依法严厉打击危害农村稳定、破坏农业生产和侵害农民利益的违法犯罪活动；集中整治、重拳出击农村黑恶势力；依法打击农村非法宗教、邪教活动，严防境外渗透，整治农村乱建宗教活动场所、滥塑宗教造像等行为。上述三方面举措，归结为一点就是:要深入推进平安乡村建设，加快完善农村治安防控体系③。党的十九届四中全会也强调，要完善社会治安防控体系，增强社会治安防控的整体性、协同性、精确性，提高社会治安法治化水平④。

（二）完善信访制度

信访指公民、法人或者其他组织采用书信、电子邮件、传真、电话、走访等形式，向各级人民政府、县级以上人民政府工作部门反映情况，提出建议、意见或者投诉请求，依法由有关行政机关处理的活动。

从信访形式上看，信访形式的多元化表明政府治理的便民化。信访形式取决于信访人员的诉求强度和问题化解的难易程度，取决于当地乃至全国的经济发展水平特别是民众和机关的网络化水平，取决于信访办与民众住处的距离远近，取决于信访人员信访时间与信访工作人员办公时间的吻合程度，因而差别甚大。近年来，对基层信访工作机构进行信访的农民，较少采取书信、电话和电邮形式，倾向于直接上访，其中越级上访、聚众突访、重复上访、围堵机关的信访形式偶有发生。

---

① 《中共中央关于坚持和完善中国特色社会主义制度、推进国家治理体系和治理能力现代化若干重大问题的决定》（2019 年 10 月 31 日中国共产党第十九届中央委员会第四次全体会议通过），《人民日报》2019 年 11 月 6 日，第 1 版。

② 习近平:《在中央农村工作会议上的讲话》（2013 年 12 月 23 日），载中共中央文献研究室编《十八大以来重要文献选编》（上），中央文献出版社，2014，第 680-681 页。

③ 习近平:《走中国特色社会主义乡村振兴道路》（2017 年 12 月 28 日），载《论坚持全面深化改革》，中央文献出版社，2018，第 409 页。

④ 《中共中央关于坚持和完善中国特色社会主义制度、推进国家治理体系和治理能力现代化若干重大问题的决定》（2019 年 10 月 31 日中国共产党第十九届中央委员会第四次全体会议通过），《人民日报》2019 年 11 月 6 日，第 1 版。

从信访内容上看，民众信访几乎涵盖日常生活的方方面面，其中信访人可以针对行政机关及其工作人员、法律法规授权的具有管理公共事务职能的组织及其工作人员、提供公共服务的企事业单位及其工作人员、社会团体或者其他企事业单位中由国家行政机关任命或委派的人员、村民委员会或居民委员会及其成员的职务行为提出建议、意见或者投诉请求，而民众在信访过程中反映的其他问题虽与各级党委和政府并无直接关联却与政府治理模式关联甚大。信访内容大致表现为提出建议和反映问题两个方面，分别体现着信访人的参政议政权和权利救济权。近年来，我国农民信访主要反映的问题或内容是：村务管理纠纷，特别是村委会换届贿选问题以及村干部以权谋私的问题，第二个问题常常涉及土地纠纷和住房纠纷；婚姻纠纷，特别是夫妻离异所涉婚姻关系存续期间的房产分割问题；计划生育纠纷，特别是独生子女享受国家奖励的问题；家庭纠纷，特别是兄弟姊妹赡养双亲与分割财产的纠纷；邻里纠纷，往往与乡村水电气暖管道问题和住房装修问题有关；合同纠纷，有时指劳动合同，有时指土地承包经营合同；劳动纠纷，特别是民工工资拖欠纠纷；赔偿纠纷，比如工伤赔偿问题；施工扰民纠纷；农地承包纠纷，比如外迁户的土地承包权及土地收益金分配问题；农地征用纠纷；房屋拆迁纠纷、房屋宅基地纠纷，特别是外嫁女、离婚女、空挂户、大中专毕业生在原村落宅基地权益问题；农村污染纠纷；乡村水电气暖供应问题。由此可见，民众信访几乎涉及所有问题，但是以民生问题为核心，集中表现为土地、住房、工作、生育、养老、医疗、水暖电气供应与城市交通问题和鳏寡孤独废疾劳教等弱势群体的权益保护。除此之外，基层公检法系统执法不公以及村镇干部贪腐问题，极易引发民愤，也是农民的关注焦点。

习近平总书记曾指出："在具体工作中，不能简单依靠打压管控、硬性维稳，还要重视疏导化解、柔性维稳。"① 信访制度尤其要注意这一点。

上通下情与下情上达，历来构成执政党与国家实现长治久安的重要途径，因此农民信访工作与乡村治理具有紧密的内在关联。若要减少农民信访总量并化解信访积案，尤其需要实现基层信访工作机构的科学管理。近年来，农民构成基层信访工作机构的主要服务对象，而农民信访的主要内

① 习近平：《在中央政法工作会议上的讲话》（2014 年 1 月 7 日），载中共中央文献研究室编《习近平关于社会主义社会建设论述摘编》，中央文献出版社，2017，第 126 页。

容是民生问题。民众频繁信访，说明许多公民知法懂法、愿意通过合法渠道维护自身利益，同时也尖锐表明多种矛盾错综复杂、进而对社会稳定提出挑战。习近平总书记指出，当前群众通过信访渠道反映出来的信访突出问题，既有新动向，也有老难题，但都事关群众切身利益，事关社会和谐稳定①。他认为不解决利益问题的“单纯维稳”是“本末倒置”，指出从人民内部和社会一般意义上讲“维权是维稳的基础，维稳的实质是维权”②。强调要处理好维稳和维权的关系。

在当代中国，人民群众是中国共产党的执政基础所在，全心全意为人民服务是中国共产党党章所规定的宗旨；人民群众也是各级政府的衣食父母与权力来源，实现社会和谐和政治稳定是各级政府的重要任务。习近平总书记指出，各级党委、政府和领导干部要把信访工作作为了解民情、集中民智、维护民利、凝聚民心的重要工作，把解决信访问题的过程作为践行党的群众路线、做好群众工作的过程③。党的十九届四中全会强调，要完善信访制度，完善正确处理新形势下人民内部矛盾有效机制，努力将矛盾化解在基层④。

三、提升乡村德治水平

新中国成立前夕和初期，中国的自然村不论大小都是“熟人社会”，村民“生于斯、死于斯”，“这是一个‘熟悉’的社会，没有陌生人的社会”⑤。改革开放后特别是20世纪90年代以来，行政村和较大的自然村逐渐变成“半熟人社会”，小自然村或村民小组（原人民公社时期的生产小队）仍然称得上是个熟人社会⑥。当前乡村的熟人社会或半熟人社会特征非

① 习近平：《就信访工作作出的指示》（2016年4月），载中共中央文献研究室编《习近平关于社会主义社会建设论述摘编》，中央文献出版社，2017，第159页。

② 习近平：《在中央政法工作会议上的讲话》（2014年1月7日），载中共中央文献研究室编：《习近平关于社会主义社会建设论述摘编》，中央文献出版社，2017，第147页。

③ 习近平：《关于信访工作的指示》（2017年7月），载中共中央文献研究室编：《习近平关于社会主义社会建设论述摘编》，中央文献出版社，2017，第163页。

④ 《中共中央关于坚持和完善中国特色社会主义制度、推进国家治理体系和治理能力现代化若干重大问题的决定》（2019年10月31日中国共产党第十九届中央委员会第四次全体会议通过），《人民日报》2019年11月6日，第1版。

⑤ 费孝通：《乡土中国》（修订本），上海人民出版社，2013，第9页。

⑥ 贺雪峰：《新乡村中国》，北京大学出版社，2013，第3-17页；陈柏峰：《半熟人社会：转型期乡村社会性质深描》，社会科学文献出版社，2019，第1-6页。“半熟人社会”这一概念，是贺雪峰和陈柏峰分析乡村治理的共同切入点。

常显著，其间蕴含的道德规范就使乡村德治成为可能。提升乡村德治水平，不仅是“乡风文明”的内在要求，而且是推进乡村治理体系和治理能力现代化的重要手段。党的十九届四中全会提出，要注重发挥家庭家教家风在基层社会治理中的重要作用①。习近平总书记指出，乡村振兴，既要塑形，也要铸魂②；要在实行自治和法治的同时，注重发挥好德治的作用③。提升乡村德治水平，主要表现在加强农村思想道德建设、传承发展提升农村优秀传统文化、加强农村公共文化建设、开展移风易俗行动四个方面。

（一）加强农村思想道德建设

近年来一些村民道德沦丧，不孝父母、不管子女、不守婚则、不睦邻里等现象明显增多。针对上述不良风气，应强化孝敬父母、呵护子女、夫妻恩爱、邻里互助等社会风尚。党的十九届四中全会强调，要坚持依法治国和以德治国相结合，完善弘扬社会主义核心价值观的法律政策体系，坚持以社会主义核心价值观引领文化建设制度④。习近平总书记指出，要弘扬和践行社会主义核心价值观，坚持教育引导、实践养成、制度保障三管齐下，以农民群众喜闻乐见的方式，深化中国特色社会主义和中国梦宣传教育，弘扬民族精神和时代精神，加强爱国主义、集体主义、社会主义教育⑤。

（二）传承发展提升农村优秀传统文化

要把保护传承和开发利用有机结合起来，把我国农耕文明优秀遗产和现代文明要素结合起来，赋予新的时代内涵，让中华优秀传统文化生生不息，让我国历史悠久的农耕文明在新时代展现其魅力和风采。首次，要让有形的乡村文化留得住，充分发掘具有农耕特质、民族特色、地域特点的

---

① 《中共中央关于坚持和完善中国特色社会主义制度、推进国家治理体系和治理能力现代化若干重大问题的决定》（2019 年 10 月 31 日中国共产党第十九届中央委员会第四次全体会议通过），《人民日报》2019 年 11 月 6 日，第 1 版。

② 习近平：《走中国特色社会主义乡村振兴道路》（2017 年 12 月 28 日），载《论坚持全面深化改革》，中央文献出版社，2018，第 405 页。

③ 习近平：《在十九届中央政治局第八次集体学习时的讲话》（2018 年 9 月 21 日），载中共中央党史和文献研究院编《习近平关于“三农”工作论述摘编》，中央文献出版社，2019，第 137 页。

④ 《中共中央关于坚持和完善中国特色社会主义制度、推进国家治理体系和治理能力现代化若干重大问题的决定》（2019 年 10 月 31 日中国共产党第十九届中央委员会第四次全体会议通过），《人民日报》2019 年 11 月 6 日，第 1 版。

⑤ 习近平：《走中国特色社会主义乡村振兴道路》（2017 年 12 月 28 日），载《论坚持全面深化改革》，中央文献出版社，2018，第 405-406 页。

物质文化遗产，加大对古镇、古村落、古建筑、民族村寨、文物古迹、农业遗迹的保护力度。其次，要让活态的乡土文化传下去，深入发掘民间艺术、戏曲曲艺、手工技艺、民族服饰、民俗活动等非物质文化遗产[①]。

（三）加强农村公共文化建设

农民的文化程度大大低于市民、生活相对贫困，加上政府对农村公共文化投入相对不足，导致农村公共文化设施相对短缺，农民精神生活比较贫乏。中共十九大前夕，有研究者对河南省洛阳的老城区、三门峡的卢氏和义马、焦作的武陟、新乡的长垣、安阳的内黄、濮阳的台前和南乐、商丘的虞城、周口的扶沟和项城、许昌的禹州、平顶山的湛河区、漯河的舞阳、驻马店的泌阳、南阳的西峡、信阳的浉河区等 14 个地级市 17 个县区的 25 座村庄调查后发现，约 93% 的被调查者对当地农村文化娱乐状况不满[②]。

如何加强农村公共文化建设呢？一是增加公共文化产品和服务供给。要培育发掘乡土文化人才，开展文化结对帮扶，制定政策引导企业家、文化工作者、科普工作者、退休人员、文化志愿者等投身乡村文化建设，形成一股新的农村文化建设力量。二是广泛开展群众文化活动。要整合乡村文化资源，广泛开展农村群众性文化活动。三是健全公共文化服务体系。落后地区农村存在“三叫”“四难”等问题，即“早上听鸡叫，白天听鸟叫，晚上听狗叫”“看书难、看戏难、看电影难、收听收看广播电视难”。应完善农村新闻出版广播电视公共服务覆盖体系，推进数字广播电视户户通，探索农村电影放映的新方法新模式，推进农家书屋延伸服务和提质增效。

（四）开展移风易俗行动

近年来，一些农村名目繁多的人情礼金让人“还不起”。有研究者在 2005 年后多次调研江汉平原沙洋、洪湖、京山、江陵等地乡村，发现当地人情场合明显有所扩大，内容越来越多。比如生日宴，出生满月、周岁、逢五逢十都要办；比如升学宴，子女考上高中、中专、大学都要办；还有

---

① 习近平：《走中国特色社会主义乡村振兴道路》（2017 年 12 月 28 日），载《论坚持全面深化改革》，中央文献出版社，2018，第 406-407 页。

② 乔俊峰：《基于需求导向的农村公共服务调查及完善对策》，《经济纵横》，2017 年第 8 期，第 99-103 页。

买房宴、开店宴、造船宴等，名目繁多，“几乎到了无法忍受的地步”。应邀赴宴者必须送出人情，户均每年送出五六十次，总额至少在 1 万元左右，已超出一名大学生的教育费用。人情已蜕变为敛财手段，丧失其原有的社会价值[①]。有研究者在 2009 年国庆节前后调研浙江宁波的三座村庄后发现，当地经济比较发达，人情礼金数额更大。以结婚礼单上显示的人情礼金为例。一份结婚礼单显示：1986 年，一般亲戚、朋友和庄邻送出 20~40 元，叔伯姑姨送出 60~100 元，舅舅送出 120 元；1994 年，一般亲戚、朋友和庄邻送出 60~120 元，叔伯姑姨送出 100~200 元，舅舅送出 260 元；2001 年，一般亲戚、朋友和庄邻送出 500~800 元，叔伯姑姨送出 800~1 200 元，舅舅送出 1 580 元；2007 年，一般亲戚、朋友和庄邻送出 1 000~2 000 元，叔伯姑姨送出 1 000~2 000 元，舅舅送出 2 500 元[②]。人情礼金数额增幅超过村民年收入增幅。

一些村庄红白喜事盲目攀比、大操大办等陈规陋习盛行。有研究者在 2009 年国庆节前后调研浙江宁波三座村庄后发现：一桌仪式式人情场合的酒席，桌上需要有 12 盘热菜、12 盘凉菜，至少要有甲鱼、河鳗、螃蟹、羊肉、黄鱼汤等；稍好一些的还要有狗肉、龙虾、毛蟹、鲍鱼等；至少一包软壳大红鹰、一包软壳中华香烟，或两包软壳中华香烟，此外还有啤酒、红酒、白酒；赴宴客人每人还能领取 15 元红包作为糖果瓜子的替代品。一桌酒席的成本至少要 1 500 元。在最重要的结婚场合，酒席至少要摆四到五顿。如果是儿子结婚，至少要准备五顿饭：婚礼正期前一天晚上，婚礼正期早上、中午、晚上，婚礼后第一天早上，当地分别称为杀猪饭、喜辞饭、赴酒饭、敬酒饭、开辞饭，其中，敬酒饭是正餐。如果是女儿结婚，至少要准备四顿饭：婚礼正期前一天晚上，婚礼正期早上、中午、晚上，当地分别称为送女饭、喜辞饭、送酒饭、开辞饭，其中，送酒饭是正餐[③]。针对上述情况，要旗帜鲜明反对铺张浪费，推动移风易俗，实现乡风文明。

---

① 陈柏峰：《半熟人社会：转型期乡村社会性质深描》，社会科学文献出版社，2019，第 65-68 页。

② 陈柏峰：《半熟人社会：转型期乡村社会性质深描》，社会科学文献出版社，2019，第 135-138 页。

③ 陈柏峰：《半熟人社会：转型期乡村社会性质深描》，社会科学文献出版社，2019，第 135-138 页。

四、加强和改善党对农村工作的领导

（一）必须加强和改善党对农村工作的领导

从历史上看，党管农村工作是中国共产党的传统，“这个传统不能丢”[①]。

从现实中看，面对新时代农村工作的任务和要求，当前党领导“三农”工作的体制机制、干部队伍、农村基层组织还不能很好适应。体制机制方面，一些地方基层民主管理制度不健全，忽视党管农村工作重要性，放松党管农村工作的原则。干部队伍方面，有的干部不了解农业农村情况或对农民感情不深，愿意做农村工作的少了，会做农村工作的更少，缺乏领导农村工作本领[②]；一些地方干群关系紧张，侵害农民合法权益的事件仍时有发生。一些农村“少数干部作风不实、优亲厚友，‘小官巨贪’时有发生，对惠农项目资金‘雁过拔毛’的‘微腐败’也不同程度存在”[③]。基层组织方面，农村基层党组织软弱涣散，公共管理和社会服务能力不强[④]。部分农民对基层党组织和村委会非常失望并蔑视，其一贯态度是：有吃有穿不求你，不批不斗不怕你，有了纠纷就找你，稍不如意就骂你。

总体而言，办好农村的事情、实现乡村振兴，“关键在党”[⑤]。《中国共产党农村基层组织工作条例》强调，农村工作在党和国家事业全局中具有重要战略地位，是全党工作的重中之重[⑥]。党的十九届四中全会指出，要坚持和完善党的领导制度体系，把党的领导落实到国家治理各领域各方面各

① 习近平：《在中央农村工作会议上的讲话》（2013 年 12 月 23 日），载中共中央文献研究室编《十八大以来重要文献选编》（上），中央文献出版社，2014，第 685-686 页。习近平：《在农村改革座谈会上的讲话》（2016 年 4 月 25 日），载《论坚持全面深化改革》，中央文献出版社，2018，第 264 页。

② 习近平：《在中央农村工作会议上的讲话》（2017 年 12 月 28 日），载中共中央党史和文献研究院编《习近平关于“三农”工作论述摘编》，中央文献出版社，2019，第 191 页。

③ 习近平：《在中央农村工作会议上的讲话》（2017 年 12 月 28 日），载中共中央党史和文献研究院编《习近平关于“三农”工作论述摘编》，中央文献出版社，2019，第 9 页。

④ 习近平：《在中央农村工作会议上的讲话》（2013 年 12 月 23 日），载中共中央文献研究室编《十八大以来重要文献选编》（上），中央文献出版社，2014，第 680-681 页。

⑤ 习近平：《在中央农村工作会议上的讲话》（2017 年 12 月 28 日），载中共中央党史和文献研究院编：《习近平关于“三农”工作论述摘编》，中央文献出版社，2019，第 190 页。

⑥ 《中国共产党农村基层组织工作条例》（2018 年 12 月 28 日），党建读物出版社，2019，第 1 页。

环节，并提高党科学执政、民主执政、依法执政水平①。因此，新时代坚持和完善党的领导制度体系，就必须加强和改善党对农村工作这个“重中之重”的领导，提高党全面领导农村工作能力和水平②。

（二）怎样加强和改善党对农村工作的领导

1. 加强和改善党对农村工作的领导，关键是抓好农村基层组织建设

《中国共产党农村基层组织工作条例》强调，乡镇党委和行政村党组织是党在农村的基层组织，是党在农村全部工作和战斗力的基础，全面领导乡镇、村的各类组织和各项工作③。与乡镇党委相比，村党组织的地位更为重要。农村党支部在农村各项工作中居于领导核心地位④。因此，办好农村的事，要靠好的带头人，靠一个好的基层党组织⑤。

2. 如何抓好农村基层党组织建设

一是健全以党组织为核心的组织体系。要抓住健全乡村组织体系这个关键，发挥好农村基层党组织在宣传党的主张、贯彻党的决定、领导基层治理、团结动员群众、推动改革发展等方面的战斗堡垒作用。村党支部要成为帮助农民致富、维护农村稳定、推进乡村振兴的坚强战斗堡垒。

二是加强农村基层党组织带头人队伍建设和党员队伍建设。农村基层党组织带头人队伍建设方面，要完善农村基层干部选拔任用制度，打造一支高素质农村基层党组织带头人队伍；注重培养选拔有干劲、会干事、作风正派、办事公道的人担任支部书记，团结带领乡亲们脱贫致富奔小康。农村党员队伍建设方面，要稳妥有序开展不合格党员处置工作，着力引导农村党员发挥先锋模范作用⑥。

---

① 《中共中央关于坚持和完善中国特色社会主义制度、推进国家治理体系和治理能力现代化若干重大问题的决定》（2019年10月31日中国共产党第十九届中央委员会第四次全体会议通过），《人民日报》2019年11月6日，第1版。

② 习近平：《在中央农村工作会议上的讲话》（2017年12月28日），载中共中央党史和文献研究院编《习近平关于“三农”工作论述摘编》，中央文献出版社，2019，第190页。

③ 《中国共产党农村基层组织工作条例》（2018年12月28日），党建读物出版社，2019，第1-2页。

④ 习近平：《在中央农村工作会议上的讲话》（2013年12月23日），载中共中央文献研究室编：《十八大以来重要文献选编》（上），中央文献出版社，2014，第684页。

⑤ 习近平：《走中国特色社会主义乡村振兴道路》（2017年12月28日），载《论坚持全面深化改革》，中央文献出版社，2018，第407-408页。

⑥ 习近平：《走中国特色社会主义乡村振兴道路》（2017年12月28日），载《论坚持全面深化改革》，中央文献出版社，2018，第407-408页。

三是强化农村基层党组织建设责任与保障。强化保障方面，要建立稳定的村级组织运转和基本公共服务经费保障制度，提高农村基层干部报酬待遇和社会保障水平。《中国共产党农村基层组织工作条例》强调，各级党委应当健全以财政投入为主的稳定的村级组织运转经费保障制度，建立正常增长机制；落实村干部基本报酬，落实村级组织办公经费、服务群众经费、党员活动经费[①]。强化责任方面，要加强对农村基层干部队伍的监督管理。严肃查处侵犯农民利益的“微腐败”，紧盯惠农项目资金、集体资产管理、土地征收等领域的突出问题；严惩横行乡里、欺压百姓的黑恶势力及充当保护伞的党员干部。《中国共产党农村基层组织工作条例》强调：“依法严厉打击农村黑恶势力、宗族黑恶势力、宗教极端势力、‘村霸’，严防其侵蚀基层干部和基层政权。坚决惩治黑恶势力‘保护伞’。”[②]

① 《中国共产党农村基层组织工作条例》（2018 年 12 月 28 日），党建读物出版社，2019，第 22 页。

② 《中国共产党农村基层组织工作条例》（2018 年 12 月 28 日），党建读物出版社，2019，第 12 页。

结语

中共十九大报告和现行《中国共产党章程》重申党在社会主义初级阶段的基本路线，强调以经济建设为中心，把我国建设成为富强民主文明和谐美丽的社会主义现代化强国。其中富强指经济建设和物质文明，民主指政治建设和政治文明，文明指文化建设和精神文明，和谐指社会建设和社会文明，美丽指生态文明建设和生态文明。农业农村现代化，是中华人民共和国现代化中不可或缺的重要组成部分，同样包括农村经济现代化（这是中心或重点）、政治现代化、社会现代化、文化现代化和生态现代化。

第一节　现代化理论与世界农业农村现代化进程

本节首先概论现代化理论的阶段性演变、现代化概念的全面内涵、农业农村现代化的内在要素，继而归纳英、美、法、德、日本等发达国家，埃及、印度、巴西等资本主义发展中大国以及苏俄－苏联等世界主要国家的乡村农业现代化特点，分别奠定学理支撑和国际视野。

一、现代化与农业农村现代化

现代化理论产生于20世纪50年代，随着现代化进程的深入而发展。早期现代化理论或狭义现代化理论，又称经典现代化理论或传统现代化理论，盛行于20世纪五六十年代。经典现代化理论具有时代局限性，而且本身存在逻辑缺陷，因此许多学者从20世纪60年代后期起开始批判传统现代化理论，修正主义现代化理论随之出现。它对传统现代化理论的批评主要集中于以下三个方面：现代性和传统性这两个概念的含义和适用性；现代性与传统性的关系；现代化概念本身的模糊性。依附论也对经典现代化理论提出质疑。依附论盛行于20世纪60年代，以欠发达国家作为研究对象，旨在阐释欠发达国家欠发达的原因并试图找到摆脱这种不发达状态的途径。自20世纪80年代起，以罗荣渠为代表的部分中国学者，在批判和借鉴“革命范式”与国外现代化理论特别是经典现代化理论的基础上，实际上已提出“以一元多线论为基础的现代化范式”①。

总体而言，迄今为止诸多学者认为，现代化缘起于西欧与北美，继而扩展至其他地区，是一个历史过程和一种进步趋势，体现在诸多领域。笔者认为，现代化是从传统社会向现代社会的过渡，具有全球性、阶段性和全面性。各个国家和地区在现代化浪潮中概莫能外，因而现代化具有全球性。现代化是一个长期性的转变过程，故不可避免地带有阶段性。由于传统社会与现代社会在诸多方面尖锐对立，所以现代化又呈现出全面性。在经济层面，从农本社会向工业社会过渡即工业化，从自给自足到互通有无即市场化是其主要内涵。社会现代化则主要指城乡联系加强、闭塞状态消失、城市化进程以及职业流动。在政治层面，通常表现为民族国家的建立、官僚体制的形成、政治参与的扩大与依法治国的原则。此外，现代化还表现在意识形态、生态环境等层面。但是，少数学者特别是发展中国家的学者，对“现代化”的内涵与意义持有不同看法。

农村现代化是现代化的重要组成部分，主要包括农村经济现代化、政治现代化、社会现代化、文化现代化和生态现代化。农业现代化是农村经济现代化的中心任务。农业有广义和狭义之分。广义的农业不仅包括种植业，而且涉及林业、畜牧业和渔业等；狭义的农业特指种植业。农业涉及农业技术和播种面积，农业劳动力和农业管理，农业产量和价格水平。农业技术和播种面积是农业生产要素中物的因素，农业技术主要包括播种、肥料、水利、除虫、收获、储运等领域的技术变革和农资供给，播种面积主要涉及与农业技术紧密相关的耕地面积和复种指数。农业劳动力和农业管理系农业生产要素中人的因素，其中前者特指种植行业的劳动力数量、劳动力结构（主要涉及性别结构和年龄结构）、劳动生产率和农业工资。“物的因素”与“人的因素”紧密结合，不仅使农产品和使用价值被生产出来，而且使生产关系得以延续、价值出现转移和再造；因此，农业生产兼具自然再生产与经济再生产的双重性质，同时受自然规律和经济规律的支配。农业产量是各类农业生产要素综合作用的结果，能够反映土地生产率、资金生产率与劳动生产率，进而说明耕地、资金与劳动力的产出状

① 董正华：《从历史发展多线性到史学范式多样化——围绕“以一元多线论为基础的现代化范式”的讨论》，《史学月刊》，2004 年第 5 期，第 5-18 页。

况。一般而言，农产品市场化水平越高，农业产量受价格水平的影响就越大；而价格水平不仅与农产品需求相关，也和国家政策须臾不可分离。

二、世界主要国家农业农村现代化特点

现代化是当代世界的普遍现象和基本趋势，世界主要国家的农业农村现代化历史和现状对中国有着很强借鉴意义。英语国家英美、欧陆与欧盟国家法德、东亚国家日本，可以代表西方发达国家；西亚北非阿拉伯大国埃及、南亚最大国家印度、拉丁美洲最大国家巴西，可以代表资本主义发展中大国；苏俄—苏联则是世界历史上第一个社会主义国家。上述三类国家的农业农村现代化历程，特别是土地制度的演变特点，具有典型性和研究价值。

在过去两百多年间，小国寡民的英国和地广人稀的美国先后成为引领世界现代化的头号强国，也是当今世界英语国家与英美法系的代表。在世界历史上，英国是最早启动并实现农业农村现代化的国家。19 世纪的英国，雇佣关系在农业领域得到充分发展；二战结束后，英国逐渐成为一个盛行家庭农场的国家，土地经营者往往掌握地权。美国的农业生态环境优势相当全面，其农业农村现代化的主要特点是：土地制度和经营模式，分别是土地私有制与家庭大农场，所有权与经营权通常合二为一，与美国的资本主义制度和地广人稀状况相适应；私有的家庭大农场，耕地资源非常丰富而劳动力供给相对不足，加之地处平坦环境，因而长期致力于提高机械化水平，着眼于提高劳动生产率；私有家庭农场，大多面向国内外市场，养殖单一作物或牲畜，农产品市场化程度很高；农场主利用自身的选举权和多种农业合作社，影响官方涉农立法与行政活动，促使政府采取多项惠农政策。

法国和德国是大陆法系的代表，是欧共体和欧盟的创始国。法国是欧洲最重要的农产品生产和出口国，也是较早启动现代化进程的世界强国，到 19 世纪末 20 世纪初已经基本完成农业农村现代化。德国是欧洲较晚建立统一民族国家、较晚启动现代化进程的国家，却后来居上，自 19 世纪后期起成为欧洲经济最发达的国家，其农业农村现代化水平很高。法德两国均立法保障农村土地私有制，并盛行家庭农场经营模式。

日本作为国土狭小、山地众多而耕地极少的战败国，却成为亚洲最早实现农业农村现代化的国家，单位面积产量与土地生产率很高，多数农产品质优价高，农民获得丰厚的农业收入与非农收入，而且享受全面的社会保障。日本农业农村现代化的基本经验，在土地制度方面表现为：承认土地私有；日本政府在美国占领当局推动下实施土改，通过征购和出售超额地产，使日本成为小农土地所有制居主导地位的国家；日本政府后来鉴于农业机械化、农民兼业化、农村少子化、老龄化与城市化，为提高农业劳动生产率和经济效益，多次修改或出台法律，推动农地买卖和租赁，进而扩大农地经营规模。

现代埃及特别是阿拉伯埃及共和国农业农村现代化进程中，农地制度、农产品市场化、粮食问题、村民流动与乡村政治参与之间具有紧密的内在关联。埃及政府或建立土地国有制进而剥夺小农的土地所有权，或推动地权私有化进而纵容土地兼并，或推广土改合作社进而侵蚀小农对耕地的经营权和用益权，由此达到限制小农产权、控制乡村民众和转移农业剩余的多重目的①。至此，即便在土地私有化条件下，小农土地所有制也已沦为马克思笔下“徒有其名”的所有权②或曰“纯粹名义上的占有权”③。

印度农业农村现代化始于18世纪中后期英国殖民统治初期，印度独立后长期实施以土改和合作化为重点的“制度战略”和以“绿色革命”为中心的“技术战略”。在土地制度方面，印度独立后继续走资本主义道路，重视保护私有地产，土地改革法通常强调和平赎买超额土地并稳定农业租佃关系；另外，独立后的印度没有实行中央集权制和总统制，而是采取联邦制的国家结构形式与议会制政体，中央政府的权力受到较大制约，在实施土改过程中受到多方掣肘，多次土改尝试收效不大。

巴西农业农村现代化始于19世纪初期的独立运动。与中华人民共和国相比，当代巴西走资本主义道路，实行土地私有制，并未历经较为彻底

① 刘志华：《阿拉伯埃及共和国的三农问题及其对中国的启示研究》，北京理工大学出版社，2018。刘志华：《埃及现代化进程中的农地制度、农业生产和村民流动研究》，博士学位论文，南开大学，2011。

② 卡尔·马克思：《法兰西内战》，载卡尔·马克思、弗·恩格斯著，中共中央马克思恩格斯列宁斯大林著作编译局编译《马克思恩格斯选集》第3卷，人民出版社，2012，第147页。

③ 卡尔·马克思：《论土地国有化》，载卡尔·马克思、弗·恩格斯著，中共中央马克思恩格斯列宁斯大林著作编译局编译《马克思恩格斯选集》第3卷，人民出版社，2012，第177页。

的土地改革或革命，较多地保留葡萄牙殖民统治时代的大地产；巴西地广人稀，而且农村人口比重较小。因此，巴西村民人均耕地面积广阔，但耕地高度集中，私人大庄园与农业雇佣关系十分典型。

俄罗斯是当今世界面积最大的国家，其前身是苏联最大加盟共和国苏维埃俄国。苏俄—苏联的农业农村现代化特指从1917年十月革命爆发到1991年苏联解体前夕俄国的农业农村现代化，主要涉及土地制度和粮食问题，而这两个领域密切相关。

十月革命后初期，苏俄实施战时共产主义政策，在乡村农业领域取消一切商品交换，强制实行余粮征集制和口粮配给制，并以行政力量消灭地主阶级和改变土地占有格局。战时共产主义政策实施的地区，农用土地所有权名义上归村社，经营权归农户，用益权归布尔什维克和苏俄政府，这是一种特殊形式的土地国有制。苏俄内战结束后，战时共产主义政策已经不合时宜且遭到激烈抵制，于是列宁和联共（布）开始实施新经济政策，在乡村农业领域以降低的粮食税代替余粮征集制，恢复粮食贸易，废除口粮配给制。新经济政策实施时期，俄国农用土地所有权归村社，经营权和用益权归农户，这是一种特殊形式的小农土地所有制。

列宁去世后几年，斯大林废除新经济政策，实施农业集体化。农业集体化的实质是，土地等全部生产资料和部分生活资料的所有权名义上归集体农庄，经营权和用益权实际上掌握在推行指令计划的国家手中。农业集体化消灭土地私有制和家庭经营制，摧毁村庄原有的自治倾向和内聚特征，违反自愿和渐进原则，完全剥夺农户的产销自主权，使农业剩余长期流向工业和城市，从而严重打击农户的积极性，导致农业产量增长乏力，甚至出现多次严重饥荒；农业集体化将农民固着于集体农庄之内，成为所谓的贡税承担者，妨害农民的自由迁徙，事实上恢复了农奴制。斯大林去世后，苏联继任领导人曾对集体农庄制度进行细微改革，但集体农庄制度直至苏联解体时依然存在，农业领域高度集中的计划经济体制始终未曾改变。

综观当代世界人口过亿的国家，只有美国和日本实现了农业农村现代化，但是两国的人口、农业人口和农村常住人口还不到中国的一个零头。在中国这样一个人口、农业人口和农村常住人口的超级大国实现农业农村现代化，既无先例可循，也有极大难度。即使有朝一日中国的城市化水平超过 90%，中国仍将有过亿人口常住农村。由此可见，中国的农业农村现代化，具有开创性、艰巨性、长期性和战略性。

第二节　新中国农业农村现代化进程与“乡村振兴战略”概述

中华人民共和国成立初期，中国农业农村现代化走过一段弯路。改革开放以来，中国农业生产曲折发展，广大乡村不断从闭塞走向开放，乡村居民的社会地位缓慢提高，农业农村现代化取得显著进步。第二节回顾从新中国成立后到中共十八大前农业农村史概况，总结中共十八大以来习近平总书记关于农业农村现代化战略地位的论述，概述“乡村振兴战略”，为之后几节提供历史基础和理论依托。

一、新中国改革开放前的农业农村史

1950 年与 1952 年，新中国和埃及先后颁布土改法。此前两国为农业国，土地问题至关重要；战争或贫困导致乡村陷入动荡状态；中共已在局部地区平分土地并从 1949 年起执政，埃及倾向土改的自由军官亦于 1952 年掌权。在土改中两国未将土地公有化，但中国后来实行集体化；两国没收或征购地主超额地产，继而向小农免费或有偿分地。通过限制大地产和土地再分配，两国新政权旨在乡村培育社会基础；毛泽东暂时不动富农，纳赛尔调整租佃关系，均力图缩小打击面。没收还是征购超额地产，免费还是有偿给予小农土地，最终是否实施土地集体化，构成新中国与中东土改政策的主要差别；土改作为发展中国家现代化中的普遍现象，是新政权安身立命的关键举措。

统购统销制与农业合作化是新中国成立初期国家推进工业化的重要手段。1953—1954 年国家对重要农产品实行统购统销制，实质在于调整城乡和工农关系。一方面，转移部分农产品到城市，限制农民的生活水平，以满足市民生活需要；另一方面，从农业领域提取剩余价值，转到工矿领域，为后者提供积累。农业合作化系 20 世纪 50 年代前中期中国乡村的普遍现象，是“过渡时期总路线”的重要内容。毛泽东主要依据共同劳动的

程度高低和土地制度的属性不同，将农业合作化分成初级互助组、常年互助组、初级社、高级社等从低到高的几个阶段，鼓励村民共同劳动并实现耕地集体所有[①]；在毛泽东的推动下，农业合作化到1956年基本完成，多数乡村建立高级社，农村绝大部分耕地从个体所有变为集体所有。农业合作化旨在增强政府对乡村人力物力的调控能力，从而为粮食等农产品的统购包销提供条件，为工业化提供商品市场、原料产地和资金积累。

1957年莫斯科会议后，毛泽东、中共和新中国在国际共运和社会主义阵营中的影响力继续扩大，毛泽东力求探索出一条更快更好的社会主义建设道路，以引领社会主义阵营和国际共运，于是在1958年发动“大跃进”和人民公社化运动。人民公社的基本特点是政社合一与“一大二公”。公社一级既是基层政权，又是最高层次的农村集体经济组织，其第一个性质控制着第二个性质；这种政社合一的组织架构，使公社一级在1962年前能够轻松剥夺下级农村集体经济组织——生产大队和生产队（小队）的生产自主权，不断抽调和无偿占有农民的生产资料、劳动力和农产品，迅速加剧在高级农业生产合作社时期就已广泛存在的平均主义和分配不公。“一大”指地域方面的公有，即公有范围。人民公社化运动片面强调人多力量大，一味扩大公有范围，通常将几十个高级农业合作社（小社）合并为一个人民公社（大社）。“二公”指财产方面的公有，即公有程度。初期的多数人民公社，片面提高公有程度，不仅将原本归属小农所有的住房、宅基地、自留地、自留山、炊具、粮食、自养禽畜、自种蔬菜等私人财产收归集体所有，而且大有废除集体所有制并向全民所有制过渡之势。政社合一与一大二公的人民公社，力图提高农业生产力并加强政府对农村人力物力的调动能力，可以说是乡村农业生产关系、社会组织和政治动员方面的“大跃进”，严重挫伤社员生产积极性，直接酿成村民消极怠工，加剧乡村普遍贫困，甚至造成饥荒。面对极其严重的经济困难特别是粮食短缺，中央在20世纪60年代前期大力纠“左”，确立“三级所有，队为基础”的生产资料所有制[②]，制止公社一级无偿征调下级农村集体经济组织和

---

① 中共中央文献研究室编《毛泽东年谱（1949—1976）》第2卷，中央文献出版社，2013，第178-190页。

② 中央档案馆、中共中央文献研究室编《中共中央文件选集（1949年10月—1966年5月）》第39册，人民出版社，2013，第62-77页。

农户的生产资料、劳动力和农产品，废除公共食堂和农村按需分配制度，恢复社员自留地和家庭副业。尽管中央只是退了半步，却将平均主义范围从公社一级缩小至生产队（小队），使农民的劳动付出和所得的关系更加直接，因此收效显著。然而，在纠"左"过程中，毛泽东尽管限制人民公社过度提高公有程度和扩大公有范围，却始终对社员自留地和家庭副业持怀疑态度。"文革"时期各地试图提高"一大二公"程度，限制甚至取消自留地和农村家庭副业，这种做法实际上是对20世纪60年代初期人民公社体制一系列合理调整的否定。

二、中国改革开放初期农村改革的启动

改革从农村开始，农村改革从调整农民和土地的关系开启。从中共十一届三中全会召开后，到人民公社体制瓦解前，中国的"三农"问题主要表现在土地制度方面，其焦点是人民公社体制与家庭联产承包责任制的此消彼长，涉及"三农"事业生产关系的调整和生产力的改变。

从农业合作化基本完成到20世纪60年代初，中国农民在不触动耕地集体所有制的前提下，曾经顽强地进行过多次家庭经营尝试，力图将农户劳动与收益直接挂钩，但都被制止。在中共十一届三中全会召开前后，面对极其严峻的粮食问题，部分干部和农民在不改变农村土地集体所有制的前提下，抛弃原有共耕制，开始实行多种形式责任制，大大提高农民的生产积极性与农业产量。然而，基层改革尝试起初在中央遭遇严重阻力。在这个重大历史关头，邓小平强调"解放思想""实事求是""因地制宜""不要争论""政策要放宽"，指出"从当地具体条件和群众意愿出发，这一点很重要"[①]。在党中央和邓小平的认可和推动下，包干、包产到户迅速成为农村家庭联产承包责任制的主要形式。与包产到户相比，包干到户（"大包干"）更受农民欢迎。大包干承包的并非分解到户的农业产量，而是农业税费；超产的劳动成果不再由基本核算单位生产队（小队）按工分分配给各农户，而是直接由农户享有；因此，大包干彻底摆脱生产队（小队）内部的平均主义因素。

以包干到户这种家庭经营为主要形式的农村家庭联产承包责任制，削

① 邓小平：《关于农村政策问题》（1980年5月31日），载《邓小平文选》第2卷，人民出版社，1994，第315-317页。

弱甚至抛弃基本核算单位在农业生产中的组织、监督、核算和分配职能，进而冲击在集体经营基础上建立的人民公社体制，使这种“一大二公”、政社合一的低效机构毫无用武之地。在这种情况下，邓小平因势利导，提倡改革乃至废除人民公社体制。在农村改革实践与邓小平的双重推动下，中共十二大后，经济体制改革全面展开，家庭联产承包责任制迅速成为农业生产责任制的主要形式，农户在承包耕地后普遍自主安排劳动时间、自主确立种植结构、自主决定复种指数，自主承担农业税费，自主享有剩余产品，导致以集体劳动为特征的人民公社体制走到尽头。1983 年中共中央、国务院宣布废除人民公社体制，建立乡（镇）政府作为基层政权，同时成立村民委员会作为村民自治组织。

1989 年秋邓小平从领导岗位退下来后，提出“两个飞跃”重要论断，发展了他的农业现代化思想。第一个飞跃，是废除人民公社，实行家庭联产承包为主的责任制；第二个飞跃，发展适度规模经营，发展集体经济。2008 年 10 月 12 日中共十七届三中全会通过的《中共中央关于推进农村改革发展若干重大问题的决定》写道:“家庭经营要向采用先进科技和生产手段的方向转变”，“统一经营要向发展农户联合和合作，形成多元化、多层次、多形式经营服务体系的方向转变”[①]。上述“两个转变”的提法，实际上是对邓小平“两个飞跃”重要论断的继承和发展。

改革开放初期农村经济结构的调整，主要包括两个层次的问题，一是依靠政策和科学来推进农业现代化，二是发展乡镇企业与农村非农产业。邓小平多次强调，实现农业现代化，要靠政策和科学[②]。随着家庭联产承包责任制的广泛实施与人民公社体制的瓦解，农村出现大量富余劳动力，农民也获得一定的迁移自由，因此大批农民不再固着于耕地上从事农业生产，而是在短缺经济形势下从事获利较高的工商业和服务业；在这种情况下，集体的、个体的和私营的乡镇企业在农村开始出现。邓小平敏锐地觉察到乡镇企业在解决农村富余劳动力就业、增加农民收入等方面的巨大作

① 中共中央文献研究室编《十七大以来重要文献选编》（上），中央文献出版社，2013，第 674 页。

② 中共中央文献研究室编《邓小平年谱（1975—1997）》，中央文献出版社，2004，第 837-838 页。

用，曾多次给予高度评价和大力提倡[①]。在邓小平和中央的支持下，乡镇企业提高了农村的工业化和商品经济水平，有助于增加财政收入、提高政府效能，有助于增加农民收入、提高其生活质量，有助于提高城镇化水平，成为改革开放初期我国经济的一支生力军。

三、新时代“三农”工作的直接历史基础与“乡村振兴战略”的提出

中共十四大后至十八大前的“三农”工作，构成新时代“三农”工作的直接历史基础。中共十四大后十六大前，以江泽民为核心的中央领导集体，在乡村农业领域着重调整农业结构并做好扶贫攻坚工作。一是调整农业结构，推进农业产业化经营[②]；二是实施《国家八七扶贫攻坚计划（1994—2000 年）》，减少农村贫困人口[③]。中共十六大后十八大前，以胡锦涛为总书记的中央领导集体，逐步调整工农、城乡关系，力图“以工促农、以城带乡”，降低农民负担并增加农民收入[④]。相关成就集中表现在以下两个方面。一是加快农村税费改革并废除农业税。从 20 世纪 80 年代初人民公社体制废除，到 21 世纪初农业税费改革之前，农民除了向中央上缴农业税外，还要向乡村两级提供“三提五统”，负担非常沉重。从 1989 年到 21 世纪初，农民还要出纳“两工”。农业税费与“两工”制度被取消后，深刻改变了农民、其他村民、土地、粮食生产、村干部、乡镇、中央之间的关系。二是初步建立农村社会保障体系。这一时期中国基本建立覆盖全国的免费义务教育制度、新型农村合作医疗制度、农村最低生活保障制度、新型农村社会养老保险制度，在制度上实现从无到有的历史性转变。

中共十八大以来，习近平总书记非常重视“三农”工作和“三农”问

① 邓小平：《一切从社会主义初级阶段的实际出发》（1987 年 8 月 29 日），载《邓小平文选》第 3 卷，人民出版社，1993，第 251-252 页。

② 中共中央文献研究室编《十五大以来重要文献选编》（上），人民出版社，2000，第 560-568 页。

③ 中共中央文献研究室编《十四大以来重要文献选编》（上），中央文献出版社，2011，第 673-675 页。

④ 胡锦涛：《关于工农城乡关系的两个趋向》（2004 年 9 月 19 日、2006 年 2 月 14 日），载《胡锦涛文选》第 2 卷，人民出版社，2016，第 247-248 页。

题，多次围绕农业农村战略地位这一问题发表重要讲话，实际上已指出“三农”问题和“三农”工作的地位表现在历史、现实和未来三个维度。回顾历史，“三农”问题是“历史性课题”①。在现实中，“三农”问题是“根本性问题”，“三农”工作是“重中之重”，因此必须坚持“优先发展”②；新时代“三农”领域的相关成就和变革是“历史性”的③；新时代乡村农业领域的不足，主要表现在农业基础比较薄弱、还是四个现代化的“短腿”，表现在农村还是全面建成小康社会最突出的“短板”④。展望未来，“三农”是“大头重头”和“基础”。到2035年基本实现社会主义现代化，大头重头在“三农”；到2050年把我国建成社会主义现代化强国，基础在“三农”⑤。

中国特色社会主义进入新时代后，解决“三农”问题更显迫切，发展“三农”事业具有更为扎实的物质基础和理论储备，中共十九大首次提出的“乡村振兴战略”适逢其时，在中国“三农”事业发展进程中具有里程碑意义，成为新时代做好“三农”工作的总抓手。

从纵向看，“乡村振兴战略”是着眼未来三十多年“两个一百年”奋斗目标的战略举措，贯穿到全面建成小康社会、基本实现社会主义现代化、建成富强民主文明和谐美丽的社会主义现代化强国全过程。“乡村振兴战略”的目标任务是实现农业农村现代化，这个总目标将分阶段实现。到2020年乡村振兴取得重要进展，到2035年乡村振兴取得决定性进展并基本实现农业农村现代化，到2050年乡村全面振兴并全面实现农业强、农村美、农民富⑥。

从横向看，“产业兴旺”取代“生产发展”，可以涵盖流通和消费环

---

① 习近平：《在中央农村工作会议上的讲话》（2017年12月28日），载中共中央党史和文献研究院编《习近平关于“三农”工作论述摘编》，中央文献出版社，2019，第12页。

② 习近平：《决胜全面建成小康社会　夺取新时代中国特色社会主义伟大胜利——在中国共产党第十九次全国代表大会上的报告》（2017年10月18日），人民出版社，2017，第32页。

③ 习近平：《在中央农村工作会议上的讲话》（2017年12月28日），载中共中央党史和文献研究院编《习近平关于“三农”工作论述摘编》，中央文献出版社，2019，第7页。

④ 习近平：《在中央农村工作会议上的讲话》（2013年12月23日），载中共中央文献研究室编《十八大以来重要文献选编》（上），中央文献出版社，2014，第658页。

⑤ 习近平：《在中央农村工作会议上的讲话》（2017年12月28日），载中共中央党史和文献研究院编《习近平关于“三农”工作论述摘编》，中央文献出版社，2019，第11页。

⑥ 《中共中央、国务院关于实施乡村振兴战略的意见》（2018年1月2日），载中共中央党史和文献研究院编《十九大以来重要文献选编》（上），中央文献出版社，2019，第159-160页。

节，更加突出供给侧结构性改革这条主线，反映农业农村经济适应市场需求变化、加快优化升级、促进产业融合的新要求。“生活富裕”取代“生活宽裕”，是因为中国特色社会主义进入新时代后我国社会的主要矛盾发生转化，从需求角度看，“美好生活需要”在深度和广度上已经超过“物质文化需要”。“村容整洁”变成“生态宜居”，显然是因为后者不仅包含前者，而且涉及水环境、大气治理、垃圾处理、土壤质量、生物多样性等更为广阔的内容，反映农村生态文明建设质的提升并体现农民对建设美丽家园的追求。“管理民主”变成“治理有效”，内涵更为准确，突出国家治理体系和治理能力现代化取向，旨在推进乡村治理能力和水平现代化，让农村既充满活力又和谐有序。只有“乡风文明”这个提法保持不变，重点是弘扬社会主义核心价值观，保护和传承农村优秀传统文化，加强农村公共文化建设，开展移风易俗。

第三节　新时代中国农业现代化与农村经济现代化

乡村振兴战略的“总要求”，是中共社会主义初级阶段基本路线“富强、民主、文明、和谐、美丽”五大目标在农业、农村、农民问题中的具体体现，是“五位一体”总体布局在“三农”事业上的逻辑延伸。产业兴旺涉及经济建设、物质文明和经济现代化。第三节综述新时代中国土地制度、粮食安全、农业供给侧结构性改革与乡村新产业、城乡关系，“以经济建设为中心”，系统阐释“产业兴旺”、农业现代化与农村经济现代化。

一、深化农村土地制度改革

土地是最为基本的农业生产资料，土地制度构成农业生产关系的核心因素，主要涉及农用地特别是耕地的所有制、承包经营制等制度安排。农业社会主义改造完成后，中共和中国政府一贯坚持农村土地特别是耕地的集体所有制；改革开放以来，党和政府不断扩大农户的生产自主权，主要表现在稳定农户承包权方面；中共十八大以来，党和政府强调放活农村集体所有的农用地经营权，实行土地“所有权”“承包权”和“使用权”的

“三权分置”①，这种安排有助于扩大农民的财产性权利、生产自主权和自由择业权，是当前中国农村土地制度改革的重要特点，符合农业现代化发展方向。

坚持集体所有权。全国土地按照土地用途分为农用地、建设用地和未利用地，依据土地所有者类别分为国有土地和集体土地。鉴于改革开放以来中国农村基本经营制度的重要地位及其与农村土地集体所有制的密切联系，习近平总书记强调，必须坚持农村集体对土地的所有权②。农村集体经济组织是农村集体土地制的载体，通常指20世纪50年代农业合作化时期的初级社，人民公社时期的生产队或小队，还有人民公社体制瓦解后的自然村或村民小组。20世纪60年代初人民公社制度调整时期确立的“三级所有，队为基础”土地制度，既是改革开放初期农村土地制度改革的对象（取消其集体经营制度），又是其前提（承认其集体所有制度）。因此，人民公社体制被废除后，农村“集体”既可被理解为村民小组（原生产队或小队），也可被理解为行政村（原生产大队），甚至可被理解为乡镇（大体上相当于原人民公社）。但这个模糊的“集体”，却成为土地承包法所规定的发包方，享有明确的“发包”“监督”“制止”等权利③，这些权利实际上是土地所有权的实现形式。农村集体土地面积广大但权属模糊、异常分散，使其在面积较小但权属清晰、相对集中的城市国有土地面前，更显弱势和另类。征地补偿标准差异则是两类土地地位迥异的真实写照。

稳定农户承包权。在1986年土地管理法颁布前，通常由中共中央、国务院文件来确认或调整农村土地承包关系。土地管理法实施后特别是2002年农村土地承包法颁布后，同时由中央文件和若干法律来确认或调整农村土地承包关系。1986年颁布的土地管理法首次明确规定，农户的承包经营权受法律保护。1993年第八届全国人大第一次会议通过的宪法修正案，首次将“家庭联产承包责任制”入宪。1999年第九届全国人大第二次会议通过的宪法修正案明确规定：“农村集体经济组织实行家庭承包经营

① 习近平：《在中央全面深化改革领导小组第五次会议上的讲话》（2014年9月29日），载中共中央党史和文献研究院编《习近平关于“三农”工作论述摘编》，中央文献出版社，2019，第56页。

② 习近平：《坚持和完善农村基本经营制度》（2013年12月23日），载《论坚持全面深化改革》，中央文献出版社，2018，第70-71页。

③ 《中华人民共和国土地承包法》（2002年8月29日第九届全国人大常委会第二十九次会议通过，2018年12月29日第二次修正文本），中国法制出版社，2018，第10-22页。

为基础、统分结合的双层经营体制。”2002 年公布的《中华人民共和国农村土地承包法》，是新中国历史上第一部关于农村土地承包的专门法律，侧重保护农户承包经营权。在禁止调整承包地、“增人不增地、减人不减地”的情况下，以上规定在理论上意味着村集体每个成员所持承包地面积因每户人数不同以及人数增减而有差异和变化。该法还多次规定，承包方拥有多种土地权利，尤其是可以“互换、转让”承包经营权并“流转”土地经营权。2007 年第十届全国人大第五次会议通过的物权法，将土地承包经营权界定为“用益物权”；土地承包经营权意味着承包经营者是土地的用益物权人，对土地享有占有、使用和收益权。中共十八大以来，中央和习近平提出“三权分置”，强调要稳定农户承包权、放活土地经营权；十九大以来，中央和习近平提出，在第二轮土地承包到期后再延长 30 年[①]。2018 年 12 月底最新修正的土地承包法，已将中共十八大和十九大以来出现的三权分置和承包期延长等重要表述纳入法律，上升为国家意志。

放活土地经营权。承包权有身份性和封闭性，经营权则相反；如果说承包权主要需要“保障”，那么经营权就必须“放活”。近年来，我国农村农用地经营权流转现象越来越普遍，土地承包权主体同经营权主体出现相当程度的分离。现行农村土地承包法明确规定：农村农用地承包方可以“流转”土地经营权，承包地经营权受让方也可流转土地经营权；土地经营权的流转原则是“依法、自愿、有偿”等；流转形式是“出租（转包）、入股或者其他方式”；土地经营权实际拥有者，有权凭经营权向金融机构融资担保。伴随着农村农用地经营权的流转，中国出现多种新型农业经营主体。在当前农村土地集体所有制和农户承包制情况下，农村土地经营权流转显然是发展农业规模经营的前提。推动土地经营权流转、发展农业规模经营的总体原则是“三个相适应”[②]。中国必须处理好培育新型农业经营主体和扶持小农生产的关系，农业生产经营规模要坚持因地因时因人制

① 习近平：《决胜全面建成小康社会　夺取新时代中国特色社会主义伟大胜利——在中国共产党第十九次全国代表大会上的报告》（2017 年 10 月 18 日），人民出版社，2017，第 32 页。

② 习近平：《坚持和完善农村基本经营制度》（2013 年 12 月 23 日），载《论坚持全面深化改革》，中央文献出版社，2018，第 74 页。习近平：《在中央全面深化改革领导小组第五次会议上的讲话》（2014 年 9 月 29 日），载中共中央党史和文献研究院编《习近平关于“三农”工作论述摘编》，中央文献出版社，2019，第 56 页。

宜，宜大则大，宜小则小。

二、健全粮食安全保障体制

“粮食”是食物的种概念，口粮的属概念。关于食物和口粮的概念，学界和官方并无明显分歧，食物是人类可食用物的总称，口粮是人类主要食用的谷物。然而，关于粮食的概念，相关定义复杂多样。本书认为，粮食是稻谷、小麦和玉米三大谷物与大豆的总称，理由是20世纪90年代后特别是进入21世纪，稻谷、小麦和玉米三大谷物产量占中国政府现行“粮食”产量统计口径的比重往往超过90%，薯类播种面积和产量在粮食总播种面积和总产量中的比重微乎其微，大豆在统计、生产、人类消费和禽畜消费方面却具有重要意义。粮食安全由生产能力、流通能力和消费能力三大因素构成。粮食播种面积、播种结构与单位面积产量是影响粮食生产能力的因素，人口数量和人均消费水平是影响粮食消费能力的因素，国内外粮食贸易量以及国内储运设施和制度是影响粮食流通能力的因素。粮食安全非常重要。习近平总书记主要从治国理政、乡村振兴、农村改革、供给侧结构性改革、经济发展、社会稳定和国家安全等角度阐述粮食安全和粮食生产的极端重要性，强调在任何时候都不能放松粮食生产或忽视粮食安全，强调决不能重演大饥荒的历史悲剧。

认清“总体紧平衡”的粮食安全形势，是实施粮食安全战略的根本前提。“以我为主、立足国内、确保产能、适度进口、科技支撑的国家粮食安全战略”①，则是针对粮食安全形势而实施的。“保谷物、保口粮”是国家粮食安全战略的首要目标和集中体现，是“最基本最重要的”方面或“重点”②。实施以“保谷物、保口粮”为重点的国家粮食安全战略，需要中央政府与省级政府两级分工，中央政府承担首要责任，省级政府承担主体责任。

我国人均粮食占有量连续多年超过世界平均水平，比较稳定地实现粮

---

① 习近平:《在中央经济工作会议上的讲话》（2013年12月10日），载中共中央党史和文献研究院编《习近平关于“三农”工作论述摘编》，中央文献出版社，2019，第67-68页；习近平:《在中央农村工作会议上的讲话》（2013年12月23日），载中共中央文献研究室编《十八大以来重要文献选编》（上），中央文献出版社，2014，第660页。

② 习近平:《在中央农村工作会议上的讲话》（2013年12月23日），载中共中央文献研究室编《十八大以来重要文献选编》（上），中央文献出版社，2014，第662页。

食基本自给；但在目前的科技水平下，中国粮食生产受到水资源、耕地资源和生态环境的硬约束，增产乏力；粮食生产的地区布局发生显著变化，“北粮南调”规模呈扩大之势，导致虚拟水“北水南调”。保障粮食安全，关键是要保粮食生产能力；粮食生产根本在耕地，命脉在水利，出路在科技，动力在政策①，四者大体上可被概括为“藏粮于地、藏粮于技”战略。藏粮于技，即以科技支撑单位面积产量。农业科技创新，涉及农业机械化和信息化；农业科技推广，离不开县乡两级农业技术机构和队伍。藏粮于地，即通过扶持政策和耕地保护来确保种植面积。只有提高粮食的经济效益，才能提高粮农的生产积极性和粮食主产区政府的管理积极性。提高粮食生产的经济效益，既需要市场这只看不见的手，也需要政府这只看得见的手。政府出台的粮食价格支持和农业补贴等各项扶持政策，力图通过提高种粮经济效益来确保种植面积。改革开放以来，中国工业和服务业迅速发展，城市建设用地不断扩张，农民收入水平和宅基地面积扩大，加上退耕还林还草还湖还湿力度较大，导致耕地萎缩形势比较严重。应对耕地萎缩，总体原则是守住耕地数量与质量红线。具体做法有两个，限制耕地非农化规模并搞好耕地占补平衡。耕地被占用之前，中央限制耕地非农化规模。耕地被占用之后，中央强调要实行耕地占补平衡政策。耕地占补平衡中，普遍存在着补充数量不到位、补充质量不到位问题②。补充数量不到位，主要是占多补少；补充质量不到位即占优补劣或曰占好补差，后果最为严重，并有多种表现。

粮食储备要妥善处理中央和地方、政府和民间的关系。一方面，中央和地方储备粮职能定位不同。另一方面，政府要调动市场主体储粮积极性。中央之所以要调动地方政府和社会仓储的积极性，主要是由于近年来国粮入库导致中央财政负担沉重。这些负担或耗费种类多样。一是银行贷款本息与收购大量新粮带来的耗费。二是兴建、维修和改造大批粮仓带来的支出。三是保管入库粮食带来的耗费。四是陈粮出现数量损耗和质量降级，粮库在粮食存储到期前夕亏本销售陈粮。五是腐败官员的折腾糟蹋。

① 习近平：《在河南考察时的讲话》（2014 年 5 月 9 日、10 日），载中共中央党史和文献研究院编《习近平关于“三农”工作论述摘编》，中央文献出版社，2019，第 84 页。

② 习近平：《就做好耕地保护和农村土地流转工作作出的指示》（2015 年 5 月），载中共中央党史和文献研究院编《习近平关于“三农”工作论述摘编》，中央文献出版社，2019，第 57-58 页。

为了减轻粮食储备压力，中央除了要调动地方政府和民间的积极性，还要在农业结构性调整方面下功夫。中国加入世界贸易组织之后，粮食进口量呈现上升趋势，中国迅速成为粮食净进口国。大豆是中国对外依存度最高的粮食，也是进口额最大的粮食，而且短期内中国大豆的对外依存度和进口额还将呈现上升趋势。中国大豆具有自给率很低、来源国集中、运输线单一三大特征，因此中国进口大豆时除应考虑经济安全和政治安全外，还须顾及“地理可获得性”问题，充分估计进口风险。在国内粮食生产确保谷物基本自给、口粮绝对安全的前提下，为了减轻国内农业资源环境压力、弥补部分国内农产品供求缺口，中国有必要适当增加进口和尝试在国外租地、买地或搞合作开发。

中国加入世界贸易组织之后，经济总量得到迅速提升、城乡居民收入大幅提高，加之人口总数上升与城镇人口比重提高，中国人均全口径粮食消费量呈现上升趋势。改革开放以来，中国城乡居民的食物消费结构出现重大变化，居民人均直接消费口粮减少，动物性食品、木本食物及蔬菜、瓜果等非粮食食物消费增加，食物更加多样，饮食更加健康。食物浪费尤其是粮食浪费是全世界的普遍现象，有相当多的粮食浪费发生在中国。消费环节的浪费本来可以避免，却占比最高。一方面要注重解决粮食在收储、销售、加工过程中的浪费，另一方面要阻止餐桌上的浪费尤其是遏制公款吃喝。

三、融合发展农村一二三产业，拓宽在村农民增收渠道

增加农民收入是农业农村工作的关键，是“三农”工作的中心任务，农民收入是否增加是检验农村工作实效的一个重要尺度，是农民是否达到小康生活水平的关键。

通过农业供给侧结构性改革促进农民增收，其实质是通过提高农产品市场化程度或商品率来增加农民的农业收入。进行农业供给侧结构性改革，资源禀赋是定位器，市场需求是导航灯，要以科技为支撑[①]，以家庭农场和农民合作社为抓手。以上举措仰赖农业劳动力和经营者的努力。应通

① 习近平:《加快转变农业发展方式》（2014 年 12 月 9 日），载中共中央党史和文献研究院编《习近平关于“三农”工作论述摘编》，中央文献出版社，2019，第 91-92 页。

过富裕农民、提高农民、扶持农民，解决“谁来种地”的问题[①]。通过适度规模经营“富裕农民”，解决“愿不愿意种地”问题；通过职业技能培训“提高农民”，解决“会不会种地、什么人来种地”问题；通过财政或金融等手段“扶持农民”，解决“怎样种地”问题。

当今乡村的功能和价值分为从事农业功能和经济价值，生态涵养功能和生态价值，休闲观光功能和社会价值，文化体验功能和文化价值。乡村具有的上述独特功能和价值，使其成为休闲旅游业重点区域。乡村休闲旅游业是乡村非农产业以及一二三产业融合发展的重要体现。农民从乡村休闲旅游业中所能获得的非农收入，除经营性收入和工资性收入外，还有财产性收入。农民的财产性收入来源，特指农民私人所有的住宅和集体所有的资产，后者主要指“三块地”，即属于农用地的耕地、属于建设用地的宅基地和农村集体经营性建设用地。赋予农民更多财产权利，是增加其财产性收入的前提。

四、重塑城乡关系

改革开放以来，中国的工业和服务业持续发展，进城打工的乡村人口数量呈现上升趋势，中国城市常住人口所占比重随之逐渐提高。农村劳动力进城打工的原因有三。一是由于农村人口自然增长和农业劳动生产率提高，农业剩余劳动力出现并增加。二是城乡发展水平差距。城乡政治地位的巨大差距，对国家在投资和税收等方面的政策导向具有重大影响。投资差距和税收差距进而扩大城乡居民的就业和收入差距，恶化乡村农业领域的投资环境，并扩大城乡在基础设施和公共服务领域的差距。三是改革开放以来农民人身自由度的提升，改革开放以来，家庭联产承包责任制的广泛推行和人民公社体制的瓦解，使村民的人身束缚趋于瓦解，乡村居民得以摆脱制度羁绊流入城市。

城乡关系不仅涉及区域关系，而且与农业现代化、工业化、城镇化这三个现代化领域密切相关；推进城乡发展一体化，是现代化和社会主义现

① 习近平:《在中央农村工作会议上的讲话》（2013 年 12 月 23 日），载中共中央文献研究室编《十八大以来重要文献选编》（上），中央文献出版社，2014，第 678 页。

代化建设的内在要求与重要标志[①]。当前中国城乡关系存在严重弊端。一是我国的城市化水平实际上仍然很低。我国通常将高于城市化率的城镇化率视为城市化率，这就容易使人误解中国的真实城市化水平；我国城市和镇的户籍人口所占比重低于常住人口所占比重；近年来我国统计的城市化水平，包含较多水分。二是乡村“三留守”问题十分严重。改革开放后特别是中国加入世贸组织以来，中国逐渐融入国际劳动分工和世界贸易体系，为东部沿海地区带来海量就业需求，导致大量农民特别是中西部农村人口涌入东部沿海大中城市寻求就业机会。由于二元户籍制度及福利制度的阻隔，尚未成为劳动力的农村儿童难以在城镇获得平等教育机会，暂时丧失劳动力的农村孕妇、产妇和哺乳期妇女无法在城镇就业，已经丧失劳动力的农村老人难以在城镇享受养老和医疗保障，已经成为劳动力的农村青壮年在丧失劳动力后也必须返乡养老、就医。因此，近年来农村常住人口远少于户籍人口，农村人口的年龄结构畸形化，农村空心化和“三留守”问题（尤其是老龄化问题）非常严重。

以人为本是城镇化的基本原则之一，城镇化必须以人为核心。一是让农民自由转移至非农产业。推动农民进城打工和定居，有助于减少农业人口、农村常住人口和农村户籍人口，推动耕地使用权的流转和集中，促进农业的规模经营，提高在村农户的农业收入、人均收入和消费水平。二是让农民自由迁移至城市定居。户籍制度将农民工与当地市民隔绝开来，使其无法享受与户籍挂钩的系列公共服务和就业机会。因此必须逐步放开户籍限制，使农民工及其家属可以在城市定居。三是为那些不愿或不能定居城市的农民在农村提供较好的公共服务和基础设施，使其能够过上有尊严的生活。要推动城镇基础设施向农村延伸，城镇公共服务向农村覆盖，使不愿或不能定居城市的农村常住人口，特别是农村“三留守”能够过上有尊严的生活。总之，要通过制度保障，让进城的进得放心，让留在农村的留得安心。

① 习近平：《在十八届中央政治局第二十二次集体学习时的讲话》（2015 年 4 月 30 日），载中共中央党史和文献研究院编《习近平关于“三农”工作论述摘编》，中央文献出版社，2019，第 33 页。

第四节　新时代中国农村其他领域的现代化

乡村振兴战略的总要求中，生态宜居涉及生态文明建设、生态文明和生态现代化，乡风文明涉及文化建设、精神文明和文化现代化，治理有效涉及政治建设、政治文明和政治现代化，生活富裕涉及社会建设、社会文明和社会现代化。第四节论述新时代中国农村其他领域的现代化，分别是改善农村民生并打赢脱贫攻坚战（对应“生活富裕”）、农村生态文明建设（对应“生态宜居”）、乡村治理体系和治理能力现代化（对应“治理有效”和“乡风文明”），详略不一，但均侧重历史回顾和现状分析。

一、消除贫困，改善民生，实现农村生活富裕

彻底摆脱贫困、积极改善民生、实现生活富裕，不仅是乡村振兴战略的总要求之一，而且是社会主义的题中之义和本质要求。新时代实现农村“生活富裕”，在相互联系的两个方面表现尤为突出：一是加强农村基础设施和公共服务建设，改善民生；二是打赢精准脱贫攻坚战，消除贫困。

农村基础设施建设是生活富裕的前提、表现和结果，主要涵盖农村交通、生产生活用水、用电用气、信息化建设等领域。必须完善农村基础设施建设机制并发挥政府投资的作用，也就是一靠政策、二靠金钱。农村公共服务，主要涉及教育、医疗、社会保障三个方面，要从经费倾斜、资源投入、服务延伸、力量下乡等方面发力。优先发展相当滞后的农村教育事业，是教育公平的重要体现，必须兼顾机会公平、过程公平和结果公平，在学前教育、义务教育、高中教育和职业教育多个教育阶段加强软硬件建设。推进健康乡村建设，缩小城乡医疗条件差距。加强农村“三留守”关爱服务体系建设；完善农村养老保险制度，并提高农村养老金水平；完善农村居民基本医疗保险制度和大病保险制度；统筹协调农村扶贫标准和低保标准，统筹协调城乡低保水平，着力提高农村低保水平。

从新中国成立到改革开放前，中国官方并无针对少量农民的扶贫工作。改革开放初期，农村贫困人口大幅减少并成为农民中的少数群体，真正意义的扶贫工作开始出现。中共十八大以来，中共中央和习近平总书记

关于扶贫、脱贫的重要论述或政策，其基本思路是：到2020年打赢脱贫攻坚战，实现农村贫困人口全部脱贫，做到“两不愁，三保障”和“两个确保”[①]；要实现“六个精准”的“精准脱贫”，就要解决扶持谁、谁来扶、怎么扶、如何退等“四个问题”[②]；通过实施发展生产脱贫一批、易地搬迁脱贫一批、生态补偿脱贫一批、发展教育脱贫一批、社会保障兜底一批的“五个一批”工程[③]，解决“四个问题”中的“怎么扶”问题。

二、加强农村生态文明建设，实现“生态宜居”

实现生态宜居，是实施乡村振兴战略的重要任务，应从以下三个方面采取措施：坚持绿色发展，加强农村突出环境问题综合治理，推动乡村生态振兴[④]。

推进农业绿色发展。通过科学和政策，节约农业资源特别是水资源。开展土壤污染治理和修复，着力解决土壤污染农产品安全和人居环境健康两大突出问题；加强农业面源污染治理，通过推动化肥、农药使用量零增长实现投入品减量化，通过提高农膜回收率实现生产清洁化，通过综合利用农作物秸秆和畜禽养殖废弃物实现废弃物资源化。

加强突出环境问题综合治理，改善农村人居环境。要从农村实际出发，重点做好垃圾污水处理、厕所革命以及建筑、道路、卫生和绿化方面的村容村貌提升。

保护与修复农村生态系统。良好生态环境仰赖生态环境保护建设，而目前我国开展生态环境保护建设的必要性和可能性都已齐备。保护与修复农村生态系统，应加强耕地轮作、遏制水土流失；保护与修复保护地、山体、水系、荒漠、森林、草原等其他生态系统。

---

① 《中共中央、国务院关于打赢脱贫攻坚战的决定》（2015年11月29日），载中共中央党史和文献研究院编《十八大以来重要文献选编》（下），中央文献出版社，2018，第53-54页。

② 中共中央党史和文献研究院编《十八大以来重要文献选编》（下），中央文献出版社，2018，第38-45页。

③ 中共中央党史和文献研究院编：《十八大以来重要文献选编》（下），中央文献出版社，2018，第40-44页。

④ 习近平：《在参加十三届全国人大一次会议山东代表团审议时的讲话》（2018年3月8日），载中共中央党史和文献研究院编《习近平关于“三农”工作论述摘编》，中央文献出版社，2019，第115页。

三、推进乡村治理体系和治理能力现代化

乡村治理体系和治理能力现代化，与国家治理体系和治理能力现代化，是种概念和属概念的关系。狭义的乡村治理体系和治理能力是当前我国乡村社会建设制度和该制度执行能力的集中体现。

推进乡村治理体系和治理能力现代化，从乡村角度看是实施乡村振兴战略的需要，从治理体系和治理能力角度看是坚持和完善社会治理制度、推进国家治理体系和治理能力现代化的需要，从现代化角度看是实现“两个一百年”奋斗目标和农业农村现代化的需要。

健全自治、法治、德治相结合的乡村治理体系，并坚持和完善党对农村工作的领导[①]，是新时代乡村治理体系和治理能力现代化的核心内容。村民委员会的广泛设立，成为村民自治实践的历史起点；深化村民自治实践主要表现在民主选举、民主决策、民主管理、民主监督方面。法治中国建设包括乡村，乡村治理也离不开法治；当前法治乡村建设，重点在于建设平安乡村并完善信访制度。提升乡村德治水平，主要表现在加强农村思想道德建设、传承发展提升农村优秀传统文化、加强农村公共文化建设、开展移风易俗行动四个方面。办好农村的事情，实现乡村振兴，关键在党[②]；加强和改善党对农村工作的领导，关键是抓好农村基层组织建设；要健全以党组织为核心的组织体系，加强农村基层党组织带头人队伍建设和党员队伍建设，强化农村基层党组织建设责任与保障。

乡村治理体系和治理能力现代化，既具有乡村的个性或特殊性，又具有社会治理的共性或普遍性。要通过全面深化改革来克服城乡基层社会治理体系中存在的问题；城乡社会治理都不可管得太死也不能管得太松，要在活力和秩序之间寻找平衡。

---

① 《中国共产党农村基层组织工作条例》（2018 年 12 月 28 日），党建读物出版社，2019，第 12 页。

② 习近平：《在中央农村工作会议上的讲话》（2017 年 12 月 28 日），载中共中央党史和文献研究院编《习近平关于“三农”工作论述摘编》，中央文献出版社，2019，第 190 页。

第五节 余论

农业与二三产业的现代化，主要标志都是尽力降低环境污染率并提高全要素生产率。但是，农业劳动对象是土地及生物，劳动过程仰赖农民现场决策并拥有产品用益权。因此，农业现代化更具脆弱性和差异性，主要表现在更受制于土壤、地形、气候等自然条件因而更需要政府的支持保护，更受制于生物生长规律因而更青睐自营制并排斥雇佣制。另外，与工业和第三产业相比，农业的生产时间和劳动时间的差别特别显著，生产时间即动植物生长时间比较固定、长期连贯，劳动时间即农民的作业时间却相对自由、短暂断续，农民的剩余时间即生产时间和劳动时间之差，同时基本上是农民“静待花开”的动植物生长时间。农业的这个特点决定了，农业劳动力总是拥有剩余时间，长期耕作小块耕地的中国季风区农民更是如此。如何利用远多于劳动时间的剩余时间，在相当大程度上决定农民能否获得以及获得多少除农业收入以外的非农收入，决定农民能否通过多种经营大幅增收。不论投身乡村旅游新业态还是进城务工经商，本质上都是农民利用剩余时间、增加非农收入的过程，是改革开放以来中国农村的重要特点和显著优势。

改革开放以来，中国农民的生产自由度、消费自由度、贸易自由度、人身自由度都出现明显提高，在21世纪初农业税费取消后尤其如此。在生产自由度方面，农民在尊重自然条件和生物规律的前提下，逐渐能够自主决定种不种、种哪种、种几茬、种几亩、何时种和收、怎么种和收。在消费自由度方面，越来越多农民已经有能力决定吃不吃、吃什么、吃多少、在哪吃。在贸易自由度方面，农民逐渐能够自主决定卖不卖、卖哪种、卖几次、卖多少、何时卖、卖给谁。在人身自由度方面，村民在相当大程度上可以自主决定是否离开农村以及迁往何处，政府的限制越来越少。农民的自由度扩大，是20世纪80年代末90年代初东欧剧变和苏联解体后多数前社会主义国家农业农村现代化的共性，是20世纪70年代末以来中国等发展中大国农业农村现代化的共性，是世界反法西斯战争结束后所有发达国家农业农村现代化的共性，是地理大发现以来几百年世界农业农村现代化中不可阻挡的历史潮流。

参考文献①

一、图书

[1] 中华人民共和国宪法（2018 年 3 月 11 日修正文本）[M]. 北京：中国法制出版社，2018.

[2] 中华人民共和国土地管理法（1986 年 6 月 25 日第六届全国人大常委会第十六次会议通过，2004 年 8 月 28 日第二次修正文本）[M]. 北京：中国法制出版社，2015.

[3] 中华人民共和国土地管理法（1986 年 6 月 25 日第六届全国人大常委会第十六次会议通过，2019 年 8 月 26 日第三次修正文本）[M]. 北京：中国法制出版社，2019.

[4] 中华人民共和国土地承包法（2002 年 8 月 29 日第九届全国人大常委会第二十九次会议通过，2018 年 12 月 29 日第二次修正文本）[M]. 北京：中国法制出版社，2018.

[5] 中华人民共和国村民委员会组织法（2018 年 12 月 29 日第十三届全国人大常委会第七次会议第二次修正文本）[M]. 北京：中国法制出版社，2018.

[6] 卡尔・马克思，弗・恩格斯 . 马克思恩格斯选集（第 1—4 卷）[M]. 中共中央马克思恩格斯列宁斯大林著作编译局，编译 . 北京：人民出版社，2012.

[7] 卡尔・马克思 . 资本论 [M]. 北京：人民出版社，1975.

[8] 列宁 . 列宁选集（第 1、4 卷）[M]. 中共中央马克思恩格斯列宁斯大林著作编译局，编译 . 北京：人民出版社，2012.

[9] 列宁 . 列宁全集（第 29、41、43 卷）[M]. 中共中央马克思恩格斯列宁斯大林著作编译局，编译 . 北京：人民出版社，1986—1987.

[10] 斯大林 . 斯大林全集（第 10—12 卷）[M]. 中共中央马克思恩格斯列

① 仅限本书注释出现的主要参考文献。

宁斯大林著作编译局，编译 . 北京：人民出版社，1954—1955.
[11] 毛泽东 . 毛泽东选集（第 3 卷）[M]. 北京：人民出版社，1991.
[12] 中共中央文献研究室 . 毛泽东文集（第 5、6 卷）[M]. 北京：人民出版社，1996、1999.
[13] 中共中央文献研究室 . 毛泽东年谱（1893—1949）（修订本）（下卷）[M]. 北京：中央文献出版社，2013.
[14] 中共中央文献研究室 . 毛泽东年谱（1949—1976）（第 1—3 卷）[M]. 北京：中央文献出版社，2013.
[15] 中共中央文献研究室 . 毛泽东传（1893—1976）（第 3 卷）[M]. 北京：中央文献出版社，2011.
[16] 刘少奇 . 刘少奇选集（上、下卷）[M]. 北京：人民出版社，1981、1985.
[17] 邓小平 . 邓小平文选（第 1—3 卷）[M]. 北京：人民出版社，1993、1994.
[18] 中共中央文献研究室 . 邓小平年谱（1975—1997）[M]. 北京：中央文献出版社，2004.
[19] 陈云 . 陈云文选（第 2 卷）[M]. 北京：人民出版社，1995.
[20] 胡锦涛 . 胡锦涛文选 [M]. 北京：人民出版社，2016.
[21] 中共中央文献研究室 . 习近平关于全面深化改革论述摘编 [M]. 北京：中央文献出版社，2014.
[22] 中共中央文献研究室 . 习近平关于社会主义社会建设论述摘编 [M]. 北京：中央文献出版社，2017.
[23] 中共中央文献研究室 . 习近平关于社会主义生态文明建设论述摘编 [M]. 北京：中央文献出版社，2017.
[24] 习近平 . 决胜全面建成小康社会　夺取新时代中国特色社会主义伟大胜利——在中国共产党第十九次全国代表大会上的报告（2017 年 10 月 18 日）[M]. 北京：人民出版社，2017.
[25] 习近平 . 论坚持全面深化改革 [M]. 北京：中央文献出版社，2018.
[26] 中共中央党史和文献研究院 . 习近平扶贫论述摘编 [M]. 北京：中央文献出版社，2018.
[27] 中共中央党史和文献研究院 . 习近平关于“三农”工作论述摘编 [M].

北京：中央文献出版社，2019.
[28] 中共中央文献研究室，中央档案馆 . 建党以来重要文献选编（1921—1949）（第 24 册）[M]. 北京：中央文献出版社，2011.
[29] 中央档案馆、中共中央文献研究室 . 中共中央文件选集（1949 年 10 月—1966 年 5 月）[M]. 北京：人民出版社，2013.
[30] 中共中央文献研究室 . 三中全会以来重要文献选编 [M]. 北京：人民出版社，1982.
[31] 中共中央文献研究室 . 十二大以来重要文献选编（上、中、下）[M]. 北京：人民出版社，1986、1988.
[32] 中共中央文献研究室 . 十三大以来重要文献选编（上、中、下）[M]. 北京：人民出版社，1991、1993.
[33] 中共中央文献研究室 . 十四大以来重要文献选编 [M]. 北京：中央文献出版社，2011.
[34] 中共中央文献研究室 . 十五大以来重要文献选编（上、中、下）[M]. 北京：人民出版社，2000、2001、2003.
[35] 中共中央文献研究室 . 十六大以来重要文献选编 [M]. 北京：中央文献出版社，2011.
[36] 中共中央文献研究室 . 十七大以来重要文献选编 [M]. 北京：中央文献出版社，2013.
[37] 中共中央文献研究室 . 十八大以来重要文献选编（上、中、下）[M]. 北京：中央文献出版社，2014、2016、2018.
[38] 中共中央党史和文献研究院 . 十九大以来重要文献选编（上）[M]. 北京：中央文献出版社，2019.
[39] 中国共产党章程（中国共产党第十九次全国代表大会部分修改，2017 年 10 月 24 日通过）[M]. 北京：人民出版社，2017.
[40] 乡村振兴战略规划（2018—2022 年）[M]. 北京：人民出版社，2018.
[41] 中国共产党农村基层组织工作条例（2018 年 12 月 28 日）[M]. 北京：党建读物出版社，2019.
[42] 国家统计局 .2018 中国统计年鉴 [M]. 北京：中国统计出版社，2018.
[43] 国家粮食和物资储备局 .2018 中国粮食发展报告 [M]. 北京：经济管理出版社，2018.

[44] 中华人民共和国国务院新闻办公室 . 中国的粮食安全（白皮书）[M]. 北京：人民出版社，2019.
[45] [以] 艾森斯塔德 . 现代化：抗拒与变迁 [M]. 张旅平，等，译 . 北京：中国人民大学出版社，1988.
[46] [美] 西里尔 • E. 布莱克 . 现代化的动力 [M]. 段小光，译 . 成都：四川人民出版社，1988.
[47] [美] 西里尔 • E. 布莱克 . 比较现代化 [M]. 杨豫，陈祖洲，译 . 上海：上海译文出版社，1996.
[48] [美] 塞缪尔 • 亨廷顿 . 变化社会中的政治秩序 [M]. 王冠华，刘为，等，译 . 北京：生活 • 读书 • 新知三联书店，1989.
[49] [美] 塞缪尔 • 亨廷顿，等 . 现代化：理论与历史经验的再探讨 [M]. 上海：上海译文出版社，1993.
[50] 费孝通 . 乡土中国（修订本）[M]. 上海：上海人民出版社，2013.
[51]《当代中国》丛书编辑部 . 当代中国的经济体制改革 [M]. 北京：中国社会科学出版社，1984.
[52] 杜润生 . 杜润生自述：中国农村体制变革重大决策纪实 [M]. 北京：人民出版社，2005.
[53] 罗荣渠 . 现代化新论（修订版）[M]. 北京：商务印书馆，2004.
[54] 孙立平 . 现代化与社会转型 [M]. 北京：北京大学出版社，2005.
[55] 金冲及 . 二十世纪中国史纲（下册）[M]. 北京：社会科学文献出版社，2009.
[56] 中共中央党史研究室 . 中国共产党的九十年：改革开放和社会主义现代化建设新时期 [M]. 北京：中共党史出版社，党建读物出版社，2016.
[57] 中共中央党史和文献研究院 . 改革开放四十年大事记 [M]. 北京：人民出版社，2018.
[58] 教育部课题组 . 深入学习习近平关于教育的重要论述 [M]. 北京：人民出版社，2019.
[59] 徐勇，邓大才，任路，等 . 中国农民状况发展报告 2015（经济卷）[M]. 北京：北京大学出版社，2018.
[60] 陈锡文，罗丹，张征 . 中国农村改革 40 年 [M]. 北京：人民出版社，

2018.
[61] 刘志华．阿拉伯埃及共和国的三农问题及其对中国的启示研究 [M]. 北京：北京理工大学出版社，2018.
[62] 陈柏峰．半熟人社会：转型期乡村社会性质深描 [M]. 北京：社会科学文献出版社，2019.

二、期刊

[1] 习近平．推动我国生态文明建设迈上新台阶（2018 年 5 月 18 日）[J]. 求是，2019（3）：4-19.
[2] 习近平．在解决“两不愁三保障”突出问题座谈会上的讲话（2019 年 4 月 16 日）[J]. 求是，2019（16）：4-12.
[3] 白维军．巴西农村公共养老金计划及对我国新农保的借鉴意义 [J]. 科学社会主义，2010（4）：146-147.
[4] 蔡伟，杜丹．德国农业经营体系研究 [J]. 世界农业，2014（7）：166-168.
[5] 曹东勃．适度规模：趋向一种稳态成长的农业模式 [J]. 中国农村观察，2013（2）：29-36.
[6] 曹峰，吴进进，邵东珂．美国农业福利政策的演变（1862—2000）[J]. 美国研究，2015（2）：132-149.
[7] 陈柏峰．乡村振兴战略背景下的村社集体：现状与未来 [J]. 武汉大学学报（哲学社会科学版），2018，71（3）：154-163.
[8] 陈丽莎．论新型城镇化战略对实现乡村振兴战略的带动作用 [J]. 云南社会科学，2018（6）：97-102.
[9] 陈卫平．乡村振兴战略背景下农户生产绿色转型的制度约束与政策建议——基于 47 位常规生产农户的深度访谈 [J]. 探索，2018（3）：136-145.
[10] 陈锡文．把握农村经济结构、农业经营形式和农村社会形态变迁的脉搏 [J]. 开放时代，2012（3）：112-115.
[11] 陈锡文．实施乡村振兴战略，推进农业农村现代化 [J]. 中国农业大学学报（社会科学版），2018，35（1）：5-12.

[12] 成升魁，汪寿阳，刘旭，等．新时期我国国民营养与粮食安全 [J]. 科学通报，2018，63（18）：1764-1774.

[13] 丁声俊．实体、实业、实效——德国农业的显著特征 [J]. 世界农业，2013（8）：8-16.

[14] 董正华．小农制与东亚现代化模式 [J]. 北京大学学报（哲学社会科学版），1994（3）：66-78.

[15] 董正华．从历史发展多线性到史学范式多样化——围绕“以一元多线论为基础的现代化范式”的讨论 [J]. 史学月刊，2004（5）：5-18.

[16] 董正华．关于现代农业发展的两个理论问题 [J]. 马克思主义与现实，2006（1）：145-152.

[17] 樊琦，祁迪，李霜．玉米临时收储制度的改革与转型研究 [J]. 农业经济问题，2016（8），74-81.

[18] 樊雅丽．新型城镇化过程中农村生态文明建设研究 [J]. 中国沼气，2015，33（4），91-95.

[19] 关付新．华北平原种粮家庭农场土地经营规模探究——以粮食大省河南为例 [J]. 中国农村经济，2018（10）：22-38.

[20] 郭磊．德国农业法律政策的演变、特点与启示：以合作组织和土地规划为例 [J]. 世界农业，2014（8）：110-114.

[21] 韩琦．独立后至 20 世纪初阿根廷、乌拉圭和巴西土地结构的变动——兼论农业资本主义发展道路 [J]. 拉丁美洲研究，2000（6）：42-48.

[22] 韩一军，徐锐钊．2014 美国农业法改革及启示 [J]. 农业经济问题，2015（4）：101-109.

[23] 何蒲明，魏君英，贺亚亚．粮食安全视阈下地力保护补贴问题研究 [J]. 农村经济，2018（9）：49-54.

[24] 何顺果．小农制：一种普遍而长命的生产方式——兼论“生产方式≠社会形态”[J]. 世界历史，2000（6）：2-10.

[25] 黄正多，李燕．印度农业合作化及对其农业发展的作用 [J]. 南亚研究季刊，2009（3）：54-59.

[26] 黄宗智．“家庭农场”是中国农业的发展出路吗？[J]. 开放时代，2014（2）：176-194.

[27] 姜长斌 . 苏联模式中农业政策失败的沉痛教训 [J]. 中共中央党校学报，2007，11（5）：97-101.

[28] 姜长云 . 全面把握实施乡村振兴战略的丰富内涵 [J]. 经济研究参考，2017（63）：18-20.

[29] 姜长云 . 实施乡村振兴战略：关于总抓手和中国特色道路的讨论 [J]. 南京农业大学学报（社会科学版）：2018，18（4）：1-7.

[30] 蒋和平，杨东群，王晓君 . 新时代我国粮食安全导向的变革与政策调整建议 [J]. 价格理论与实践，2018（12）：34-39.

[31] 孔兆政，叶兴艺 . 我国农村公共服务的供给偏好与优化策略 [J]. 中共天津市委党校学报，2013（6）：63-67.

[32] 李红涛，付少平，李俏 . 中国与巴西农村发展中几个问题的比较与启示 [J]. 世界农业，2008（9）：37-39.

[33] 李蕾，张帅 . 国家经济安全视角下的粮食安全："十三五" 前期监测和后期预警 [J]. 兰州大学学报（社会科学版）：2018，46（5）：132-141.

[34] 李晓俐，陈阳 . 德国农业、农村发展模式及对我国的启示 [J]. 农业展望，2010（3）：50-53.

[35] 李学婷，黄汉俞 . 华中地区农村基础设施建设现状的农民满意度分析——以湖北省荆州市岑河镇为例 [J]. 中国农业大学学报，2013，8（5）：205-212.

[36] 李岳云 . 工业化、城市化与粮食安全 [J]. 现代经济探讨，2007（1）：27-30.

[37] 梁伟军，胡世文 . 农民理性视角下的农村生态文明建设研究——基于荆门市 X 镇农民的调查 [J]. 华中农业大学学报（社会科学版），2018（4）：117-127.

[38] 林被甸，董正华 . 现代化研究在中国的兴起与发展 [J]. 历史研究，1998（5）：171.

[39] 林聚任，刘佳，梁亮 . 乡风文明与当前农村新型社区建设——以山东省 "乡村文明行动" 为例 [J]. 中国农业大学学报（社会科学版），2018，35（3）：103-110.

[40] 刘书增 . 论法国农民在现代化进程中的进步性与保守性 [J]. 西南大学学报（人文社会科学版），2007，33（2）：175-179.

[41] 刘婷 . 巴西的土地问题与经济发展 [J]. 拉丁美洲研究，2006（2）：28-31.
[42] 刘英杰，张凯 . 德国农业行政管理体系、调控手段及启示 [J]. 世界农业，2015（2）：11-15.
[43] 芦千文，姜长云 . 乡村振兴的他山之石：美国农业农村政策的演变历程和趋势 [J]. 农村经济，2018（9）：1-8.
[44] 吕银春 . 巴西社会保险制度及其改革 [J]. 拉丁美洲研究，1997（3）：42-43.
[45] 吕云涛，张为娟 . 德国土地整治的特点及对中国的启示 [J]. 世界农业，2015（6）：49-52.
[46] 毛悦 . 印度土地改革的结果分析：利益集团的视角 [J]. 当代世界社会主义问题，2012（2）：72-80.
[47] 苗晓丹，刘立新，刘杰 . 德国农业职业教育体系及其主要特点 [J]. 中国农村经济，2015（6）：85-95.
[48] 慕良泽 . 乡村振兴战略下的城镇化建设与城镇治理 [J]. 河南师范大学学报（哲学社会科学版），2018，45（3）：25-29.
[49] 倪学志，于晓媛 . 耕地轮作、农业种植结构与我国持久粮食安全 [J]. 经济问题探索，2018（7）：78-88.
[50] 牛山敬二 . 日本农业与农村的现状及危机 [J]. 中国农史，2012（1）：73-87.
[51] 平力群 . 日本农业政策的转向：从社会政策到产业政策 [J]. 现代日本经济，2018（2）：1-12.
[52] 乔俊峰 . 基于需求导向的农村公共服务调查及完善对策 [J]. 经济纵横，2017（8）：99-103.
[53] 秦晖 . 土地改革 = 民主革命？集体化 = 社会主义？——马克思主义农民理论的演变与发展 [J]. 学术界，2002（6）：39-61.
[54] 苏少之，张晓玲 . 新中国土改后农村阶级变化再探讨——基于测算农村居民收入基尼系数的角度 [J]. 中国经济史研究，2011（1）：29-37.
[55] 宋洪远，金书秦，张灿强 . 强化农业资源环境保护 推进农村生态文明建设 [J]. 湖南农业大学学报（社会科学版），2016，17（5）：33-41.
[56] 孙彩红 . 农村公共服务的三元治理———以岳阳市农村公共服务为例

[J]. 江西师范大学学报（哲学社会科学版），2016，49（4）：19–25.
[57] 孙培钧 . 印度农村土地关系和国大党政府的土地政策 [J]. 南亚研究，1986（1）：1–8.
[58] 镡娴娴 .19 世纪晚期以来英国土地所有权的变迁 [J]. 中国农史，2010（2）：93–98.
[59] 陶季邑 . 孙中山和尼赫鲁的社会经济发展模式之比较 [J]. 暨南学报（哲学社会科学版），1996，18（3）：59–66.
[60] 汪三贵，曾小溪 . 从区域扶贫开发到精准扶贫——改革开放 40 年中国扶贫政策的演进及脱贫攻坚的难点和对策 [J]. 农业经济问题，2018（8）：40–49.
[61] 王晨光 . 集体化乡村旅游发展模式对乡村振兴战略的影响与启示 [J]. 山东社会科学，2018（5）：34–42.
[62] 王德祥 . 明治维新以来日本的农业和农村政策 [J]. 现代日本经济，2008（2）：42–47.
[63] 王国华 . 日本农村空心化治理特征分析 [J]. 世界农业，2015（9）：53–57.
[64] 王红生 . 社会科学理论范式与当代印度问题研究 [J]. 世界历史，2007（3）：111–119.
[65] 王敬尧，段雪珊 . “人”“地”关系：日本农地制度变迁与农业现代化 [J]. 清华大学学报（哲学社会科学版），2018，33（4）：180–191.
[66] 王立新 . 工业化问题研究范式的反思和重构：从工业主义到重农主义 [J]. 史学月刊，2006（1）：12–19.
[67] 王立新 . 农业转型概念的双重化 [J]. 史学理论研究，2008（2）：54–57.
[68] 王帅 . 粮食的“地理可获得性”与粮食安全 [J]. 农业经济问题，2018（6）：38–48.
[69] 王学君，周沁楠 . 日本粮食安全保障策略的演进及启示 [J]. 现代日本经济，2018（4）：69–84.
[70] 王永春，王秀东 . 改革开放 40 年中国粮食安全国际合作发展及展望 [J]. 农业经济问题，2018（11），70–77.
[71] 王有强，董红 . 德国农业生态补偿政策及其对中国的启示 [J]. 云南民族大学学报（哲学社会科学版），2016，33（5）：141–144.

[72] 王玉虎，张娟 . 乡村振兴战略下的县域城镇化发展再认识 [J]. 城市发展研究，2018，25（5）：1-6.

[73] 文礼朋 .20 世纪英国农业租佃经营的衰落 [J]. 南京政治学院学报，2016，32（1）：86-92.

[74] 吴普特，赵西宁，操信春，等 . 中国“农业北水南调虚拟工程”现状及思考 [J]. 农业工程学报，2010（6）：1-6.

[75] 吴强，刘汗 . 水利支撑乡村振兴战略实施的五大着力点 [J]. 中国农村水利水电，2018（9）：199-201.

[76] 吴亲亲，章德宾 . 巴西土地所有制与农场经营规模对中国的启示 [J]. 世界农业，2018（3）：15-21.

[77] 肖军 . 绿色革命对印度农业发展的影响 [J]. 世界农业，2017（1）：53-57.

[78] 谢元媛，思沁夫，岸本纱也加 . 日本农业发展与食品安全的研究综述 [J]. 中国农业大学学报（社会科学版），2015，32（3）：85-94.

[79] 徐梅 . 日本农业现代化再探讨及启示 [J]. 日本学刊，2018（5）：103-121.

[80] 许平 .19 世纪下半叶法国农村的变革以及传统农民向现代人的嬗变 [J]. 世界历史，1994（2）：34-41.

[81] 许平 . 革命、保守、改造——19 世纪法国农民与政治 [J]. 华东师范大学学报（哲学社会科学版），1998（6）：50-57.

[82] 许平 . 法国农村庇护性社会关系解体过程分析 [J]. 世界历史，2007（5）：32-42.

[83] 杨东群，王克军，蒋和平 . 粮食减产影响我国粮食安全的分析与政策建议 [J]. 经济学家，2018（12）：71-80.

[84] 杨东群，蒋和平 . 我国粮食主销区的粮食安全问题研究——基于粮食产需平衡缺口视角 [J]. 中国农业科技导报，2017，19（ 7）：1-9.

[85] 杨奎松 . 新中国土改背景下的地主问题 [J]. 史林，2008（6）：1-19.

[86] 杨帅，董筱丹，温铁军 . 农村基础设施长效投入的问题、经验与对策 [J]. 中州学刊，2014（6）：50-56.

[87] 杨万江，林斌，刘琦，等 . 中国粮食安全新战略：“保口粮”“稻米安全”与“一带一路” [J]. 世界农业，2018（6）：208-214.

[88] 杨印生，陈旭 . 日本农业机械化经验分析 [J]. 现代日本经济，2018（2）：77–86.
[89] 银元，李晓琴 . 乡村振兴战略背景下乡村旅游的发展逻辑与路径选择 [J]. 国家行政学院学报，2018（5）：182–186.
[90] 于法稳 . 绿色发展理念视域下的农村生态文明建设对策研究 [J]. 中国特色社会主义研究，2018（1）：76–82.
[91] 于越 . 巴西农业发展现状与中巴合作展望 [J]. 西南林业大学学报（社会科学），2018，2（5）：1–5.
[92] 曾福生，蔡保忠 . 农村基础设施是实现乡村振兴战略的基础 [J]. 农业经济问题，2018（7）：88–94.
[93] 詹琳 . 美国农业政策的历史演变及启示 [J]. 世界农业，2015，（6）：86–90.
[94] 詹琳，元利兴，李娣，等 . 粮食安全新战略下合理调整我国粮食统计口径研究 [J]. 中州学刊，2018（12）：41–46.
[95] 张翠娥，李容，田北海 . 德国农村养老保障制度对我国的启示 [J]. 兰州学刊，2013（6）：80–85.
[96] 张洁妍，陈玉梅 . 乡村振兴战略背景下我国农村金融改革路径研究 [J]. 学习与探索，2018（12）：156–161.
[97] 张明皓，万文凯 ."共生式积累"：乡村内生资本积累形态研究——以豫南李村"小大户"土地经营实践为例 [J]. 现代经济探讨，2017（3）：50–54.
[98] 张勇，汪应宏 . 农村土地综合整治中乡村生态文明的审视 [J]. 中州学刊，2013（4）：29–34.
[99] 张志龙 . 种地多大规模才算"适度"？——山东一大户种粮面积从 670 亩减少到 182 亩引发的思考 [J]. 农村经营管理，2015（5）：36–37.
[100] 赵谦 . 德国农村土地整理融资立法及对中国的启示 [J]. 世界农业，2012（7）：74–76.
[101] 朱松梅，雷晓康 . 城镇化进程中我国农村公共服务供求的困境与求解 [J]. 西北大学学报（哲学社会科学版），2016，46（2）：165–173.
[102] 朱万春 . 美国农业发展模式是否适应中国？ [J]. 世界农业，2018，（4）：45–50.

三、报纸

[1] 中央农村工作会议在北京举行　习近平作重要讲话 [N]. 人民日报，2017-12-30（1）.

[2] 习近平、李克强、王沪宁、韩正分别参加全国人大会议一些代表团审议（2019 年 3 月 8 日）[N]. 人民日报，2019-3-9（1）.

[3] 中共中央关于坚持和完善中国特色社会主义制度、推进国家治理体系和治理能力现代化若干重大问题的决定（2019 年 10 月 31 日中国共产党第十九届中央委员会第四次全体会议通过）[N]. 人民日报，2019-11-6（1）.

[4] 中共中央、国务院关于抓好“三农”领域重点工作确保如期实现全面小康的意见（2020 年 1 月 2 日）[N]. 人民日报，2020-2-6（1）.

[5] 习近平 . 在决战决胜脱贫攻坚座谈会上的讲话（2020 年 3 月 6 日）[N]. 人民日报，2020-3-7（1）.

[6] 习近平在中央农村工作会议上强调　坚持把解决好“三农”问题作为全党工作重中之重　促进农业高质高效乡村宜居宜业农民富裕富足（新华社北京 2020 年 12 月 29 日电）[N]. 人民日报，2020-12-30（1）.

[7] 中共中央国务院关于全面推进乡村振兴加快农业农村现代化的意见（2021 年 1 月 4 日）[N]. 人民日报，2021-2-22（1）.